Entrepreneurial Finance Practice

创业金融实践

贲圣林 陈雪如 等 编著

清华大学出版社
北京

本书封面贴有清华大学出版社防伪标签，无标签者不得销售。
版权所有，侵权必究。举报：010-62782989，beiqinquan@tup.tsinghua.edu.cn。

图书在版编目（CIP）数据

创业金融实践 / 贡圣林等编著. —北京：清华大学出版社，2017（2024.8重印）
（21世纪经济管理精品教材. 创新创业教育系列）
ISBN 978-7-302-47842-3

Ⅰ. ①创… Ⅱ. ①贡… Ⅲ. ①企业—投资—高等学校—教材②企业融资—高等学校—教材 Ⅳ. ①F275.1

中国版本图书馆CIP数据核字（2017）第171804号

责任编辑：吴　雷
封面设计：李召霞
版式设计：方加青
责任校对：王荣静
责任印制：刘海龙

出版发行：清华大学出版社
网　　址：https://www.tup.com.cn, https://www.wqxuetang.com
地　　址：北京清华大学学研大厦A座　　　邮　编：100084
社 总 机：010-83470000　　　　　　　　邮　购：010-62786544
投稿与读者服务：010-62776969, c-service@tup.tsinghua.edu.cn
质 量 反 馈：010-62772015, zhiliang@tup.tsinghua.edu.cn

印 装 者：三河市龙大印装有限公司
经　　销：全国新华书店
开　　本：185mm×260mm　　　印　张：16.75　　　字　数：385千字
版　　次：2017年8月第1版　　　印　次：2024年8月第5次印刷
定　　价：45.00元

产品编号：073631-01

前　　言

2014年，我从一名"金融民工"转型加入浙江大学，成为一个"学术草民"。也是在同一年，我在浙江大学管理学院开始为EMBA学生开设"创业金融"课程。最初的想法其实十分简单，就是希望为这些平日里扎根在企业中的管理者充充电，让他们对创业金融、创业投资这一领域能有一个初步的了解，在真正需要实践应用的时候不至于太盲目。随着课程的不断推进，教材的问题越发让我感到头疼。国外创业金融领域的教材种类繁多，若直接将其翻译成中文却都晦涩难懂，字里行间也少了些中国特色，离中国企业的实际需求更是相差甚远，学生们不仅不愿意看，更看不懂；而中国本土的教材大多是参照国外范本，不仅有些呆板，更少了点时代感，明显不适应当前中国社会发展的需要。在这样的情况下，编写一本适合中国创业者阅读的教材便成了我的一个心愿，经过三年多的思索和打磨，这本《创业金融实践》终于诞生了。

对于创业者，尤其是没有任何金融背景的创业者来说，在创业过程中遇到的困难和荆棘可能会更多一些。在这个创新、创业的时代，我们周遭的变化太多、太快，各种各样的创业模式与创业融资方式更是层出不穷。

本书结合中国现阶段的社会经济背景，以全面的理论框架和丰富的实践案例，进行横向与纵向多角度的分析，加之本土化的启示，向创业者介绍创业过程中与创业金融活动有关的基本概念、操作流程、现实问题和解决方案，为广大创业者和创业团队快速全面地了解创业金融的知识体系和发展脉络、实际掌握创业金融基本运用方法和模式提供帮助。

本书包含11个理论章节和创业金融实践案例库两大部分，实践案例库分为5个实践模块共21个相关案例（其中11个以电子形式呈现）。

在理论章节中，我们从创业金融的本质和内涵着眼，在第1章中首先对创业金融活动的全过程和与创业企业、创业者相关的一些核心内容进行了梳理和定义。在后面的章节里，我们也依照第1章中所展现的创业企业融资（创业投资）的流程顺序，详细介绍创业企业在创业金融活动中所需要了解的各项内容和具体的操作方法，同时从创业投资机构的角度对创业企业在各个环节中需要注意的事项给出建议。

创业企业由创业者脑海中的一个想法出发，到成为真正落地的创业项目的过程，往往比想象的更加复杂，这其中会涉及一系列项目以及企业中长期的规划战略（第2章），从战略到执行、从内部到外部（第3章）的很多问题。在创业企业融资的过程中，如何进行企业财务预测（第4章）、如何作出恰当的融资选择（第5章）等都是成功"找钱"的关键因素。在与各样的创业投资机构合作的过程中，如何找到最适合创业者的合作伙伴（第6章）、如何对创业企业进行合理的估值（第7章），从而达成让双方都满意的投资合作协议（第8章），促进创业企业更好的发展，都是创业者最为关心的问题。当创业者成功融资后，其还会面临后续的经营、管理、决策等问题，创业者该如何有序协调，做好相关准备工作，才能避免矛盾和风险的产生（第9章），是维持创业企业长期稳定健康发展的核心，也是创业资本成功退出的前提（第10章）。

除此之外，在第11章里，本书对中国创业金融的发展历程、当下"互联网＋"背景中创业金融面临的新思维和新模式以及中国创业金融的未来之路进行了总结和展望，希望能够为所有创业者和创业投资者在创业金融领域的前行指明方向。

在每个章节里，我们都设置了本章导读、本章小结、关键词等内容，同时穿插了大量的案例，为读者提供了一个清晰的学习脉络和生动的学习情境。

在创业金融实践案例库中，我们精心设计了5个模块21个与创业金融问题相关的中外案例，包括滴滴打车、京东商城等我们耳熟能详的成功创业企业，也涵盖了像PPG、Theranos等失败的创业故事。此外，本书还增加了软银中国、英国和日本创投机构等案例，力求从多个角度、全方位地为创业者剖析在创业金融实践中可能遇到的挫折和需要考虑的问题，使创业者在真正的创业过程中可以有所借鉴、有所防范。未来，创业金融实践案例库也将不断丰富与完善，并以电子形式进行更新，欢迎读者们阅读并给我们提出宝贵的建议。

借助本书编写之契机，浙江大学互联网金融研究院（AIF）创业金融工作室也得以正式成立，本书的编写得到了来自创业金融工作室中所有老师和同学的大力支持。在此感谢与我一同参与写作的浙江大学管理学院博士生陈雪如、王哲人，创业金融工作室的杨婉莹、季以诺、程梦婕、张淼、李进、王晓婧和章溢漫。特别要感谢姚明龙博士、董望博士以及工作室每一位师生的辛勤付出，同时也要感谢浙江大学管理学院的EMBA同学们为本书的编写和修改所提供的宝贵意见和反馈。另外，软银中国、浙商创投以及浙江互联网金融联合会也为本书的编写提供了大力的支持，对于华晔宇先生、莫自伟女士的指导和帮助，在此一并表示感谢。

恰逢浙江大学120周年校庆，谨以此书向校庆献礼。

限于作者学术水平和实践经验，书中不足之处在所难免，敬请读者批评指正。

贲圣林
2017年春于浙大紫金港

目 录

第1章 创业金融导论 ··· 1
    1.1 创业金融的本质和内涵 ·· 1
    1.2 创业企业与创业者 ··· 9
    1.3 创业投（融）资过程 ··· 14

第2章 创业企业战略 ··· 22
    2.1 企业战略：企业的导航仪 ·· 22
    2.2 如何起步：初创战略 ·· 23
    2.3 成长蓝图：组织与退出 ··· 34
    2.4 组合拳：融资战略与其他战略 ·· 37
    2.5 创业企业战略管理 ··· 39

第3章 商业计划 ··· 42
    3.1 商业计划概述 ··· 42
    3.2 商业计划的表达——以领英（LinkedIn）为例 ····························· 44
    3.3 如何完成一份好的商业计划 ·· 46
    3.4 商业计划的一般框架 ·· 48

第4章 创业企业财务预测 ·· 53
    4.1 现金流：创业企业的经营命脉 ·· 53
    4.2 怎样花钱——项目选择 ··· 62
    4.3 把握"花钱"节奏——现金流预测 ·· 64

第5章 创业企业的融资选择 ··· 77
    5.1 创业企业的成长周期与融资特征 ··· 77
    5.2 创业企业的融资选择 ·· 81
    5.3 影响融资选择的因素 ·· 91
    5.4 中国创业企业融资现状及其对策建议 ··· 96

第6章 创业投资机构：了解你的伙伴 ··· 102
    6.1 创业投资基金的打开方式——组织形式 ···································· 102

6.2　中国创业投资机构概况分析 ·· 109
　　6.3　成长助力：创业投资机构的作用 ··· 124

第 7 章　创业企业估值 ·· 129
　　7.1　风险与收益基本概念 ·· 129
　　7.2　创业企业估值方法 ·· 133
　　7.3　各阶段估值方法介绍与应用 ·· 134
　　7.4　中后期各轮融资估值分析要点 ·· 148

第 8 章　创业投资协议 ·· 150
　　8.1　创业投资协议概述 ·· 150
　　8.2　投资条款清单概述 ·· 153
　　8.3　重点条款解读 ·· 154
　　8.4　创业投资协议的法律适应性 ·· 162

第 9 章　创业企业的管理与增值 ··· 164
　　9.1　创业投资"婚后生活"影响因素 ··· 164
　　9.2　创业企业的治理结构难题 ··· 165
　　9.3　创业企业的财务管理难题 ··· 168
　　9.4　创业企业的"过日子守则" ··· 169

第 10 章　创业投资的退出 ··· 175
　　10.1　创业投资的"友好分手模式" ··· 175
　　10.2　中国创业投资"分手"情况 ··· 177
　　10.3　我国创业投资基金"退出收益"的评估方法 ····································· 186

第 11 章　中国创业金融：回顾与展望 ·· 190
　　11.1　中国创业金融发展概述 ··· 190
　　11.2　"互联网+"背景下的创业金融 ·· 195
　　11.3　中国创业金融的变与不变：不忘初心，方得始终 ···························· 200
　　11.4　中国创业金融的未来之路：回归本真，开拓创新 ···························· 205

创业金融实践案例库 ··· 209
　　模块一——创业企业的起步与成长 ·· 209
　　模块二——创意亮点：创业企业的活力之源 ·· 218
　　模块三——创投机构：心得与经验 ·· 229
　　模块四——资本博弈：创业者与资本的相处之道 ·· 239
　　模块五——未来展望：新模式与新视角 ·· 250

参考文献 ··· 260

第1章 创业金融导论

【本章导读】

在如今这个"大众创业、万众创新"的时代，谈起创业金融，人们的反应各不相同。一拨人侃侃而谈创业发展的大好前景、畅想着如何通过花样技巧将资本玩弄于股掌之中，另一拨人则怨声载道大骂"骗子！"，其认为凡是和"钱"有关的新鲜名词都是用来忽悠老百姓的血汗钱的。在这些观点的背后，折射出当下社会大众对于创业环境和金融发展的不了解，而正是这种认识上的欠缺成为创业者创业之路上的阻碍。那么，到底何为创业金融？它又有着怎样的魅力与神奇呢？

1.1 创业金融的本质和内涵

1.1.1 创业金融的相关定义

创业金融（entrepreneurial finance）是一门仍在发展中的学科，其并没有非常明确的定义。美国哈佛大学教授 Josh Lerner[①] 认为，创业投资业的发展其实是一个集中性的金融经济行为——创业金融，而所谓创业金融，就是指为创业企业筹资和为具有冒险精神的资本投资提供的一套金融制度安排[②]。我国学者房汉廷则提出："创业金融是将创业企业筹资与创业投资有机结合的金融制度，它可以将目前分散的政府基金、各种创业投资资金和创业板市场纳入统一的创业金融框架下，通过科学规范的管理运作，为中小企业的技术创新，特别是创业初期的研发活动提供积极有效的金融服务。"

在本书中，我们倾向于给创业金融下一个较为宽泛的定义，将一切与创业企业的金融决策及其实施相关的活动统称为创业金融活动。创业金融研究的是创业企业的价值和资源分配的问题，主要研究对象是高科技初创企业，重点关注创业企业在创业过程中所面临的与金融活动相关的决策、管理、经营等问题。在创业经营与管理的过程中，几乎每个创业者（尤其是没有经济管理背景的技术型创业者）都会遇到相似的难题：

- 我的企业目前需要多少资金？
- 应该在什么时间去募集资金？该从哪里募集？
- 我的企业的合理估值是多少？
- 融资契约该如何签订？股权分配有哪些讲究？需要考虑哪些因素？
- 作为创业者该如何去管理和经营自身的企业？
- 外部投资者的资金如何退出？

---

① Josh Lerner 是美国哈佛大学商学院投资银行方向的一名教授，同时主管着创业管理学术部门。
② 常江. 浅谈创业金融[J]. 山西财税，2006（5）：30-31.

对于创业金融的研究可在一定程度上帮助创业者解决这些创业难题。在创业金融活动的过程中，与创业者接触最多的或许就是创业投资家。同样作为创业金融活动中的关键人物，他们与创业者围绕着创业企业的资本活动和经营管理展开合作与博弈，从而谋求企业的快速发展与价值提升，实现利益的共赢。与一般投资人相比，创业投资家具有更深入的行业经验和背景，不仅可以为创业企业提供资金上的支持，更可以从管理方式、人脉资源、市场前景等多个方面帮助创业企业成长，实现共赢。

创业投资家通过建立创业投资基金向投资者募集资金，利用这些资金向具有高增长潜力的未上市创业企业进行股权投资，并通过提供创业管理服务参与所投资企业的创建过程，以期在所投资企业相对成熟后通过股权转让等方式实现资本增值收益[①]，顺利退出。这一过程就是我们通常所说的创业投资（venture capital）。

创业投资行业的发展最早可以追溯到19世纪末20世纪初的美国，当时一些富有的家庭、个人投资者以及私人银行把资金提供给一些钢铁、石油和铁路等新兴行业的新办公司，培育了美国的东方航空（Eastern Airlines）、施乐（Xerox）等一批全球性的大企业并从中获得了高额的回报。而在20世纪40年代之后，随着电子技术的崛起和快速发展，越来越多的美国企业开始将资金投资于与高科技、信息技术等有关的新兴行业中来，寻找更具战略意义和开拓性的投资领域。在此期间，美国的一些金融机构也开始向研制高科技新产品的初创企业提供资金，这也就形成了最初的创业投资的雏形。

然而，直到第二次世界大战之后，创业投资行业的发展才真正开始。1946年，美国哈佛大学教授乔治·多里奥特（Georges Doriot）和一批新英格兰地区的企业家共同成立了世界上第一家具有现代意义的创业投资公司——美国研究发展公司（ARDC），乔治·多里奥特也因此被称为"创业投资之父"。

同样在1946年，约翰·惠特尼（J.H.Whitey）成立了第一家私人创业投资公司——惠特尼公司，初始资本1000万美元。而他也是创业投资这个新词的发明者，第一次用创业投资来描述他所从事的投资活动。当时《纽约时报》将惠特尼公司描述成"纽约的一家投资银行"，将公司业务误解为一种传统的投资银行业务，而正是这个误解引发了惠特尼公司内部的一场具有重大意义的激烈讨论。惠特尼尝试着为他们所从事的这种新型的投资活动起一个与之特点相匹配的名称，使之可以很好地概括这种投资活动的特征，也区别于传统的投资银行业务，最后，创业投资的概念也就这样应运而生了。

受到当时条件的限制，创业投资在20世纪50年代以前的发展比较缓慢，而"二战"之后，随着政治形势的逐步稳定、经济以及电子信息技术等高科技新兴行业的快速崛起，大量的创业者如雨后春笋般崛起，创业投资作为为创业企业提供资金的新型力量也开始慢慢成长。而在1973年，在大量小型合伙制创业投资公司出现的情况下，全美创业投资协会宣告成立，为美国创业投资业的蓬勃发展注入了新的活力，也带来了创业投资行业的真正兴起，并在世界范围内产生了巨大的影响。1979年，法国创业投资公共基金成立；1983年，欧洲创业投资协会成立；1984年，中国台湾《创业投资实业管理规则》颁布正式实施，"行

---

① 刘健钧.创业投资制度创新论：对"风险投资"范式的检讨[M].北京：经济科学出版社，2004.

政院"开发基金与交通银行共同筹资 8 亿元新台币成立创业投资事业种子基金；1985 年，新加坡政府成立经济发展委员会（EDB）创业投资基金，并实行了相应的税收优惠；1992 年，以色列政府设立 1 亿美元的约兹玛创业基金（YOZMA）以促进创业投资的发展；1994 年，英国的创业投资总额已达到 20.74 亿英镑，占 GDP 的 0.8%，成为仅次于美国的世界第二大创业投资市场。

创业投资家自身可能并不是传统意义上的资本家，他们的资金绝大部分依靠信任他们的投资者的募集而来。创业投资家靠的是自身敏锐的市场嗅觉、准确的行业判断力和丰富的从业经验来选择"对的"创业企业和创业人进行创业投资活动以及创业管理活动，力图在帮助创业企业实现快速增值的同时也为投资者和自己赚取高额的回报。

【知识链接】　　　　　　　创业投资与风险投资

创业投资和风险投资所对应的英文都是 Venture Capital，早期当这一行业刚刚进入中国的时候，人们直接直译为风险投资，并成为一个约定俗成具有特定内涵的概念。风险投资中"风险"一词的存在，使大家对行业的认识停留在高风险、高收益的特点上。随着行业发展的深化和普及，"创业投资"一词开始逐步替代"风险投资"进入人们的视野之中。相比于早期中国资本家照猫画虎的"风险投资"，"创业投资"更显示出了行业发展的成熟和专业性，其中所蕴含的高新技术基础和创新内涵也更为深刻。

很多创业企业的诞生都来自创业者的一个"点子"，然而只有优质的、可以商业化的创业项目才能够吸引外部投资。当一个创业公司破壳而出的时候，往往面临着诸多的质疑和挑战，创业投资家对商业计划和财务计划的不信任、对企业经营管理的介入和控制以及许多创业者自身的不成熟都会为企业成长带来不小的障碍。另外，创业者也必须了解创业投资家们的想法，例如，什么影响着他们创业投资的决策，什么吸引着他们的目光、左右着他们的判断。唯有知己知彼，方能"百战不殆"。

【知己知彼】　　　　　　　创业投资家的"忧虑"

未来发展的不确定性：创业企业自身成长的可能性、市场和行业的发展趋势。不确定性越大，未来的潜力越大，而随之面临的风险也越大。

信息不对称性：创业投资家对创业企业实际信息的了解程度远小于创业者自身的情况。如果创业者隐瞒企业信息和关键资料，创业投资家的信息不对称程度就会更高，就更容易失去投资的意愿或者面临更多的风险。

"软资产"：创业公司往往拥有一些独特的隐形资产，比如创业团队之间的默契、创业者良好的创业素质等。这些"软资产"在商业银行家的眼里似乎"一文不值"，无法帮助企业从银行手中获得信贷资金，但有可能成为创业投资家眼中企业的"闪光点"。

市场现状：国家或地区当前所面临的经济形势和社会状况。政策环境以及市场整体波动性都是创业投资家考虑的因素。

1.1.2 创业金融活动的主要特征

创业金融之所以能够为社会发展所需要，是由于其在很大程度上可以促进新技术、新产品的开发和商业化，帮助创业企业更有效地实现"从0到1"的突破。对于创业企业来说，创业金融活动可以帮助其实现融资的可得性、融资成本的降低、资金使用效率的提高以达到其预期的融资绩效。

与一般的金融活动相比，创业金融活动主要有以下几大特点。

1. 高收益和高风险并存

创业投资大多都钟情于高科技、新技术，因为高新技术的成功商业化往往能够创造超额的利润。创业投资家多年来也屡次向世人展示投资奇迹，一些创业投资机构基金的平均年化回报率甚至超过30%。而对于某一投资项目来说，一旦投资成功，其回报率有时高达十倍乃至百倍以上，远远超过了金融市场的平均回报率。正是这种潜在的高回报率，吸引了成千上万的投资者参与到创业投资行业中来。

但高收益总是与一定的高风险相对应。任何一项高新技术产品开拓性的构思、设计、生产、推广的过程都存在诸多不确定性，从而产生技术风险、市场风险、管理风险等来自各方的风险因素。加之环境与市场等因素的变化是不可预测的，也是无法控制的，因此，创业企业成功的比例非常小，从而导致创业投资的失败率往往非常高。在创业投资行业中，投资成功的概率一般低于20%，完全失败的比率在20%以上，还有60%左右投资尚未超过市场的平均回报率。尽管如此，精明的投资者往往能够通过组合投资来分散风险，获取回报；而相比之下，创业者和创业团队就没有这么幸运了，创业者在某个时间点大多在一个创业项目上投注全部的心血，从而面临着更大的风险，因此，如何处理好创业企业发展过程中的财务金融问题，与创业投资家一起更好地促进企业的成长，对创业者和创业团队来说尤为重要。

2. 运作周期长，资本流动性较小

创业金融是一项伴随创业企业成长发展阶段全过程的系统活动，而企业的产品和服务从研究开发、试产试销、正式生产到盈亏平衡，再到实现盈利、规模扩张等多个阶段，需要花费相当长的时间。一般创业投资从投资一个项目到收回投资需要3～7年甚至更长的时间，在这段时期内，投入的资金都用于企业的日常经营、固定资产的购置、生产规模的扩大、产品研发的加强等方面，很难实现变现。

随着创业企业的不断成长，企业的技术、产品、服务受到了市场的一定认可，在此之后，创业投资资金才能通过企业公开上市、并购重组、管理层回购等股权转让方式实现退出。

3. 创业投资是一种权益投资

创业金融活动的核心是股权。创业投资者通过投资资金获取企业股权，并通过股权（董事会席位等）参与企业的管理与发展，也实现对企业成长利益的分享。

在目前的创业投资行业中，大多数创业投资机构都不以控股为目的，因此通常只占被投资企业股份的20%～30%，但这也不是一个普遍适用的规则，需要根据创业投资机构的目的和投资理念来决定，有的创业投资机构希望更有力地对企业实现监管和控制，那么其要求的股份比例就会更高。

创业投资相比一般的投资，更加注重企业的成长性和发展潜力，一般并不要求创业企业在短时间内就能为投资者创造收益，而是给予创业企业足够长的发展时间，从而希望获得创业企业成长所带来的高额收益和诱人前景。因此，以权益资本或准权益资本的方式注入资金，不仅可以使投资者分享到企业发展所获得的潜在高额利润，也可以使创业企业得以安心长期发展，不必为债务问题烦恼。

4. 阶段性和分期性

创业企业在发展的不同阶段往往面临着截然不同的融资需求，可能需要根据企业自身的发展状况进行多轮的资金募集活动。而创业投资者往往也会根据创业企业成长阶段，将总投资资金分为几个阶段来投入，使上一发展阶段目标的实现成为下一阶段资金实际投入的前提。最初，投资额可能相对较少，而随着企业逐步走上正轨，创业资本也会不断地跟进投入。创业投资家在这个过程中一旦发现问题，可以立即中止投资，通过这种策略也可把投资风险降到最低。

对于创业者和创业团队来说，阶段性的资本流入，可以帮助企业持续不断地审视企业发展所处的阶段和未来发展的需求，不断更新财务规划，实现自我的督促和反省。另外，也可以避免早期资本大量流入造成的股权过度、过早稀释所带来的企业控制权问题和可能的对资金管理不善造成的资源浪费问题。

而这种分期性的投资方式，也使创业投资事先并没有确定的投资总量和期限，这相较于传统投资的一次性支付或时间确定的分期支付方式有很大不同。创业者只有通过不断创新发展实现企业的快速发展，获得进一步的认可，才能获得持续不断的投资，保证企业发展资金需求的满足。

1.1.3 创业金融与创新

创业金融的发展与创新发展密不可分，创业金融模式本身就是一种创新，是新型金融对传统金融的创新，是新型商业模式对传统商业模式的创新，是新型投资模式对传统投资模式的创新，也是经济社会发展变革过程中的一种别具意义的创新。1952年，美国《财富》杂志还把创业投资称为"波士顿的谨慎的赌博"，将创业投资看作一种赌博、一次社会实验和一场冒险。

而人们对创新的关注，起源于对经济增长的追求，尤其是在熊彼特（Schum Peter）强调创新对经济增长的关键作用之后，各国政府对技术创新的追求就从未停止。创业投资行业从诞生的那一天起，就被人们与高科技、创新联系在一起。在实际生活中，当今领先的技术公司无一例外都是在创业投资的支持下发展起来，比如微软、苹果、英特尔等。在中国，百度、阿里巴巴、腾讯等公司的成功也离不开创业投资的支持。以至于创业投资促进创新的观念已深入人心，尤其是在政策制定领域，始终将创业投资促进创新作为政策制定的基石。在学术界，最早系统验证创业投资与创新之间关系的当属Kortum和Lerner（1998），紧随其后，越来越多的学者加入该领域的研究中来。

根据 Keuschning（2004）和 Gebhardt（2006）的观点，初创企业由于经营历史短、缺少硬资产、高不确定性、严重信息不对称等因素，使传统的金融机构向其提供资本支持时，要求其付出更高的信息费用、签约费用和监督费用，但借贷利率却存在上限，从而不能通过提高利率来弥补贷款成本，使传统的金融机构无法满足初创企业的资本需求。而创业投资的本质所蕴含的风险收益共担共享的理念可以从根本上来避免传统金融机构遇到的问题，从而可以更有效地为初创企业融资。当投入实业中的资本量增加时，企业相应的成长起来，进而增加了整个社会的创新总量。另外，许多创业投资家既有技术经验，也有丰富的商业和管理经验，随着创业投资家的加入，实现了技术、资本和管理经验的有效结合，最终提高了创业的成功率和均衡状态下的创新率。

以美国为例，创业投资从兴起到发展再到基本成型，经历了20世纪60年代的成长、20世纪70年代的衰退、20世纪80年代初的复苏、20世纪90年代初的低潮和90年代中后期的蓬勃发展以及21世纪初期的短暂下滑与之后的复兴。而创业投资与科技创新就像一对孪生兄弟，二者往往一起成长，共同提高。创业投资伴随第二次世界大战中军事技术创新的民用化发展而兴起，此后20世纪50年代的半导体硅材料、70年代的微型计算机、80年代的生物工程技术、90年代的信息产业和20世纪的网络经济发展，都离不开创业投资的身影，都是在创业投资的推动下完成产业化并最终获得巨大成功的。

【案例链接】　　　　　　　　　洛克与英特尔

1957年，在创业投资家阿瑟洛克（Arthur Rock）的安排下，工业家谢尔曼（Sherman Fairchild）资助诺伊斯（Robert Noyce）为首的"八人帮"成立仙童半导体公司。两年后，诺伊斯发明了可以将多个晶体管集成在一个芯片上的集成电路技术，加速了半导体行业的发展进程。1968年7月，创业投资家洛克又作为主要投资人注资3 250万美元，创业投资家诺伊斯和摩尔（Gordon Moore）每人投资25万美元成立了英特尔公司，专注于赋予半导体行业智慧的头脑的研究与开发。1969年，该公司推出自己的第一个产品——全球第一颗双极形半导体存储芯片3101；1971年又推出了全球第一颗微处理器4004。到了1989年共开发出7种型号的微处理器，每种型号在功能上都跃上了一个新的台阶。1992年设计出含有300万晶体管的新一代处理器"PEntium"，也就是我们现在所熟悉的"奔腾"处理器。在竞争十分激烈的民用半导体市场上，英特尔公司参与了美国政府组织14家大型半导体公司联合技术攻关的"美国半导体制造技术联合体"，为在1992年后夺回被日本半导体业抢占的世界市场份额做出了突出的贡献，同时也把自己推上了半导体行业霸主的宝座，成为世界上最大的一家个人电脑微处理器的供应商。

从洛克的故事中我们可以发现，正是有了创业投资家所引导的创业金融活动的推动，英特尔才有了今天的成就，整个半导体行业也才能够获得如此迅速的发展。可以说，创新是创业金融活动和创业投资行业发展的核心，创业金融与创新的关系既紧密直接，又多样间接。这里的创新不仅指科技创新，也包括非科技创新。熊彼特早在1912年就指出，创新包括产品创新、技术创新、市场创新、材料来源创新及组织创新。创业投资支持的创新，包括所有形式的创新。哈佛大学甘泊思和勒那教授曾指出，从 1983 年到 1992 年，虽然美国的创业投资资本仅占公司研发（R&D）资金的不足 3%，但对于科技创新的贡献度达到了 8%。2008 年，美国参与创业投资的创业企业创造了大约 1 200 万个工作岗位，占整个私人部门就业的 11%，创造了超过 3 万亿美元的 GDP，大约占整个美国 GDP 总量的 21%。而创业投资行业对创新的支持更是在于为具有创新内涵的创业企业注入了资本，帮助创业企业实现了创新的商品化和市场化。若没有商品化和市场化的创新，其真正的价值和最大的意义也就不可能实现。

1.1.4 为什么谈创业金融？

我们知道，伴随 20 世纪 90 年代美国"新经济"下高科技企业和新兴产业迅速发展的，还有美国创业投资行业的崛起。据统计，在 20 世纪 90 年代，美国支持创业发展的资本中，有 66% 被用于了权益资本投资，而超过一半的权益资本都被投到了高科技创业企业中。1997 年，美国创业投资规模约为 90 亿美元，而 1998 年，这个数字就翻了几乎一倍，一跃为 172 亿美元。无论是微软、英特尔还是谷歌，当下美国乃至全世界最成功的高科技公司在早期都或多或少地接受过创业投资资本的支持。创业投资家们不仅在资金上对创业企业给予支持，更是运用自己的行业经验、人脉网络和市场嗅觉为创业企业提供管理运营等多方位的帮助。可以说，创业金融行业本身所涵盖的新型金融和管理方式、手段是为创业企业技术创新和整个行业乃至社会经济的发展构筑的摇篮。

在中国经济新常态的社会背景下，创业金融也呈现大繁荣大发展的趋势。一方面，新经济的转型发展铸就了新兴产业和高科技企业的迅速崛起和传统金融方式的局限性，使为投融资服务的创业金融的需求有所增加；另一方面，中国 IPO 政策的重启、金融市场的活跃、居民累积财富的增加以及投资理念的成熟化等，都为中国创业金融的发展奠定了良好的基础。

1. 创业金融是中国创业企业融资的主要渠道之一

熊彼特认为，创业是企业家对各种生产要素的重新分配组合或建立一种全新的生产函数的创造性活动，而金融的本质则是帮助筛选出具有能力进行创新活动的企业家，并通过为其提供资金支持，从而促进经济的增长。理论上，金融、企业家精神和经济增长之间是存在良性互动的，但在实际情况中，Evans 和 Jovanonic（1989）提到了创业者在融资过程中可能会遭受流动性约束问题，即由于金融体系的不完善，使一些潜在的创业者无法通过金融机构或金融市场获得创业资金，最后只能选择放弃创业。

中小企业尤其是创业企业融资难是困扰中国乃至世界的一个长期存在的普遍问题。一方面，这些企业刚刚起步，资金少规模小，财务信息等资料不完整、不规范，难以提供抵押担保，业绩不稳定、前景难断，信用状况难以评价；另一方面，银行出于自身风险防控的考虑，更愿意将资金借给信用更有保障的大型企业、国有企业，烦琐和严格的贷款申请程序和制度也给创业企业的融资增添了不小的阻碍。而创业金融此时就成为中小企业，尤其是拥有创新技术和产品的创业公司外部融资发展的主要渠道之一。创业投资家不仅可以为创业企业提供资金方面的支持，使企业有能力将创业想法和技术变成产品实现商业化，更能为企业提供管理、运营、人力等多方面的支持。

同时，出于自身利益角度的考虑，创业投资机构以及创业投资家在对创业企业进行投资前，都会对创业企业进行深入、全面的调查，以专业的视角审核项目的可行性和未来发展的潜力。这在一定程度上降低了投资的盲目性，提高了资金配置的效率并能很好地对创业企业的技术、模式、管理等进行审核、监督和管理。

2. 创业金融是中国多层次资本市场的重要组成部分

和发达国家资本市场体系对比，中国资本市场体系的显著特点是市场结构不均衡。中国资本市场是伴随着经济体制改革的进程逐步发展起来的，发展思路上还存在一些深层次问题和结构性矛盾，主要有：重间接融资，轻直接融资；重银行融资，轻证券市场融投资；在资本市场上"重股市、轻债市、重国债、轻企债"。在中国，间接金融的体量过于庞大，占社会总融资额的80%左右，而直接金融的发展较为缓慢，2002年之后才逐步起步，到今天为止，其规模也只占到社会总融资的20%左右。这种发展思路严重导致了整个社会资金分配运用的结构畸形和低效率，严重影响到市场风险的有效分散和金融资源的合理配置，制约了创新创业的活跃度和有效性。

对于不同的投资者和融资者来说，由于其自身特点和资金规模大小的差异，对于资本市场所提供的金融服务有着截然不同的需求。这种多样化的需求决定了对多层次资本市场体系建设的要求。加快发展多层次资本市场是中国政府根据新时期的需要而做出的重要战略部署。中国共产党的十八大报告提出，要深化金融体制改革，健全促进宏观经济稳定、支持实体经济发展的现代金融体系，加快发展多层次资本市场。这对资本市场支持实体经济发展提出了更高的要求。

创业金融作为直接融资的重要方式之一，构成了中国多层次资本市场的重要组成部分，对其的建设和发展对于资本市场的完整性和金融服务实体经济的有效性有着十分重要的作用。在资本市场中，其他各个层次的金融服务也与创业金融行业的发展息息相关，例如，创业板证券市场为成长期企业创业资本的退出提供了渠道，而主板证券市场则是成熟期企业创业资本退出的主要机制。金融市场不同层次的划分和运作，针对不同类型的企业提供所需的金融服务，也大大提高了金融市场的运作效率，同时有助于解决直接金融发展过程中仍存在的诸多问题，对于优化直接金融的结构，完善市场制度，规范参与者的行为和防范市场风险也具有积极的意义。

3. 创业金融有利于培育国民经济发展新的增长点

创业金融对高科技创业企业的支持，从经济手段上加快了科技成果向实际生产力方向的转化，鼓励了科学探索与发明活动的进行，降低了科创人员从事科研活动的风险。社会资金的加入，为科技发展构筑了来自政府、银行、企业和社会等多层次、多领域的资金来源，从而对高新技术产业化和商业化提供了更有力的支持。

大力发展创业金融，建立和完善创业投资市场并引导社会资金合理进行创业活动的支持和资金投入，对于支持科技进步和技术创新，推动高新技术创业活动，培育新的经济增长点，从而保证国民经济持续、快速健康增长都具有十分重要的意义。

从 20 世纪 90 年代末到现在的短短十几年里，中国的创业金融已经取得了跨越式的发展。中国经济发展进入新常态以来，经济的发展动力、发展保障和发展空间都将发生深刻的变化，这为中国创业金融行业的发展创造了新的机遇和挑战。围绕着实体经济的发展需求，中国政府也采取了一系列推进金融改革和健全法制规范的措施，鼓励创业金融行业的健康发展。2016 年，国务院印发了《国务院关于促进创业投资持续健康发展的若干意见》，明确了对创业投资活动和创业金融行业发展的高度重视。在这个中国经济转型发展的关键时刻，深入研究创新创业金融行业具有深刻的必要性。

1.2 创业企业与创业者

随着中国经济社会的不断发展，创业企业逐渐成为经济结构中一个非常重要的组成部分。创业企业在社会资源配置中扮演着重要角色，在国民经济发展中有着重要地位。在中国，创业企业发展较其他发达国家来说起步较晚、基础较差，经过从 20 世纪 90 年代到如今的快速发展，创业企业也逐渐形成规模，成为推动中国经济持续发展的重要力量。

随着社会进步和科技的日新月异，以高科技创新技术为核心竞争力的创业企业在创新发展的作用日益显著。创业企业在对科技成果实现产业化、新产品的升级发展等方面都起到了重要作用。创业者可以将劳动力、原材料、资源和其他资产进行优化组合，并由此创造出比简单加总更大的价值，从而获得相应的收益和回报。

1.2.1 创业企业及其特点

具体来说，创业企业是指处于创业阶段，高成长性与高风险性并存的创新开拓型企业。创业企业虽然普遍具有较高的科技性，规模也相对较小，但我们并不能将创业企业简单地等同于高科技企业或中小企业。创业企业的核心在于其本身的创新开拓特质，而正是这种特质，使创业企业不断成为经济发展的领头军团和重要力量。

从目前全球众多的创业企业案例来看，能够成功成长并最终走向成熟的创业企业，一般都有如下特点。

1. 高新技术在要素结构中的占比较高

一般主要体现在从事技术和产品开发设计的科技、专业人员占总员工人数的比例较高，研究开发（R&D）经费占销售收入的比例较高。在创业企业中，通常会将研发支出计入企业的总成本中，在美国、印度的一些软件企业中，开发人员的现金工资甚至也会被计入研发支出中。

2. 主营方向偏向高新技术领域

这些创业企业的主营方向一般是业界认可的或有关部门以产品目录形式规定的高新技术领域或方向。根据当前世界科技发展趋势，电子与信息、生物工程与新医药、新材料及应用、先进制造、航空航天、现代农业、新能源与高效节能、环境保护、海洋工程、核应用及其他在传统产业改造中应用的新工艺、新技术通常被划定在高新技术范围内。而一些以供应链管理、平台管理和特许经营模式为主的创业型公司则另辟蹊径，通过创新商业模式的手段开辟新的市场。

3. 扁平化组织形式、轻资产战略的应用

除了一些像航空航天、核能开发这类特殊行业，大多数行业中的创业企业的组织形式都表现出了扁平化的特点，形成哑铃型结构。原因是很多创业企业核心业务是研究开发、营销运作或客户关系管理、技术或产品的集成等，产品加工、仓储、运输，甚至部分管理业务（如人事、公关、品管、杂务等）都大部分外包，从而压缩了内部科层机构，也实现了轻资产配置，使创业企业能够"轻装上阵"，拥有更加灵活的发展方式。

4. 创新性的管理方式

一般来说，研发活动和信息加工业务是技术创新、市场创新、管理创新的核心，而这些脑力密集型活动的产出和创新过程具有相当的不确定性。因此，在高科技创业公司中，内部管理的弹性都非常大，其绩效评价过程与传统企业存在着很大的区别，一些像关键绩效指标（KPI）、平衡计分卡这样的管理手段往往需要在结合企业特点和发展阶段进一步优化创新之后才能得以实施和应用。

5. 企业具有高成长性

创业企业的产品或服务一般都具有很强的创新性，一旦在市场上取得成功，企业所掌握的高新科技、技术诀窍或是特许经营权都会让企业在行业内占据领先优势，甚至使企业获得暂时的市场垄断地位，拥有较高产品附加值，企业也因此可以获得超额利润和飞速成长。

6. 企业具有高风险性

由于技术创新和市场环境的不确定性以及异常激烈的行业竞争，创业企业尤其是早期的创业企业均面临着极大的风险。据《财富》杂志公布的数据显示，全球范围内创业企业的失败率高达70%以上，在全美范围内创业一年的企业中有40%会死掉，5年后死亡率高达80%，能够存在10年的公司，仅占4%。而在中国，改革开放之后涌现出了一大批民营的科技型创业企业，约有70%的企业存活时间不超过5年，创业型中小企业的平均寿命只有2.9年[①]。

不难看出，对于创业企业来说，高风险、高成长、高收益是其并行而至的特点，也正是由于这样的特质，让创业企业更具"魅力"，吸引着广大有创业理想的年轻人们跃跃欲试，也受到了投资者们的广泛关注。

1.2.2　创业企业的发展阶段

严格来说，对于不同的企业，不存在完全一致的发展阶段。如图1.1所示，创业企业由于其高科技、高风险、高成长等特点，一般发展阶段可分为以下几个。

---

① 贾品荣. 有一种知识会改变企业家的命运 [J]. 法人杂志, 2007（6）：28-29.

图1.1 创业企业发展阶段

1. 种子阶段

种子阶段的创业企业基本上还处于技术、产品的开发阶段，即研发的中后期，产品和服务大都还停留在实验室成果、样品或专利的阶段，没有实现向市场化产品、服务的转化。这时候的企业可能刚刚组建或正在筹建，基本上没有管理队伍，大家都因为共同的创业理想和目标而走到了一起，满怀着对于创业成功的渴望和热情。在种子阶段，创业企业的不确定性最大，这时，创业者往往通过自身积累和亲友民间借贷等渠道来获取资金，一些有利于国家和社会进步的新兴行业中的创业企业可能会有幸获得政府的专项拨款。还有一些创意非常好的项目可能会被天使投资家或者早期的创业投资家看中，而获得一笔"幸运"的"启动资金"，当然，这些都是要以企业股权、管理权等作为交换的。

2. 发展阶段

经过一段时间的筹备（筹备期可长可短），创业企业进入发展阶段。在这一阶段，企业大多已经有了一个基本成型的产品，而且拥有了一份比较完整的商业计划（business plan），以及相对完整的管理队伍。这时企业所面临的技术风险大幅度下降，产品或服务进入市场化开发阶段，可以向数量有限的顾客提供产品试用或服务体验。在发展阶段，创业企业的费用不断增加，但仍没有销售利润。当企业完成产品定型，着手实施其市场开拓计划时，对资金需求量也急速上升，难以通过创业者自我积累和个人借贷等简单方式解决资金问题。大量的创业投资会选择在这个阶段进入创业企业，并大量参与到企业的融资和管理活动中去，为企业提供行业、技术、市场、管理、运营等多方面的指导和帮助。

3. 扩张阶段

在扩张阶段，创业企业的生产、销售、服务已实现初步的成功，企业可能希望组建自己的销售队伍，扩大生产线、增强其后续的研发和创新能力，进一步开拓市场，提升其生产能力和服务能力。处于这一阶段的企业，产品和服务的收入可能仍不能弥补日常的支出，也可能勉强实现平衡，但通常情况下都已经具有比较稳定且增长的现金流了。创业者的目标开始不再限于"活下来"，而是希望能够逐步形成经济规模，开始提高市场占有率。进入这一阶段的创业企业财务管理日趋完善、"账面"数据也越来越好看，拥有了一些在传统金融机构看来"有价值"的"资产"。这时，不仅是创业投资，私募股权投资、银行等金融机构可能也会纷纷向创业企业伸出橄榄枝。一些雄心勃勃的企业甚至开始考虑公开上市、并购重组等活动了，夹层融资（mezzanine）也成为企业发展的重要资金来源，为企业提供"承上启下"的资金支持。

4. 成熟阶段

如果一个创业企业最终进入了成熟阶段，表明其至少到目前为止，已经击败了90%的对手。在成熟阶段，企业的销售收入高于支出，实现较为稳定的净利润，管理者开始考虑进一步扩宽市场运作的范围和规模，一些面向上下游企业和同行业企业的并购行为开始发生。产品多样化、市场国际化等"大目标"成为企业未来发展的方向。在成熟阶段，早期参与创业企业融资的创业投资家和各类投资者们开始考虑撤出，实现投资收益。企业通过并购重组、公开上市发行或公开发行债券等多种方式进行新一轮的融资发展，这些资金往往数额巨大、来源广泛，一方面为企业发展增添后劲，可以帮助企业拓宽经营的范围和规模；另一方面也为创业投资家和创业者的退出创造条件。

当然，创业企业的创业成功率之低也是有目共睹的，企业在任何一个阶段"死掉"都是常常发生的，很多企业也许走不到最后IPO的"光辉之路"就已经倒在了"无烟的战场"上，它们有些面临并购重组期待焕发新的活力，有的则苦苦挣扎最后以破产而告终。因此，上述这些创业企业的发展阶段也都是相对创业企业发展的全周期而言的，创业企业任何一个阶段的发展都需要创业者进行合适恰当的管理，才能在市场滚滚的浪潮中得以生存。

1.2.3 创业企业的核心——创业者

创业者是创业企业的核心。

创业者一词由法国经济学家理查德·坎蒂隆（Richard Cantillon）于1755年首次提出并引入经济学的范畴之内。1800年，法国经济学家萨伊（Say）首次给出了创业者的定义，他将创业者描述为将经济资源从生产率较低的区域转移到生产率较高区域的人，并认为创业者是经济活动过程中的代理人。著名经济学家熊彼特（1934）则认为创业者应为创新者，在这样的概念下，创业者应当拥有发现并开拓更好的市场化产品、服务的能力。

创业者其实承担着两个角色，一个是创业者（entrepreneur）本身，是创业活动的推进者，是活跃在企业创立和初创企业成长阶段的企业经营者；另一个角色就是企业的管理者（manager），担负着对土地、资本、劳动等生产要素进行有效组织和管理，富有冒险和创新精神的高级管理者。在成功的创业者身上，我们总会发现一些共同的品质和能力，而正是这些品质和能力，让我们相信创业的成功不仅是运气的偶然，也有其必然的因素。

1. 坚定不移的创业激情

这里的创业激情，实际上是一种生活目标，一种人生理想，一种推动人不断前进的欲望。这种激情是创业的起点，也是创业的最大推动力。当创业遇到失败、挫折的时候，唯有坚定不移的创业激情能够重燃创业者的斗志，激起创业者新一轮的行动，从而不断向前。

2. 开放创新的思想

俗话说，见多识广。在快速变换的时代，拥有一个开放创新的思维格外的重要。只有多聆听、多领悟、多汲取，才能持续拥有开阔的眼界和广博的学识，也才能对企业和行业的未来发展进行前瞻性的思考。

3. 善于把握趋势和机遇

不论是创业者还是创业企业，都是社会发展中的一员，会受到社会经济发展变化的巨大影响。作为创业者，无论对宏观政策形势、中观行业发展还是微观企业运营都需要作出合理的判断，才能把握其发展的趋势，也才能从中找到适合创业企业发展的机遇。

4. 耐心学习与脚踏实地

这个世界，多的是想一朝成名、一夜暴富的人，而少的是为了既定目标脚踏实地去努力和奉献生命的创业者。创业的道路，其实也是学习的道路，需要不断摸索，扎扎实实地获取每一项技能。当遇到瓶颈时，你是否有沉下心去继续埋首的耐心；当犯下错误时，你是否有脚踏实地去改正的勇气。每一个创业者都应该成长为一棵树，根扎大地，方能迎面阳光。

大多数的创业企业都拥有两人及两人以上的创业团队。创业团队的成员之间通常也是具有一定利益关系的，一般都拥有所创建创业企业的股权并在创业企业内担任高层主管，并共同承担创建和领导创业企业的责任。创业团队的高效合作能够提高创业企业在机会识别、开发和利用方面的能力，增加企业运作能力，发挥协同效应。而且具有不同背景和资源的创业者还能为企业带来不同角度的发展认知和组织方式，为管理工作提供不同的社会角度，一个良好的创业团队更有助于营造一个轻松愉快、健康向上的企业环境，对创业企业的成长和发展具有十分积极作用。

一般来说，高效成功的创业团队都具有以下几点特征：

（1）团队成员都具有一致的明确可行的目标，致力于企业价值的创造和对企业的长期承诺；

（2）成员彼此之间具有互补的技能，良好的沟通以及高度凝聚力；

（3）企业内部具有公平合理的股权分配机制，能够分享经营成果、共担创业风险。

在创业的过程中，创业团队的形态并不是一成不变的。随着企业的不断发展，创业企业的管理目标和需求都会发生很大的转变，随之而来，整个创业团队的组成和管理方式也会发生变化，处于一个不断动态变化的过程中。

【案例链接】　　　　　　　跨界创业人——李宁

1988年9月17日的汉城奥运会上，中国著名的体操运动员李宁在他擅长的体操项目上接连发生严重失误，国内舆论顿时一片哗然。人们对他过度的希望在一瞬间转变成了巨大的失望，同情也就变成了指责。同年12月16日，在深圳体育馆，"体操王子"李宁以一曲《难说再见》正式宣布自己退出体坛，告别自己长达18年的体操生涯，走上了一段别样的创业岁月，创办了李宁有限公司，重点从事体育用品的生产和销售。从一家小小的创业公司，到2004年在香港主板公开上市发行，再到2010年走出国门在美国波特兰开设专卖店，逐渐成长为世界知名体育用品品牌，二十年的时光里李宁的创业管理团队也在不断地升级变化，以适应整个公司以及体育用品行业的快速发展。

在创业初期，整个创业管理团队是情感型的，大部分由李宁的队友、亲属和朋友组成。当时，李宁公司由于不是国有企业而进不了国营大商场的门。因此，只能先凭借队友、亲属和朋友的关系网络建立销售网点，然后用特许经营的方式，联系全国个体户经销李宁牌的产品。这种运营方式也使李宁公司的家族化特色很突出，创业管理团队中的成员大部分都是李宁的亲属。

随着企业的慢慢成长进入扩张发展时期，到了1992年，李宁就开始有意识地聘请专业人才加盟。从这一阶段开始，职业经理人开始慢慢驾驭企业经营发展，而整个管理团队也逐渐从经验型向学习型过渡，更加重视制度和规律。总经理陈义宏以及一批专业人才的加入，迎来了1993年到1996年李宁公司的第一次辉煌，公司营业额每年以100%的比例增长。到了2000年，李宁公司的员工队伍迅速扩大，外资、合资企业的"空降兵"不断进入公司，来自意大利和法国等地的海外设计师、设计工作室先后加盟。2001年，1992年10月加入李宁公司的张志勇接替陈义宏出任北京李宁公司的总经理，成为李宁公司新架构下的管理核心。而李宁公司的总监数量扩展到6名，分别监管生产运作、市场战略、产品策略等，实现了从家族公司到公众公司的成功转型。

到了2012年，迎接李宁的不是持续的辉煌发展，而是李宁公司上市以来的第一次亏损。在这一年，国内运动用品行业出现了严重的库存危机，李宁的管理团队开始思考如何突破以往的管理和运营模式。为了优化渠道，李宁公司积极融入市场变化当中，开始逐步扩张直营网络，收回代理权，重新评估各地门店，最终在2015年实现了扭亏为盈。

在这样一个带着"体育明星"光环的创业团队中，团队成员内部的变动、管理和运营方式的创新，无一不深刻影响着创业企业的发展。只有好的创业团队，才能创造好的创业企业，也只有不断思索敢于创新的创业团队，才能帮助企业在逆境中前行。

1.3 创业投（融）资过程

创业投资和创业融资是两个彼此对应的创业金融活动。对于创业者来说，为创业企业寻求资金支持而与创业投资家和创业投资机构进行交涉，从而汲取资金和资源满足企业自身发展的需求的过程就是创业融资。而相反，这一过程对于创业投资家和创业投资机构来说，其目的是为了找寻优质的、有潜力的创业企业进行权益投资，从而获得潜在的高额回报。站在不同的立场上，创业者和创业投资家互相成为了博弈的双方，在资金、股权、资源、管理等各个方面展开博弈；而用长远的眼光来看，创业者和创业投资家又都是"一条船上的人"，他们努力的目标都是一致的：为了企业更好的发展。

作为创业者来说，在创业融资的过程中不仅仅应当从自己的立场出发，制定完善的企业战略和商业计划，充分估计企业的资金需求，寻求适合自己企业发展的创业投资机构的加入，也应该充分了解创业投资家和创业投资机构，能够以创业投资家的标准和要求对企业的商业计划、未来发展、团队管理等方面做出自省和调整,也需要了解创业投资家们的利益诉求和行为作风,从而在谈判和合作的过程中真正实现知己知彼,游刃有余,也可增加获取投资的概率和愉快合作的可能性。

如图1.2所示,一般来说,创业投(融)资过程大致分为项目初创与接触、尽职调查与价值评估、投资协商与契约签订、投后经营与管理和创业投资的退出五个阶段。

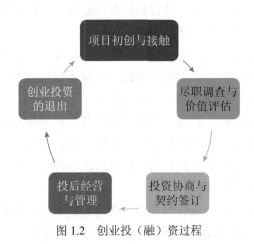

图1.2 创业投(融)资过程

1.3.1 项目初创与接触

每一个创业项目的起点,都来源于创业者的一个好点子,这也是一个创业企业初创的起点。然而企业的运营、产品的研发推广却不像想出一个好点子那么简单,还需要方方面面的考虑,包括:

(1)创业团队人员的配备和企业员工的召集;
(2)创业企业战略目标和方向的制定;
(3)商业计划的完善;
(4)产品和服务的试生产、试运营;
(5)财务计划制订和融资需求的估计等。

只有将企业的框架构建完善,将心中的宏图壮志开始赋予行动的时候,创业者才有资格去真正开始寻求创业资本的支持,任何一个创业投资家都不会为创业者的"理想"埋单的。

在项目接触这一阶段,创业投资机构主要通过管理团队(创业投资家)的人脉资源和专业能力寻找、发现项目,挖掘项目,选出既能满足市场需要又符合企业自身条件的项目。这时的创业投资家如同招生的老师,创业者就像报考的学生,招生老师从报考学生的考试成绩以及申报的资料考查学生的情况,如果此学生来自大家熟知的优秀学校或是由有信誉人士推荐的,可能会事半功倍。

在创业投资家与创业者接触洽谈时,创业投资家起初会尽量保持观望状态,毕竟时间有限,他们不会轻易投资于一个陌生领域的项目,只会花精力在感兴趣和认为值得跟进的项目上。他们更关注的是这个团队及其点子是否切合实际,是否有竞争力。一般来说,没有专利保护或者没有独特性的创业企业，或者市场潜力不够大、回报不高的创业企业都不会被投资。大家都说"投资投人"，所以投资很重要的一点就是创业者和管理层的素质和能力能否被创业投资家所肯定。

一般来说，创业者需要准备一份商业计划书来和创业投资家洽谈。商业计划书是一份全方位的项目计划，它在现代商业项目中的地位非常重要，常用于获取投资、竞标、申请贷款、商业合作、项目报批等方面，其目的就是向投资家展现项目投资的潜力和价值，以便他们能对企业或项目作出一个较好的评判。

完成一份完整的商业计划书，不仅可以给创业投资家一个良好的投资依据，也使创业者可以更好地审视自己的创业目的、梳理思路，从而增强创业的信心和热情。正因如此，商业计划书应该由创业者本人静下心来，亲自撰写。

作为获取投资的"敲门砖"，商业计划书既需要表达创业热情，也需要理性的分析，使其有说服力，经得起推敲。创业者是否足够了解行业、市场、用户需求？项目的可操作性如何？自己创业的竞争力如何？能否给自己也给创业投资家带来预期的收益？这些问题都应该在商业计划书中有所体现。

在此之后，创业投资家们一般会对创业企业进行两个层面的初步调研：首先是对行业的调研，其次是对公司、创业团队的调研。这一阶段在尽职调查之前，目的是验证商业计划书所提供的信息，是一个承上启下的过程。

1.3.2 尽职调查与价值评估

这一阶段一般是由创业投资方主导的对企业的审查，既包含行业调研和对创业企业本身的尽职调查，对选定项目的潜在风险与收益、价值进行评估，也包含创业者对于创业投资家的考察。这个阶段就好比初步了解之后，学校招生进入面试阶段，老师会对学生进行各方面考察，尽可能对学生进行了解；学生也会观察老师是否是理想中的老师，以便未来更好的做出决定。

1. 来自创业投资家的考察和评估

这一考察时间大约持续1~3个月。通常由会计、律师等组成的尽职调查组进行尽职调查，对企业的历史数据和文档、管理人员的背景、市场风险、管理风险、技术风险和资金风险做全面深入的审核，对创业企业的价值进行评估，也会对创业投资家自身可能得到的收益进行评估。具体来说主要包括以下内容。

（1）财务与税务尽职调查。这一部分可以由创业投资家团队中的审计监察部或者其类似部门进行，也有可能委托会计事务所参与调查。主要内容包括当前的现金、应收应付及债务状况，财务报表、销售和采购的票据的核实等；每年实际的成长率、收入、利润是否达到一定的标准或预期；财务规划是否合理等。

财务与税务尽职调查主要目的是了解企业的盈利能力，以利润为核心，了解企业的利润率、经营现金流。如果可以获取数据，还可以同行业内其他企业的相关指标进行比较分析。如果创业企业处于特别早期，会用现金流替代利润来完成估值。

(2) 法律尽职调查。主要调查的内容有已经经历的或潜在的诉讼、各项合同的有效性、产权归属等问题的相关文书，主要包括雇佣协议、销售合同等相关法律文书；专利、版权、商标等知识产权；房屋续约、设备租赁合同等租约。

(3) 运营尽职调查。调查的内容包括产业运营能力、产品或服务、生产运作系统等。创业投资家要了解企业的业务结构，如果有可能，还应当了解客户结构（是否有大客户，客户是否诚信）和供应商结构（供货是否可靠，原料质量如何）。通过运营尽职调查，创业投资家可以了解企业的经营现状和发展潜力。

初创企业可能没有完善的部门系统，但如果出现有分工的多个部门，就应该进行部门访谈，了解部门内部机构设置、人员数量及分布、人员考核制度和奖惩制度等。不同部门有其不同的特点，例如，如果有生产部门，则还会了解是否有提高效率、节约成本的措施；如果有销售部门，则还需要了解产品定价策略、重点销售区域、主要销售方式、客户对产品质量和售后服务的反馈等。除部门访谈之外，创业投资家还会根据企业现状，寻找行业专家或其他类似行业公司的人员咨询以深入了解、借鉴经验。

(4) 环境尽职调查。环境尽职调查主要是评估环境风险和潜在责任。环境尽职调查的团队可以由创业投资家方面组建，也可以委托给相关事务所执行团队。环境风险主要在于土壤和地下水污染，以及各类环保不合规行为。如今社会大众越来越关注"环保"话题，环保法律、法规日趋严格和完善，环境监管力度不断提升，大大提升了企业确保合规的难度和社会群众压力。

一般来讲，高新技术产业的创业企业不大会存在环境方面的问题，如果创业企业涉及生产或土建，就需要更多地关注环境问题。环境尽职调查主要关注企业的环保资产、合规性、环境的潜在风险等。企业的环保资产包括环保设施、污染治理协议、是否有环保处罚欠款等；企业环保合规性主要包括环保许可、批建相符性等；环境的潜在风险包括是否存在投诉、环境诉讼案件、现有场地污染情况等。

(5) 创业团队和管理层尽职调查。管理团队能力如何、是否健康、是否有经验、有潜质。创业投资家主要了解公司管理团队成员、业务骨干的简历，甚至管理团队成员从前的雇主或同事等信息，这些信息都可以成为以上问题的反映。这一调查可以通过文件材料去了解，更好的方法是通过与创业企业的管理团队进行相关交流和访谈，以面对面提问的方式来了解。

(6) 技术尽职调查。主要考察创业企业是否有可持续的竞争优势。创业投资家希望创业企业在技术方面最好有一定的壁垒，他人难以复制，这样则可以在至少一段时间内保有一定的竞争优势。

这一切都不是谈判或者简单委托给事务所就可以完成考察的，创业投资家还会深入创业企业去实地考察，包括各地的分支机构，与一般员工进行沟通。如果有生产车间，还可能去参观车间，并会通过尽可能多的提问，以获取更多的信息。

针对以上这些创业投资家可能考核的内容，创业者和创业企业应当早做准备，以最好的面貌迎接来自创业投资家的审查。

2. 来自创业者的考察

尽职调查是双向的，对于很多创业企业来说，创业者和投资者之间的关系是不断发展的，不仅投资者要调查企业和创业者，创业者也会调查投资者。创业者应该在接受某创业投资家的投资之前，尽可能多地了解这个创业投资家的情况。创业者需要去验证创业投资家是否真的能够提供增值服务，最简单的方法就是跟那些已经接受过这个创业投资家投资的创业者们聊一聊。创业者需要了解这个创业投资家是否获得创业者的信任、是否难以对付、对公司问题的响应速度如何、提供过什么帮助、介入公司业务的程度如何、后续融资是否能提供帮助等，确保这是一家值得长期合作的、也容易相处的创业投资机构，否则下一步的合作很可能会面临很多问题。创业企业不可避免地会遇到许多波折，没有思想准备的创业投资家会因此与创业者关系紧张，严重者甚至会半途撤资。

1.3.3 投资协商与契约签订

在彼此了解和调查之后，创业投资机构会与其看好的、有意向的创业企业进行投资协商和投资协议的签订。投资决策一旦做出，创业投资机构和创业企业就真正成为了"一条船上的人"，需要共同对创业企业的发展负责，为其更好的运营出谋划策。

与学校招生类似，这一阶段"学校"与将要招收的"学生"之间的互相了解已经结束，到了决定录取阶段。"学校"的偏好是有所不同的，大多投资决策也因人因行业而异。即便如此，也并不是无规律可循。西方对于投资决策的研究较为深入，以下列出几点研究结果供创业者们参考。

（1）与银行对企业的审核不同，创业投资家看重创业企业财务方面的实力，更看重未来市场发展的潜力。

（2）创业投资家评估创业企业未来可能的盈利性时最重要的标准首先是产业相关能力，其次是企业的竞争状态、创业时机和教育能力，最后是在行业内领头的时间、关键成功因素的稳定性以及创业时机和领头时间的交互作用。

（3）美国的创业投资家比韩国的创业投资家在决策时更依赖市场信息，而中国的创业投资家比美国和韩国的创业投资家更看重人力资本因素。在不同的经济体制中，创业投资家决策过程中所强调的不同信息的程度会有所差异。

在创业投资家及其团队根据各项因素基本确定投资后，会与创业企业双方就契约条款进行谈判，商讨并签署投资决议以及正式的投资协议。

投资协议会从多方面来规定双方的权利和义务，主要包括发行条款、规章、股票购买协议、投资者权利协议、优先取舍权与跟卖权协议、投票协议、其他事项等，并在最后签署日期和姓名。其中各项权利的相关规定和要求都将会对双方的权益产生很大影响，是创业者应该着重注意的。

1.3.4 投后经营与管理

投后经营管理阶段就好比学生进校，教学培养开始。在教学过程中，除一般的课程外，能力的培养也是培养学生的一大方面。

通常来讲，创业投资家在介入方面，持股越多其权力越大，从而参与越深（当然，股权等内容都是在投资协议中规定好的，这一阶段就可以看出权力大小影响的区别了）；行业越"高、新"，不确定性越大，介入越深；创业企业面临运营困难，创业投资家会适时介入，积极支持创业企业。

创业投资家的管理介入、帮助与增值服务的内容一般也各种各样、十分丰富。创业企业在创办之初常常会遇到挫折，创业投资家不仅能够给创业者以商业上的支持，也可以给予情感上的支持。具体来说，创业投资家能够对创业企业提供的具体支持方式如下。

（1）经营管理建议：创业投资家可以充当创业团队的参谋，帮助分析和解决市场营销中存在的问题，提供合理的经营建议、财务建议、管理建议等。

（2）运营帮助：创业投资家可以为企业引进并整合各种战略资源，如介绍客户、供应商等；提供融资支持，搭建融资平台。

（3）监控：创业投资家会监控创业企业的绩效、财务状况、股权变动情况等。

（4）增值服务：创业投资家会参与创业企业的战略制定与审查，协助企业制定发展战略；雇佣和更换高层管理者，实现管理规范化，协助企业建立现代企业管理制度等。

在现实生活中，我们也经常会看到创业者与创业投资家之间发生矛盾。在企业投后的经营和管理上，创业者和创业投资家各自抱着自己的目的，从自身的利益角度出发，难免会产生一些矛盾，有的矛盾升级甚至引发创业企业易主，创业者被扫地出门的惨剧。因此，创业者从一开始就应该做好充分的打算，仔细考虑投资协议的各项条款，在企业经营管理和财务运作等各个过程中，既能持真诚的心态与创业投资家共同合作，也能维持自身的独立和理性，将最好、最坏的打算都考虑到位。

1.3.5 创业投资的退出

创业投资既然有资金注入，就肯定有退出，然后才能以更大的资金注入新的创业企业，这是创业投资的基本盈利方式。只有形成良性循环回路，创业投资才能生生不息地发展下去。当然，究竟是谁退出也要看情况而定，若是创业者方面出现了问题，退出的也可能是创业者。一般来说，退出有三种方式。

1. 申请公开上市

当企业已经成熟之时，上市条件已经符合。这时可以申请上市，投资公司股权在证券市场上卖出，收回投资，并赚取超额创业利润。这一方式应该是很理想的退出方式之一，为了使上市退出顺利，创业投资家一般在一开始就已经思考这一问题，对于公司的运作也完全严格按照上市标准进行，遵循公开发行的程序，以保证上市顺利。

2. 并购

包括企业回购、管理层回购；股权转让，被其他公司兼并收购。不是所有企业都可以申请公开上市，许多公司发展到一定程度，但尚未成熟，公开上市还不够条件。创业企业家或其上级公司希望自己控制企业，而创业投资家又不愿再继续投资下去时，可以把股权卖给创业者或其上级公司，顺利实现资金退出，并可获取不菲的利润。

一般来讲，回购有两种情况：协议回购和管理者收购。协议回购是按照已经签订的投资协议，在投资期满之时，创业者继续持有自己的公司，购回创业投资家所持有的公司股票。这种方式风险较小，运用较为广泛。管理者收购主要在于收购者是公司的管理层。上述两种情况都属于创业企业的回购，区别在于管理者收购更可能发生在管理层与创业投资家发生分歧时。

股权转让是另一种退出方式，当公司发展到一定程度后，资金需求量不断增加，创业投资公司如果不愿再追加投资，而这时其他公司有兴趣参与投资，可以收购原创业投资公司或创业者的股权，从而使原创业投资公司或创业者实现顺利退出。

这些参与并购的企业大致可以分为两类，一类是本身对创业企业感兴趣的公司，这些公司主要是为了获取创业企业的技术或者为自身转型开拓新市场；另一类是其他的投资公司，这属于二次出售。在这种退出方式执行时，一定要首先对新参与并购的企业进行调查，了解其收购计划，以确定一个较好的价格。这一方式现在也很普遍，但收益率不如IPO高。

3. 清算

公司创业失败，经营状况难以扭转，公司通过清算退出投资，收回部分资金。对于创业者来说，创业投资的退出并不意味着资金退出，而更多地是以股权转移的形式进行的，对企业的实际运营可能并不会造成非常大的影响。在创业企业的发展过程中，创业者自身也可以根据自身的需要和客观的条件，通过多种形式转移股权，退出企业的经营管理，另谋其他事业的发展。

从下一章开始，我们就将按照创业企业融资（创业投资）的流程顺序，详细介绍创业企业在创业金融活动中所需要了解的各项内容和具体的操作方法，同时从创业投资机构的角度为创业企业在各个环节中需要注意的事项提供建议。

本章小结

一切与创业企业的金融决策及其实施相关的活动被统称为创业金融活动。创业金融研究的是创业企业的价值和资源的分配问题，主要研究对象是高科技初创企业，重点关注创业企业在创业过程中所面临的与金融活动相关的决策、管理、经营等问题。创业金融具有高收益和高风险并存的特点，运作周期长，资本流动性较小，创业投资是一种权益投资，具有阶段性和分期性，其与创新的关系十分密切，对社会经济和技术的发展起到了至关重要的作用。创业企业作为创业金融活动的核心，具有高新技术占比高、主营方向偏高新技术、扁平化组织、轻资产战略、创新性管理方式、高成长高风险等特点，其发展一般可以分为种子阶段、发展阶段、扩张阶段和成熟阶段四个时期，每个时期都具有不同的特点。创业者是创业企业的核心，成功的创业者都具备类似的素质，而一个好的创业团队也是创业成功的关键要素。创业投资和创业融资是两个彼此对应的创业金融活动。一般来说，创业投（融）资过程大致分为项目初创与接触、尽职调查与价值评估、投资协商与契约签订、投后经营与管理和退出五个阶段。

感悟与思考

1. 如何判断一个创业企业所处的创业阶段?
2. 在创业企业发展的不同阶段,创业者和创业团队所承担的角色的具体区别有哪些?

关键词

创业金融、创新活动、创业企业、创业者、创业融资、创业投资

第2章 创业企业战略

【本章导读】

本章将从企业战略出发,阐述什么是战略、战略的层级以及战略管理的内容和意义,针对创业企业的特征,重点研究创业企业有哪些战略可供选择、如何进行战略分析、以及对战略的管控与评价。学习本章后,你应当了解:

1. 企业战略的概念及作用;
2. 创业企业战略分析(初创战略、融资战略、组织战略、退出战略);
3. 创业企业融资战略与其他战略的关系;
4. 创业企业战略管理。

初创时期的创业企业多半是小公司,这时候创业者刚刚开启创业项目,心中所想的都是怎样让它受到投资者的青睐,也就是融到钱、活下去。阿里巴巴始创者马云也说过,战略有很多意义,小公司的战略就是活着。

2.1 企业战略:企业的导航仪

如果把企业比作一辆高速行驶的汽车,那么企业的战略就是汽车的导航仪,创业者事先想好了目的地,也就是企业未来想要达成的目标,然后按照航线行驶,一旦偏离,还要进行不断地修正反馈,才能如期到达目的地。

【案例链接】 蚂蚁金服的未来战略[①]

2016年10月16日,在蚂蚁金服成立两周年的年会上,蚂蚁金服集团总裁井贤栋发表了演讲,并宣布了未来蚂蚁金服发展的三个方向。

第一是全球化,未来10年蚂蚁金服将和合作伙伴一起服务全球20亿人;第二是小微金融全面升级,用井贤栋的话表述即"用数据能力做2 000万小微企业的CFO";第三是帮助社会建立信用体系,井贤栋称蚂蚁金服已用大数据孵化出了一套信用体系,并将继续完善它。井贤栋同时说,这套体系并不只属于蚂蚁金服,而属于整个社会,它将帮助全社会解决信用、信任问题。

在上述案例中,蚂蚁金服的战略分为三个层面:一个是业务范围——全球化;一个是业务内容——小微金融升级;另一个就是使命层面的——帮助社会建立信用体系。可以看

[①] 资料来源:新浪科技,井贤栋正式出任蚂蚁金服CEO 全球化将成公司未来10年三大战略之一。

出,企业战略是站在整个企业的层面来讲的,而不是针对某一个计划或行动。

其实"战略"一词在中国《孙子兵法》中就有所体现,意思是战术的谋略。企业战略就是对企业各种战略的统称,其中既包括竞争战略,也包括营销战略、发展战略、品牌战略、融资战略、技术开发战略、人才开发战略、资源开发战略等。

企业战略的概念历来好多学者都有其独特的看法,比如埃尔弗雷·钱德勒(Alfred D.Chandler)对战略的定义是确定公司的长期目标以及为实现这些目标所学的行动方案选择和资源配置。迈克尔·波特(Michael Porter)提出竞争战略就是差异化。它意味着企业应当谨慎选择有价值的行动以实现其独特的综合价值。亨利·明茨伯格(H.Mintzberg)认为战略是一连串决策过程中形成的模式;战略是一种计划(plan)、一种策划(plot)、一种行为方式(pattern)、一种定位(position)、一种期望(PErsPEctive)。

在本书中,我们认为企业战略即企业在错综复杂的商业环境里,为了获得独特的竞争优势而对企业的长期发展进行总体规划的行为。简单来说,战略的实质就是企业长期想成为什么样的公司,这就可以与企业的日常运营策略(如某业务部的销售目标、财务预算指标等)分离开来,因为战略的关注点是未来。

2.2 如何起步:初创战略

所有企业都是需要战略做指导的。而创业企业,更是要先规划好未来的路线。在创业企业中,其所处的环境复杂,就像一片"黑森林",要靠创业者的不断摸索。所以战略对于创业企业来说就更为重要。

创业企业由于大多处于企业初级阶段,对外界变化的敏感度极高;此外创业风险可能较传统意义的战略风险更大,因为其关系到创业项目的存亡。所以在进行创业企业战略分析时,我们只有更多地考虑环境的变化、创业机会的寻求以及风险偏好等,才能摸索出企业的生存之道。

创业战略的着眼点之一是"生存研究",强调的是,在外部环境飞速变化的情况下,创业者怎样进行前瞻性的部署,而不是跟着别人的节奏盲目投资项目或无规划地寻求融资;创业战略必须要照顾企业全局的利益。创业战略有很多种类,在本书中,我们按照创业企业的生存时间线来阐述,即从新设战略、融资战略、组织战略以及退出战略几个方面系统性的谈创业战略。

2.2.1 初出茅庐:新设战略

如果创业者"拍拍脑袋"想出了一个创业点子,然后立即把它付诸实际,组成了一个企业,那往往是很危险的,因为没有进行可行性的分析以及风险的把控,很容易走错方向。所以创业者就需要考虑新设战略,好好规划如何设立这个企业。新设战略包括机会管理战略,产品—市场战略,以及资源整合战略。

1. 机会管理——动不动眼前的奶酪？

对于创业者来说，机会是一切创业的起点。但是机会可能大家都可以观察到，如何在变化的市场中抓住机遇就需要创业者观察市场、判断机会、把握机会。

【案例】　　　　　　　　刘芹谈雷军：小米不是一蹴而就

"小米"创始者雷军，其实从六七年前就在考虑和捕捉国产手机的机会。在十年前，雷军就曾和好友刘芹彻夜长谈，最后进行了很久的市场观察和前期筹备，最终一炮而红。

刘芹在后来的采访中说："雷军在2009年和2010年那个时候开始考虑手机这件事，他一定是当时的少数派，因为他是提前于整个市场的先知先觉。但是你不能提得太前，所有趋势性的大机遇其实都和时机有关系，因为太早你可能还没等到这浪真起来，你就已经没力气，没资源了。但抓不住机会，太晚了也不行。好比我们今天再去谈电商，就已经太晚了。"

从上面的案例中，我们了解到，小米手机这个创业机会原来也不是头脑一热就马上付诸行动的，创始人雷军谨慎地观察了很久的市场以及做了大量前期准备后才抓住进入市场的绝佳机会的。当然，创业机会的抓取需要前瞻性，这也需要创业者对宏观以及微观环境有准确的了解和高度敏感。

创业者需要观察创业的外部环境，认真分析外部环境对我们这个机遇所处的行业和特质有怎样的促进或影响，然后就可以更全面的评价创业机会的好坏。

2. 机会的宏观环境

创业者必须要对宏观环境十分敏感，在评价你的创业机会时，一定要确定宏观的政治、经济环境是对机会有利的。创业者当然不希望自己的创业机会是在"逆境中成长"，所以就不要挑选在政策不友好的方向发展自己的创业机会。在分析宏观环境时，可以运用一个经典的外部环境模型——PESTEL，其具体的分析方法如下。

P：政治环境（political environment），指国家社会制度，政府政策，是否有利于创业机会。选择国家政治政策利好的创业机会不仅意味着政府不会设限，也可以发掘政府的投资支持等潜在机会。

E：经济环境（economic environment），创业者要对创业机会与汇率、价格变动、货币与财政政策等变化是否敏感有所分析，另外还要结合不同区域的消费收入水平差别制定区域差别化战略。

S：社会环境（social environment），创业者还要考虑创业机会是否与所处环境的人口结构、教育程度、文化水平、宗教信仰、价值风向等因素是否呈正相关。

如最近日益严重的养老问题是一个社会问题。老龄化早已成为一个全球化的现象，如今在中国逐渐严重，这也促进了最近智能养老创业的高潮。

【相关链接】　　　　　　　　全球养老问题

2016年6月，Comet Labs完成了一份名为《中国养老环境扫描及智能养老需求研究报告》，报告中预测，到 2050 年，全球 60 岁以上的老年占比将超过 20%，而中国情况则更为严重，届时 65 岁以上老人的占比将达到 1/3。实际上，这个问题很早就已经引起了各方面的重视。

（1）老龄化加剧＋慢性病突出：如前所述，到 2050 年，65 岁以上老人将占据中国人口的 1/3 比例，而该人群恰好是心血管、糖尿病等慢性病的高发人群，占比接近 50%。

（2）养老社会环境严峻："失能化""空巢化"以及"少子化"等现象在养老市场也较为突出。

（3）社会资源挑战：整个产业的资源包括资金、硬件以及人员等方面均面临严峻挑战。

中国的养老服务业随着互联网的崛起，智能养老已初见规模。现有 80 多家智能养老领域的创业公司，比如二毛照护、瑞泉护理、三开科技、大糖医、sleepace、健安华夏等，涉及范围诸如护理类、健康类、接入类、家居类和交互类等。

T：技术环境（technological environment），技术对大多数高新创业企业是至关重要的，很多企业的创业机会可能就是一项专利的获取。不同的行业技术特征也不尽相同。在高新行业，技术更新比较活跃，技术生命周期短，技术专利贬值的威胁大。

中国的创业技术环境怎样？全球创业观察（GEM）研究报告称，中国的研究开发成果能更好地从发源地通过创业企业向市场转化。创业企业在接触新技术、新研究上与大企业具有相同的机会。中国表现出较强的科技基础，具备对于支持个别领域的创业企业成为世界水平技术型企业的能力。不足的是，中国研究成果转化的条件较差，在知识产权保护方面，还比较落后。知识产权法规的制定和实施的效果还不够理想，因此创业者就要更加重视技术的保密和知识产权的保护措施。

E：环境因素（environmental factor），在这里指创业区域的自然环境、自然资源等，由不同地域的地理特征所决定。通常情况下创业者还应注意环境变量，比如能源行业，就要确保可持续发展的问题，以及会涉及对环境有利或不利影响等道德问题。

L：法律环境（legal environment），创业者要确保其所经营符合法律监管的规范，如果你涉及对外的经营活动，在制定战略时更要注意区分不同国际法规。

【相关链接】　　　　GEM 全球创业观察的报告

在进行创业环境研究时，还可以参考近年来创业战略学者和相关研究组织的大数据研究结果，如 GEM 全球创业观察的报告。

GEM 模型：即全球创业观察，是由英国伦敦商学院和美国百森商学院共同发起的国际创业研究项目。GEM 模型主要是根据创业环境通过影响创业机会和创业能力与创业活动的产出关系，该模型的核心是组织中的专家对每一方面都会进行评价打分。

2016 年年初，GEM 组织发布了第 17 份年度报告——《全球创业观察 2015 年度全球报告》。报告显示，创业的社会价值较高，创业要素驱动、效率驱动以及创新驱动平均达到 60% 以上，而在创业自我感知上，平均有 21% 的人打算在未来三年创业。创业行业分布方面，在要素驱动和效率驱动经济体中，几乎接近或超过一半的创业者会选择批发零售行业；创新驱动经济体中，接近一半的创业者会选择信息通信、金融、专业服务、健康、教育以及其他服务业。

3. 机会的微观环境

相应的，创业者还应进行微观环境的分析与评价，来确定创业机会和经营范围。微观环境分析对商业企业而言，可以看成是行业环境分析。在表 2.1 中，我们列举了一些创业者可以近距离观察的、对分析创业机会有利的微观环境市场分析要素。

表 2.1　市场分析要素举例

市场分析要素举例	内　　容
目标市场分析	确定市场细分的标准，了解目标市场的基本情况
竞争对手分析	目前目标市场的已有企业，新开拓市场后的潜在竞争对手的研发能力、现有产能、客户反馈等
客户需求分析	发掘客户核心需求，发现切入点
上下游分析	确定企业上下游供应链对进入市场的作用

例如，一个游戏创业公司想要上线一款手机游戏，那么创业者在前期要对手机游戏市场有一个把握，就要进行市场分析、目标分析、用户核心需求分析等。若通过大数据分析，发现在手机游戏中的射击游戏市场还处于空白，这就说明你发现了创业机会和市场着眼点；接着你需要进行目标分析，对于目前市场已有的企业进行深刻的调研，这些对于创业企业进入市场是十分有益的。

此外，微观分析也包括对企业自身的分析。这个时候可以采用战略模型中最为常见的 SWOT 分析法。SWOT 分析方法由管理学家韦里克提出，即企业的内部优势（strengths）和劣势（weaknesses）以及外部环境的机会（opportunities）和威胁（threats）。

企业在综合分析了外部环境以及内部资源之后，进行 SWOT 分析来综合和概括，进而有效整合内部与外部优势、劣势的协同效应，既可以通过机会发展优势，又可以通过外部带动劣势将其转化为竞争优势；还可以通过自身优势来化解威胁，或是了解自己的劣势回避威胁。

4. 给你的创业机会打分

很多时候，我们对于创业机会都只是存在一些比较抽象的感觉。面对很多机会时，它们各有优缺点，这时候就需要运用一些定量的模式，把这些优缺点转化成数字，让创业者可以直观地感觉到机会之间的差异。

如何给创业机会打分？我们可以使用一些定量的模型，在实际操作中，下面方法中的一些打分点也是可以根据创业者的不同需求来变化的。

（1）标准打分矩阵。创业者可以将创业机会成功因素（易操作性、市场接受度、增加资本能力等）进行罗列并由相关领域的专家小组进行打分，分为最好（3 分）、好（2 分）、一般（1 分）三类，最后将每个创业机会的加权平均相比较，如表 2.2 所示。

表 2.2　标准打分矩阵示例①

标　　准	专家评分		
	最好（3分）	好（2分）	一般（1分）
易操作性	8	2	0
质量和易维护性	6	2	2
市场接受度	7	2	1
增加资本能力	5	1	4
投资回报	6	3	1
专利权状况	9	1	0
市场的大小	8	1	1
制造的简单性	7	2	1
广告潜力	6	2	2
成长潜力	9	1	0

上面的打分表就是某个创业机会的打分结果，一共有十位专家分别给每个因素进行了打分，比如在易操作性中，有 8 位专家认为是最好的（3分），2 位专家认为是好的（2分），依此类推，最后将分数与人数进行加权得分，就可以量化地看出不同创业机会的得分。

（2）温斯汀豪斯法（Westinghouse）。这个方法是通过预测成功的概率来判断创业机会的好坏。比如在技术行业，创业机会是一回事，技术成功是另外一回事。所以将创业机会所涉及的技术成功与商业成功的概率通过专家进行评定，再加上生命周期的权重，就可以求得每个机会的优先级。优先级计算公式如下。

优先级 = 技术成功概率 × 商业成功概率 ×（价格 - 成本）× 投资生命周期 / 总成本

（3）拍泰申米特法（Haman's Potentionmeter）。这个方法侧重于创业机会对公司的财务管理、市场定位、市场进入方面的影响，按照这些方面制作一个打分表格，形式上很像心理测验的小游戏。

具体的计算方法是，通过既定权值归集不同成功因素的指标，创业者对创业机会的相关因素进行打分与测算，高于 15 分的机会才不会被淘汰。拍泰申米特法示例如下：

1. 对于税前投资回报率的贡献
   A. 大于 35% +2　B. 25%～35% +1　C. 20%～05% －1　D. 小于 20% －2
2. 预期的年销售额
   A. 大于 2.5 亿美元 +2　B. 1 亿—2.5 亿 +1　C. 5 千万—1 亿 －1　D. 小于 5 千万 -2
3. 生命周期中预期的成长阶段
   A. 大于 3 年 +2　B. 2—3 年 +1　C. 1—2 年 -1　D. 少于 1 年 -2
4. 从创业到销售额高速增长的预期时间
   A. 少于 6 个月 +2　B. 6 个月到 1 年 +1　C. 1—2 年 －1　D. 大于 2 年 －2
5. 投资回收期
   A. 少于 6 个月 +2　B. 6 个月到 1 年 +1　C. 1—2 年 －1　D. 大于 2 年 －2
6. 占有领先者地位的潜力
   A. 具有技术或市场的领先者能力 +2　B. 具有长期内和竞争者同等的领先者能力 +1

---

① 标准打分矩阵法：整理于《创业管理》厦门大学出版社作者张秀娥第三章创业机会分析第二节创业机会的萌芽。

C.具有最初的领先者能力，但很容易被取代 —1　D.不具有领先者能力 —2

7.商业周期的影响

A.不受商业周期或反周期的影响 +2　B.能够在相当的程度上抵抗商业周期的影响 +1

C.受到商业周期的一般影响 —1　　D.受到商业周期的巨大影响 —2

8.为产品制定调价的潜力

A.顾客获得的较高的利益能够弥补较高的价格 +2

B.顾客获得的较高的利益可能不足以弥补较高的价格 +1

C.顾客获得的相等的利益能够弥补相同的价格 —1

D.顾客获得的相等的利益只能弥补最低的价格 —2

9.进入市场的容易程度

A.分散的竞争使进入很容易 +2　　　B.适度竞争的进入条件 +1

C.激烈竞争的进入条件 —1　　　　　D.牢固的竞争形式使进入很难 —2

10.市场试验的时间范围

A.需要进行一般的试验 +2　　　　　B.需要进行平均程度上的试验 +1

C.需要进行很多的试验 —1　　　　　D.需要进行大量试验 —2

11.销售人员的要求

A.需要进行一般的训练或不需要训练 +2　B.需要进行平均程度上的训练 +1

C.需要进行很多的训练 —1　　　　　D.需要进行大量的训练 —2

拍泰申米特打分法就是将这11个问题进行客观的评价，按照每个选择对应的分数加总，最后如果高于15分，那就是可行的创业机会，如果低于15分，那么说明创业机会可能不适用。

（4）贝蒂的选择因素法（Batty）。贝蒂法同样也是对一些因素进行打分，主要侧重于机会的独特性、可行性、成本收益等。贝蒂法设定11个选择因素，分析每个创业机会是否符合7个以上因素的条件。符合为1，不符合为0，如果得分是7以上，那么创业机会可行，如表2.3所示。

表2.3　贝蒂的选择因素法示例

编号	选择因素（Batty）	机会1	机会2	机会3	机会4
1	这个机会现阶段是否只有你一人发现？	1	1	1	1
2	初始产品的生产成本是否可以接受？	1	1	0	0
3	初始的市场开发成本是否可以接受？	0	1	0	1
4	产品是否具有高利润回报的潜力？	1	0	1	0
5	是否可以预期产品投放市场和达到盈亏平衡点的时间？	0	0	1	1
6	潜在的市场是否巨大？	1	0	0	1
7	你的产品是否是一个高速成长的产品组合中的一种？	0	1	1	1
8	你是否拥有一些现成的初始用户？	1	1	1	1
9	是否可以预期产品的开发成本和开发周期？	0	1	1	1
10	是否处于一个成长中的行业？	1	0	1	0
11	金融界是否能够理解你的产品以及顾客对产品的需求？	0	0	1	1
总得分		6	6	8	7

从表 2.3 可以看出，上面的 4 个机会里面，只有机会 3、机会 4 的得分大于 7，而机会 1、机会 2 就可能面临淘汰。

在实际操作中，创业者可以运用多种打分方式，也可以参考以上方法设计出对自己团队最切合的打分方式来初步了解创业机会。在这个环节中，专家小组是很重要的部分，按照创业者的需求，专家小组可以是团队的财务管理者，也可以是行业领域内富有经验的人士、金融行业的观察者、创业者自身、技术专家、第三方咨询公司专业人员等。创业打分是一个量化创业机会的过程，但创业是极不稳定的，所以对于创业者来说，创业打分的参考性十分重要。

5. 取舍的哲学：市场定位

在选择了创业机会之后，创业者要推出产品，就要进行恰当的市场定位和产品定位。市场定位，是创业者根据自身资源水平定位细分市场的潜在顾客的过程。产品定位，即在目标市场上，对产品的特性和创新性的打造。

在这里我们可以运用菲利普·科特勒的 STP 理论。STP 理论是指企业在一定的市场细分的基础上，确定自己的目标市场，最后把产品或服务定位在目标市场中的确定位置上。

（1）市场细分（segmentation）：是指根据消费需求上的特征和变量把某个产品或服务的需求市场进行细分。因为顾客的需求有不同的偏好特点，市场变量也有地理、人口、心理和行为之分，细分市场有利于针对性的进入市场和有效归集营销资源。

（2）目标市场（targeting）：是指企业选定要进入的细分市场，是对企业最有利的市场，也是企业打算满足需求的顾客群体。

创业企业可以根据产品的特点进行战略部署。一般来说，在进入市场时，企业往往采用无差异市场战略，因为早期产品单一，企业要通过标准化销售和宣传达到产品规模经济。

到了后期，如果是专业性强的产品，可以针对子市场进行集中化战略；如果公司的战略目标在于未来更大的市场发展潜力，可以采用差异化市场营销，扩充产品种类和范围，满足不同市场的针对性需求。

（3）市场定位（positioning）：创业企业最重要的是如何将自己的产品在目标市场上有需求的顾客群体中创造独特的地位。比如，加多宝定位为预防上火的凉茶，功能性和产品本质很明确，很快打开了看似饱和的饮料市场。

市场定位还可以通过产品特色、产品价值、特定需求、使用者、产品质量等因素出发。比如青年旅社对使用者群体（青年）做出了定位，而树屋酒店推出的是与生态合一的特色概念。

【案例链接】 ofo VS 摩拜——ofo 单车走出校园面临的定位问题

ofo 单车和摩拜单车都是近年新型的单车共享创业企业，也就是为城市市民提供公用的单车平台，通过线上系统进行交易以及车辆开锁，实现绿色出行，资源共享。

ofo 这三个字母就像一个正在骑单车的小人，其提供的黄色单车亮眼、轻便，最开始的目标客户是年轻一代——大学生；摩拜单车同音于 mobike，其一开始就着眼于城市开放市场，产品是一个高科技的，可以自动充电，配有 GPS 以及防盗系统的红色单车。

2016年8月初至今，ofo和摩拜各自完成了四轮融资，是近期政策对网约车的绞杀下另辟蹊径的优秀示范。

ofo和摩拜从一开始的定位就不同：ofo主要着眼于运营，先从校园着手；摩拜则主要侧重于产品和技术，一上来就面向开放市场。

而当ofo准备走出校园时，惯用的市场定位似乎变得不太可行：ofo市场定位是校园，产品方案也是为校园市场而设计的。

校园市场的空间封闭、距离较短、用户集中、群体也清晰、自行车使用率高。

针对校园的环境，ofo相比摩拜在产品设计上有很多缺失：

（1）没有GPS定位，因为校园场景下在固定地点的投放车总会被找到，而在开放环境下，客户却很难找到车，此时就需要打开GPS查看附近的车，摩拜就做到了这一点。

（2）防盗措施不完备，ofo前期定位于校园，使用人群和环境相对固定，在车辆的防盗和质量上没有考虑的特别充分，比如车胎、链条、取车等关键环节考虑的不是特别充分，导致走出校园，车身的质量就面对巨大的考验。

综上所述，ofo现有的产品方案在原有的校园市场上发展问题应该不大，但如果拿这个产品到更加开放的市场，自身产品的短板就会显得非常明显。在残酷的市场竞争中恐怕要落下风，这也逼迫ofo需要快速进行产品迭代，以更快适应外部开放市场的环境。

从上面的案例我们就可以看出，ofo和摩拜这两家公司都是单车共享的企业，但是最初市场定位截然不同，所以导致其产品设计和未来发展战略也截然不同。我们总结两家单车公司在初进市场时的市场定位所导致的产品和特点，如表2.4所示。

表2.4 ofo与摩拜单车特点比较

企业 项目	ofo单车	摩拜单车
市场定位	校园共享单车	城市共享单车
用户受众	学生、教师	年轻人、上班人士
产品定位	车型轻便	高科技：带有GPS跟踪以及自动充电
	APP界面简洁，操作简单	金属包裹车链车轴，防盗防坏
产品成本（元）	100—200（相关人员估计）	3000+（相关人员估计）
使用模式	见车—手动密码开锁—使用—关锁后手动结款	APP定位寻车—扫二维码自动开锁—使用—关锁后自动结账
特点比较	无完备的防盗措施	防盗、防坏、有GPS， 但车型较重 不方便骑行
	无GPS，导致定点维修以及查询功能缺失	
	APP和线下单车之间有操作漏洞	
	易损坏	
	押金低，学生教师可凭学生证做押金	押金较高
扩张市场难度	高	低

如表2.4所示，ofo单车在初入市场时采用校园市场的定位直接导致了其在产品设计时着重突出轻便快捷，但是其操作系统和模式以及防盗措施缺失让其在进入城市市场时暴

露出诸多弊端。诚然，ofo 单车的成本可能没有摩拜的高科技车型高，但从长远来看，其盈利模式有较大漏洞，容易让消费者钻空子，车子容易损坏，却很难追踪损坏单车，需投入的后期修理成本和防盗监管可能会更不划算。

所以，创业者应该根据自身的资源情况，谨慎地进行市场定位，才可以在未来企业进一步发展时不被最初的限制所困扰。

6. 资源整合战略：看看自己都有什么

为了确保公司持续发展，创业者在每个阶段都要问自己，怎样才能用有限的资源获得更多的价值创造？在创业初期，虽然创业者的资源很少，但是运用可以相对灵活，我们要充分发挥资源的"杠杆效应"。

资源的杠杆效应可以是巧用他人的资源来完成自己的创业目的，比如很多在开发区设立的商场或写字楼会帮助政府修店面门口的马路，不仅政府在审批上会放松限制，对店面的客流量也有好的促进作用，达到了双赢的效果；或者是用一种资源提升另一种资源，让它们发挥更大的叠加效果。对于初创企业来说，资源整合最重要的就是人脉资源和资金资源的整合。

2.2.2 经济基础决定上层建筑：融资战略

创业企业融资，也可以说是我们上面提到的资源整合中财务整合的部分，往往是创业企业初期的创业者最重视的方面。一般情况下，创业者与创业伙伴会提供个人资金，但规模有限，所以通常创业企业需要进行对外融资战略。新创立的企业通常没有完全的信用体系，而且有抵押担保资产不足、信息不对称等缺点，在传统的金融市场融资较困难。所以，制定融资战略，明确融资方向和方法很有必要。

创业融资是创业资金运作的起点，在后面第 6 章我们将详细讨论创业企业在不同阶段会选用哪种融资方法，这个选择的过程就是融资战略制定的过程。创业者必须适应融资环境的变化，"高筑墙、广积粮、缓称王"，"高筑墙"就是企业要真的在做提高企业价值的事情，让投资者知道企业是值得投资的；"广积粮"就是要保持充足的储备；"缓称王"就是做好打长线战争的心态。

不同行业、不同市场的融资思维和方式是不一样的，但所有创业企业融资的核心都是提升企业价值。比如，做内容平台的行业，其主要的增值点就是内容的质量，所以内容平台的代表"罗辑思维"的创始人曾说，不到万不得已，绝不融资。这句话其实不是说不融资，而是强调要先做好内容，再想着赚钱。"罗辑思维"也是靠着内容运营以及独特的融资方式，受到了后来业界大佬的青睐。

【案例链接】　　　　　　　　"罗辑思维"的众筹融资

罗辑思维由罗振宇和申音共同创办，后双方决裂，目前由主创人罗振宇负责运营，是国内影响力较大的"互联网知识社群"，包括微信公众订阅号、知识类脱口秀视频及音频产品等。据介绍，目前"罗辑思维"视频节目已播出三季，播放量超过 2.9 亿人次。其微信订阅号用户突破 530 万人。

2013 年,《罗辑思维》发布了两次"史上最无理"的付费会员制：普通会员，会费 200 元；铁杆会员，会费 1 200 元。买会员不保证任何权益，却筹集到了近千万元会费。《罗辑思维》的选题，是专业的内容运营团队和热心"粉丝"共同确定的，用的是"知识众筹"，主讲人罗振宇说过，自己读书再多积累毕竟有限，需要寻找来自不同领域的牛人一起玩。众筹参与者名曰"知识助理"，为《罗辑思维》每周五的视频节目策划选题。2015 年 10 月 20 日，"罗辑思维"正式对外宣布完成 B 轮融资，估值 13.2 亿元人民币。本轮融资由中国文化产业基金领投，启明创投等跟投，同时，柳传志等行业大佬参与了罗辑思维的股权众筹。

1. 融资前期准备：越多越好

虽然创业企业都会有融资需求，但是并不是融到的资金越多越好。创业者还要考虑融资的成本和经营风险。在进行融资准备的部署时，企业需要了解融资的目的，即融资是为了什么需求而产生。是为了研发创新？还是为了生产经营正常运转？或者是为了扩张市场份额？不同的需求对应的融资期限和融资种类不同，对应的融资策略也就不同。

沟通是十分重要的，与创业投资家建立有效良好的沟通不仅可以让对方更全面地了解你的创业项目、你的野心，还可以让投资家了解到创业者的人品和性格。很多创业投资家都表示，投资项目最终还是在投资创业者，创业者的风险偏好、性格以及野心是项目成功很重要的部分。

有效沟通的秘诀是多用可视化的语言。图表和数字要比话语更有表现力。如果一定要有概念性的阐述，可以学习 LinkedIn 创始人 Reid Hoffman 在游说投资者时用到的方法："偏重概念的演说要更依赖于未来的数据而不是当前的数据，要善用类比。"

除此之外，在融资的准备过程中应注意的另外一点就是要建立信用口碑，虽然在创业企业初期没有成型的信用评价，但在战略部署时就要着重信用管理方面的规定和要求，良好的信用记录对企业后续融资有着至关重要的作用

在融资准备的最后，我们要制订计划，调配可以动用的现有资源进行融资管理。设定专门的财务部门是必要的，很多创业企业会存在看重融资而看轻管理的现象，而良好的财务管控是企业降低风险和提升融资能力的重中之重。

2. 规模预测：融多少

知道为了什么而融资，以及相应的准备之后，我们还要探寻融资多少的问题。创业企业融资并不是多多益善，必须要根据企业不同阶段的需要、实际条件以及难易程度和相关成本来确定融资规模。

创业者既可以根据之前确定的融资目的，对单个融资项目进行规模预测，也可以根据销售前景、公司增长的相关长期战略来预测未来资金需求。在创业初期企业可能没有历史数据来做准确的销售预测和资金需求预测，可以通过观察市场需求，测算购买者期望，或者通过创业者对企业发展规模的愿景来确定。

需要注意的是，当今投资市场对初创企业的估价往往很"随性"，因此在制定融资战略的时候，创业者不妨先了解一下投资家的定价偏好，方便自己规划更精确的融资路线。

融资规模计划，可以单独制订，也可以根据商业计划书来推定。在进行融资规模预测时，创业者要审视自己有多少资源，观察自己的市场规模，要对进入的行业有全面的理解，明确自己的优势和劣势。创业公司所在市场的规模很大程度上决定了其未来潜在规模的大小，从而也决定了融资规模的大小。

3. 融资选择：怎么融

确定了"融多少"之后，创业者需要根据自身发展阶段选择融资渠道和融资种类。常见的融资种类有股权融资、债券融资、衍生工具融资、附购股权债等。

每一种融资工具都有其特定的优缺点。由于创业企业融资时基本上都是信息不对称的，创业投资者的议价能力高，所以融资的选择最优方案都是满足双方利益的。创业投资者的关键利益就是确保变现和完美退出，而创业者的最初关注点可能就是确保后续融资的获得。

在这里我们通过创业企业的不同阶段选择相应的分阶段融资策略。对投资者而言，分阶段有利于反复博弈和灵活退出，对于创业者来说，分段融资可以满足不同阶段的需求，也可以保留其自身较多股份不被过早、过多稀释，掌握企业控制权。

（1）种子期。在种子期内，创业者选择了一个创业机会，可能需要资金来进行科学研发，但是创业还处在孕育阶段，公司的结构尚未形成，内部管理也不健全。这个阶段中，没有产品，也看不出未来的经济流入，因此对于创业投资者的风险太高，所以创业企业一般会寻求内部融资。

融资渠道的战略规划应缩小到个人资金、典当融资、天使投资、政府补助、创业基金、科技创新资金、社会捐赠等为企业提供的"种子资金"。种子期内因为还没有建立健全的信用体系，不会寻求商业银行和大众证券市场的资金来源，因此也不会选择债务融资。但是在融资战略上，创业者可以构建预计现金流量以确定资金需求量，锁定未来选择的融资机构，着眼于把握融资时机，为以后阶段的融资做准备。

（2）发展期。创业企业在发展期阶段，开发和初期生产已经逐步完成，开始开拓市场和吸引新顾客。开发市场需要投入广告与人力、扩大生产规模需要更多的资金投入，所以这个阶段的资金需求量急剧上升。

此时，企业的经营发展稳定，抵押能力和信用记录都迅速提高，融资战略可以从内部融资和股权融资逐渐转为内部与债权融资以及股权融资并存的模式。债权融资成本低，且不会造成控制权稀释，创业者在制定融资战略时可以有适当的侧重。同时，我们要考虑财务风险对公司的影响，不能一味偏重于债务融资。有研究显示，成长期的创业企业债务资本与权益资本呈6:4时是最佳选择。

（3）扩张期。创业企业进入扩张期后，企业快速成长，经营战略主要是开拓市场以及壮大企业规模，这就需要更多的资金支持。这个阶段的融资战略仍可以采用大部分融资方式，主要中心放在调整资本结构。天使投资和风险投资者会准备退出，预期内部融资比重下降，债务融资和证券市场上市融资比重上升。扩张期的企业要配合稳健的财务管理制定融资战略，有意识地降低债务风险。一般而言，本阶段安全的债资比为3:7。

（4）成熟期。成熟期的创业企业趋近稳定，天使投资和风险投资基本上完全退出。这一阶段的融资战略主要着重于证券市场的上市。

在中国，企业可以选择在创业板上市募集公众资金，为此，创业者要规范企业运作，遵守法律法规，保持内部控制有效管理，展现企业内部核心竞争力，来吸引更多公众投资者。

2.3 成长蓝图：组织与退出

2.3.1 联盟、并购与重组：组织战略

组织战略是指企业本身组织结构的长远规划。企业制定组织战略是帮助企业达到目标，属于公司整体层面的战略。

其实联盟、并购与重组也是一种资源整合的战略，只不过这是在整个市场中的资源整合。市场上的公司各有侧重，各司其职，在特定领域上各有专攻，所以在进行整合了之后，就可以达到高效协同的效果。

企业之间在战略层面建立联盟，被称为战略联盟（strategic alliance）。相对于成熟的企业，创业企业缺乏社会以及市场的资源，信用和商业名望还未树立起来，如果可以通过与其他创业企业或其他成熟企业建立战略联盟，就会起到优势互补的作用。

寻找联盟机会，制定联盟战略往往可以给企业带来"1+1>2"的效益。对于创业企业，联盟可以让企业快速进入新兴市场，迅速适应环境变化；与此同时可提高生产效率，促进规模经济，进而在上下游企业中也增加了信誉和满意度。

相对于并购而言，联盟的法律约束宽松，资金需求少，管理成本低，可以低成本并快速地进入市场以取得规模经济。然而联盟企业毕竟不是自身企业，同时也可能是竞争对手，对于技术型创业企业核心技术的保密也会受到一定威胁。

【案例链接】 阿里旗下物流菜鸟网络组成菜鸟联盟，形成强大物流后盾

2016年3月28日，菜鸟网络宣布将联合所有物流合作伙伴组成菜鸟联盟，启动资金10亿元，并将此作为2016年的主要战略。

所谓的联盟，其实就是由菜鸟网络牵头，引入快递、仓储、落地配公司等物流过程中所涉及的服务提供商，如韵达、圆通、中通、申通等国内主要快递公司，由这些服务商承诺提供一定标准的服务，比如当日达、次日达，以及开箱验货、上门取退等，这些标准将由菜鸟网络统一制定。

如今，网购过程中的服务也已经变成了电商产品质量的不可分割的一部分。菜鸟联盟的组建，就是要通过大数据和协同，把物流服务中优质的部分培育成产品，推荐给商家和消费者。由此，我们看到，菜鸟网络的物流速度提升和服务质量提高，整体上提升了中国整个物流的行业能力。

一组数据显示，经过菜鸟赋能的商家，物流效率都获得了提升，比如威露士的物流成本下降了25%，御泥坊的物流时效提升了30%。海信电器透露，在销售规模大幅增长的情

况下，其库存总量下降了 30%。随着更多的商家和物流企业的加入，中国的社会运转将提升到新的水平。

（资料来源：搜狐财经，"马云砸 10 亿为他人作嫁衣，菜鸟联盟的野心到底有多大"。）

1. 并购战略

正如前面所说，企业的成长模式可以选择联盟或并购。相比于联盟战略，并购其他公司消除了联盟战略的竞争风险，企业文化融合和相互协同合作也更加契合，技术保密危险降低，资源也可以得到合理的分配。

然而，并购需要资金，创业初期筹集资金困难，如果不当融资势必会对公司财务杠杆和资本结构产生不利影响。并购战略所带来的后续管理时间长、成本高，可控性相对来说较差，再加上被收购公司可能实施反收购策略，信息不对称导致并购失败等风险不容小觑。

当我们选择通过并购的方式进行成长的时候，还要对并购的形式以及风险进行评估。企业在并购时会对被收购企业进行尽职调查，全面了解该企业的风险和环境，谨慎分析风险以及相应的应对措施。实现了企业并购之后，我们还要进行一系列的整合，使被收购企业的战略、资源、产能、企业文化与本企业起到协同作用，才能有效地达到并购目标。

同时，并购也会使双方员工的联结，从而产生企业文化的碰撞。创业企业初期可能还未形成企业文化，容易受到被收购企业的文化冲击，因此要根据企业的目标选取适当采纳、融合文化或是保留自身原有文化的方式。

【案例链接】　　兼职猫与兼职达人合并重组，完成资源优化整合之路

兼职猫，是由广州九尾信息科技有限公司研发的一款手机兼职 APP。它是由大学生打造的诚信兼职平台。2016 年 5 月，"兼职猫"完成与"兼职达人"的合并。早在 2016 年 3 月，"兼职猫"已经完成金额为 6 300 万元的 A+ 轮融资。而"兼职达人"自 2015 年 5 月上线以来，估值过亿元，获得千万级 Pre-A 轮融资，平台目前超过 120 万用户，10 万商家入驻。

本次收购，相当于兼职猫在地域上的市场扩张。另外，面对涌现的新兼职平台（像壹佰块、58 分拆的"斗米"等），抱团取暖、资源整合未必不是一种上策。

此前"探鹿"与"小美科技"合作时，双方创始人也曾表达过类似的看法："市场资源已经到达开始整合的临界点，很多服务商开始抱团，大家把各自擅长的领域做好，然后一起合作将资源最大化，才能提高彼此之间的效率。而对企业来说，弹性用工的需求会越来越大，服务商通过合作跑赢市场也是一种不错的方式。"

2. 重组战略

企业重组，是对企业的资金、资产、劳动力、技术、管理等要素进行重新配置，构建新的生产经营模式，使企业在变化中保持竞争优势的过程。企业可以越做越大，比如进行扩张重组，即合并、收购等；也可以选择通过资本收缩的方式，进行出售资产、回购股票或是对公司进行分立分拆。这一部分我们主要讨论的是收缩资本的重组。

企业需要根据自身的目标决定重组的方式：如果想要保留股权控制，可以选择资产重组，如资产（子公司、经营分部）剥离，从而获得利益流入；选择公司分立，就可以不通过清算来分设多个企业。

如果企业面临的财务风险较大，选择债务重组来谋求债务优惠或减免，这时债务人往往会对原有条件进行修改，甚至会影响资本债务的结构（如债务转资本）。确定了重组方法后，创业者要对方案的收益风险、信用风险以及法律风险进行分析和评价，必要时还可以进行税收筹划分析，权衡重组收益与风险。

2.3.2 圆满的句号：退出战略

当创业者创立企业时，可能会希望公司永远延续，被自己掌控和运营；也有一些创业者，他们虽然有着卓越的市场嗅觉和风险承受能力，但并不对经营管理有所建树。这个时候，他们往往会选择退出，让更加专业的团队来运营公司。创业公司的退出有 IPO 上市、转售、被收购三种方法。很多企业甚至在创业初期就制定好了退出战略。创业者要问自己：在未来将如何退出？是成功而退，还是失望而归？

退出战略取决于创业者对企业的愿景。很多创业者的抱负在于创建自己的品牌，他们往往没有考虑过退出。然而就算如此，企业本身也应该考虑产业退出、市场退出等战略，因为行业和产品与自然规律一样，有其成长和衰退的规律。

1. 退出什么

一般企业的产业退出、市场退出是因为发觉在这个行业已经没有了盈利空间，所以企业可能在业务丧失了竞争优势、面临夕阳产业以及劣质资产等情况下选择退出或者部分退出。还有一种情况是创业者为了转换企业结构而退出，此时退出的范围一般是整个公司或已经发展成熟的业务。

2. 何时退出

退出战略的重点是退出的时机。对于市场退出和产业退出，我们一般选择在产品的衰退期退出，但此时退出成本较大。为了减少成本，也有一些企业选择在成熟期退出。而对于创业者或者天使投资人的退出，我们主要关注其新设阶段是否完成，创业者的收获预期是否达到。这就需要创业者制定预期退出界限，如第五年上市或盈利达到多少时退出。

3. 怎样退出

企业在进行市场和产业完全退出时，通常采用吸收合并和转售。如果只是部分退出，企业可以选择与他人合作、合资，先转移部分风险，再考虑逐步退出。而企业破产清算，属于被动退出。企业要制定恰当的解散策略或者破产计划，注意遵循相关法规与成本的管控。

对于创业者而言，股权退出可以选择难度较大的首次公开上市（IPO），或是将所持股份转售给其他投资者。同样，创业者也可以将公司以未来收益的价值出售给收购者，成为其子公司。

无论创业企业退出与否、以何种方式退出，制定退出战略对其发展有利而无害。创业投资家可以选择短期的套利并全身而退；而对于创业者，退出战略可以激励创业者找出利润最优的经营模式，并不断更新估计企业价值，规范企业运作，明确战略目标。因此，退出战略不仅在于创办企业并将其售出，也在于如何创立一个更好的、在其他投资人眼中有价值的企业。

2.4 组合拳：融资战略与其他战略

2.4.1 你中有我、我中有你

在企业实际操作中，融资战略的制定往往是与企业的市场战略和接下来要谈到的组织战略密切相关的。创业者在制定企业战略时，需要关注这些相互关联的战略是否一致、协调。

融资的难易程度会决定企业进入市场的战略以及如何扩张。比如刚才提到过的，企业的成长可以通过联盟、并购。如果你可以筹到足够的钱，那就可以选择并购；而在资金有限的情况下，联盟也是一个经济实惠的选择。

同时，企业选择的其他战略也会影响融资需求。若创业者决定了迅速扩张市场，那么融资规模一定会相应的扩大，融资选择的种类就要增加。创业者还需要考虑杠杆与风险的问题，比如寻求债务融资就可能会导致高杠杆，对于外部投资者而言风险较大，也会使组织战略不那么灵活。融资战略和企业其他战略之间的关系如图 2.2 所示。

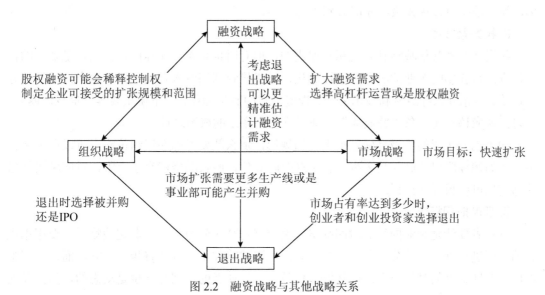

图 2.2　融资战略与其他战略关系

在图 2.2 中，我们假设一家创业公司的市场目标就是快速扩张市场，以便在竞争中生存下来，获得更多的后续投资。从这个市场战略角度出发，在制定融资策略的时候，企业会扩大融资的规模，甚至选择高杠杆运营；或者以牺牲一部分股权作为代价，进行低价的股权融资。这样激进型的融资战略同时也会影响到企业未来的发展策略，即所谓的组织战略；而如果进行股权融资，那么在制定组织策略时就要思考，企业稀释控制权在多少以内是可以接受的？在不能接受的股权稀释范围之外，企业就要寻求其他类型的融资，这就又回到了对融资战略的考虑。

那退出战略和融资战略有什么联系呢？创业者和创业投资家想要退出时，往往必须有一些定量的门槛，如市场占有率达到一定规模时，才可以选择退出；或是当收入、利润达到一定目标后，选择退出，这些都是与市场战略结合的表现。而IPO上市以及并购等退出，则结合了企业未来的组织战略。市场战略、组织战略与融资战略也是密不可分的，如IPO上市本身就是一次融资，而提前制作好退出战略，也可以让融资战略更加清晰明确，让创业者时刻关注企业是否可以得到大众投资者的青睐，从而创造价值，以便完美退出。

2.4.2　打好战略"组合拳"

初创企业一般规模小，没有详细的分工组织结构，往往是把市场、融资、组织、退出等结合在一起进行规划的。但是组合规划不是单纯的堆砌，其意义在于通过协调，从而产生更有效率和更佳协同效应的战略组合。

1. 设定优先级

不同的战略有不同的目标，创业者首先要搞清楚战略目标的优先级。一般来说，创业者创办企业，是为了让其发展壮大，实现盈利，而融资是达到这个目标的手段，若过分强调融资，并认为融资越多越好，往往会适得其反。创业者要时刻考虑风险以及战略的总目标，设立战略目标优先级，才能做到不忘初心。

2. 拉好警戒线

融资战略和其他战略有时是相互促进的，但有时也是相互排斥的。例如，融资中的很多种方法常会影响企业的所有权、控制权，最终导致利润流入别处。如，房产证抵押的方式贷款、股东介入导致专利技术公开、投资导致的股份稀释、上下游重要客户信息泄露等。此时，就应该拉起一条"警戒线"，即设立一个底线的权衡之计。

如果创业企业的终极目标是扩大市场规模，那么就要考虑在组织策略上可以做多少让步，比如稀释股权的底线是多少。有了这个临界值，股权融资就有了上限，对应融资战略的结构也可以很好地把握。

3. 理顺时间概念

创业者要清楚企业的发展时间脉络，设定好每个时间节点。在制定战略时，要根据现有的资源进行判断，并分析所需要的时间。融资战略并不是说融资越多越好，而是应观察市场，发现最好的时间节点，以获取杠杆效益。创业者的时间脉络也是动态的，如果发现了质变的节点，就要抓住时机，进行多种战略的协同配合，迅速提升企业的业务水平，使企业的价值最大化。由于市场的不稳定，创业公司在一个节点向另一个节点发展的过程，就需要靠持有的资金来支撑发展，这时融资战略就体现出其重要性了。

4. 理性制定战略

创业者不能用自己的情绪主导战略。创业者在融资这件事上，其基本诉求是不让公司走向危机，还应多方面考虑其他战略。估值是资本家的游戏，有其自己的内在的逻辑，但创业者的着眼点应是自己可以创造怎样的价值。创业者可以利用市场的不理性多融资，但要管理好自己的市场。当公司的安全边界很薄时，就不要去跟市场博弈，那样只会"赔了夫人又折兵"。

2.5 创业企业战略管理

很多人都说，现在的企业发展已经进入了以战略取胜的时代。而现行的企业尤其是创业企业的战略实施与控制存在着诸多问题。创业者设定的企业的目标，就像给企业导航设定了终点站，那么导航仪就要随时监测汽车的路线，防止航线有所偏离。

创业企业战略管理的一个重要问题就是，战略目标不能进行有效的细分，虽然设定了目标，但在实际操作中就只顾眼前利益而将目标遗忘。

2.5.1 从理想到行动：战略执行力

战略执行力，是指创业企业制定、修改以及实施战略以达到战略目标的能力，是把计划转化成结果的能力。战略执行力可以在三个方面相互作用：共识、协同和控制。战略执行力的流程与效果关系如图 2.3 所示。

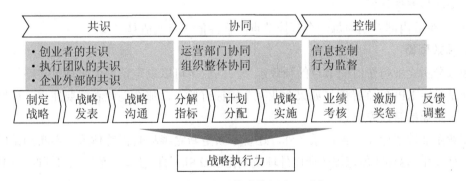

图 2.3　创业企业战略执行力三要素

创业者及其团队成员都应该形成对企业战略的共识。也就是说，创业者要把目标传达下去，并且要把战略目标的观念彻底地贯彻到企业发展的每一步。

各部门要使战略达成共识实现协同运作，细分经营层次和职能层次的战略，并进一步拟订资源分配计划，做出更有针对性的战略行动。从控制而言，管理层对企业信息和经营行为通过业绩考核、员工激励等方法进行控制，确保战略目标的有效执行。因此，提升战略执行力就是促进公司内外战略共识的达成、有效利用流程管控以及高效管理团队的组建。

2.5.2 实施战略预警

战略预警，就是对企业战略在实施过程中发生的偏离进行监测和诊断。创业企业由于初始阶段规模较小，往往忽视对战略的预控，最终就会导致战略目标的较大偏离，从而耗费更多的成本。因此，建立战略实施预警体系更多的是一种风险管理。

创业企业在构建战略预警体系时，主要应关注未来的环境、战略过程以及绩效的变化是否偏离既定值。我们可以将预警内容简单地概括为态势预警、过程预警以及绩效预警。

1. 态势预警

态势预警就是对企业的未来环境进行预测，分析在什么状态下企业应进行主要战略的调整，需要采取何种措施来应对未来环境的变化。

创业者要时刻问自己：

（1）企业所在的行业、所处的生命周期是否改变？

（2）是否需要企业进行市场战略的调整？

（3）创业企业的发展阶段是否已经改变？

（4）企业所处的技术周期是否已经变化？

（5）针对企业所面临的变化，有没有必要改变企业的战略侧重？

2. 过程预警

创业者要确定，在现行的内外部条件改变到何种程度时其需要对战略分析和战略选择进行重新调整，主要考虑以下问题：

（1）组织的结构变化是否达到了需要进行调整以达到战略目标的程度？

（2）企业的经营选择对总体目标的偏离产生何种程度的影响时，我们就要重新审视经营活动和战略选择？

（3）企业内部控制的每一个管控节点的临界值和警戒值是多少？

3. 绩效预警

通过分析企业每个时间节点的绩效水平，创业者可以设定预警值来规范战略目标，这其实就是设定 KPI 的临界值，如果企业某个指标有偏离，那么创业者就要注重分析原因，进而修正企业的管理方向。

创业企业除了建立预警体系之外，还要不断更新完善战略预警体系，不断测试以确保体系的有效性。这样才能把控企业内外环境变化以及相应的风险，对危险信号适时做出反应。

2.5.3 战略评价标准

对战略进行评价就是看战略能带给企业什么样的绩效，以及战略和企业经营活动是否相匹配，创业者要设定一套战略实施的评价标准，以便对战略管理进行"可视化的"直观控制。

1. 财务指标

评价企业经营成果的相对指标就是财务指标。偿债能力指标，包括资产负债率、流动比率、速动比率；营运能力指标，包括应收账款周转率、存货周转率；盈利能力指标，包括资本金利润率、销售利税率（营业收入利税率）、成本费用利润率等。

创业者通过财务指标可以看出企业的盈利能力、营运能力和偿债能力，还可以对财务指标进行横向和纵向的比较，通过观察变化趋势，分析企业经营上的表现是否与战略目标相契合。也可以就某个项目或某个产品的盈利状况进行分析，观察某项战略决策是否有利于总目标的实现。若公司的总目标是股东权益最大化，那么使公司未来现金流价值变小的投资项目就应不予考虑。

2. 非财务指标

非财务指标指财务指标之外的衡量企业业绩的评价标准，通常包括顾客满意度、潜在发展能力、创新能力、市场份额等。创业企业战略评价的非财务指标可以参考英国战略学家理查德·努梅特（Richard Numeite）的标准，具体内容如下。

（1）一致：企业的战略不应该出现部门与部门之间的不一致，如果一个部门成功的代价是另一个部门的失败，那么可能是由于战略不一致而导致的。

（2）协调：评价战略是否与内部因素和外部因素相匹配，企业的未来发展是多种因素相互协调作用的结果。如果出现某个因素被独立，则说明该战略不协调。

（3）可行：创业企业还要确保战略是可行的，在现有产能下的最佳选择，是对资源的最有效利用。如果一个战略决策的实行会造成无法解决的派生问题，那么创业者就要衡量战略是否超出企业的能力预期。

（4）优越：优越是指战略是否可以保持企业的竞争优势，是否做到了企业独特资源的有效运用，以便占据市场的有利位置。

本章小结

创业企业的战略与传统企业战略的不同之处在于创业企业所处的环境是不稳定的，所以在基础战略分析的模型之上，创业企业的战略着重于动态分析以及对有限资源的整合与管控。对创业企业战略的管理是一个持续推进的过程，需要通过建立控制流程以及设定预警和评价指标来反馈战略实施效果，不断修正战略航线，促使战略使命的达成。

感悟与思考

1. 给你的创业机会打分。
2. 为什么创业者会在创业初期制定退出战略？
3. 创业企业的融资战略怎样影响着其他战略？

关键词

初创战略、融资战略、组织战略、退出战略、战略组合、战略管理

第3章 商 业 计 划

【本章导读】
商业计划是连接战略和实施的桥梁,本章从商业计划切入,力求为读者展示商业计划的基本要素。希望读者通过学习对以下内容进行掌握、了解:
1. 商业计划的概念与目的;
2. 商业计划的内容框架;
3. 如何完成一份好的商业计划。

在初次创业的创业者眼中,商业计划可能就是一个绝妙的点子、一个初步的构想,而如何将想法逐步实现,并通过商业计划来表达,进而吸引外部投资者,这些步骤是每个创业者必须了解并且掌握的技能。

苹果公司(Apple Inc.)生产的 Mac 电脑无疑在个人电脑领域有着举足轻重的地位,然而耀眼一时的产品背后却存在着一份"失败"的商业计划。当时(1981年)这份计划书既没有将最大的竞争对手(IBM 的 PC 机)考虑在内,也没有设定预期的销售目标。此外,这份商业计划在当时还引起了苹果公司内部员工对 Mac 电脑将威胁自身已有产品销量而产生的恐惧。在大多数人看来,这样的商业计划无疑是失败的,但没有一个人能否认 Mac 电脑后来的成功。

对于成功的企业,商业计划可能仅仅是承载了其成功历史的一部分;而对于失败的企业,商业计划却可能是其没有迈过去的那道坎。因此,对于创业者来说,如何正确把握商业计划是一门必修课。

3.1 商业计划概述

空有一腔热血却缺乏思考的创业者往往不太容易成功。商业计划迫使创业者思考自身的运作思路是否可行,这在创业的初始过程中也是必不可少的。商业计划是一个全方位的项目计划,既是为创业者提炼和梳理已有的创业思路,也是与投资者沟通的工具,以便他们能对企业或项目做出评判,从而增加投资创业企业的可能。

3.1.1 商业计划与战略规划

商业计划并不是创业的开头,而是连接战略和实施的桥梁。在通常情况下,创业者第一步是识别机会,然后是制定战略,如产品市场战略、组织战略和融资战略,接下来才是制订商业计划和实施计划。企图用融资来验证一个创意的好坏,是一种本末倒置的想法。

3.1.2 商业计划的目的

商业计划可以有许多目的,比如用于吸引核心员工,用于规划创业企业的未来发展,但是其最重要的目的是吸引外部资金,增加融资的成功率。

一般来说,商业计划都有几个固定的内容与框架,但是不同目的的商业计划所展示的内容有所侧重。对于以吸引外部投资的商业计划来说,除了基本要素外,投资者最看重的可能是其融资计划的细节。而对于以吸引核心员工的商业计划来讲,最突出的部分应该是创业企业的发展前景、员工期权等相关权利,或者是核心技术等细节。显然,出于对简洁性的要求,商业计划应突出与其目的相一致的内容,而不是事无巨细地一一列出。因此,创业者要准备不同版本的商业计划,以应对不同的目的。但不同版本的商业计划必须与创业者的愿景保持一致,并在内容上保持各版本之间的一致性。

3.1.3 商业计划的误区

一家创业企业若有一个新颖的商业想法、一个高价值的产品或者一种高明的战略,那么即使其没有正式的商业计划,也能够吸引外部投资并得到发展。反之,若企业没什么实质性的内容,即使编写了一份精致的商业计划也不可能扭转局势。另一个值得注意的是许多人误以为商业计划越详细越好,但往往并非如此。商业计划是创业者与投资者进行交流的一个重要渠道,考虑到投资者需要面对成千上万份的计划书,因此简洁明了是一个重要因素。商业计划中要阐明市场机遇以及如何从中获利这两个最重要的问题。最后,建议由团队中表达能力最强的成员负责撰写或编辑,并且达到能让任何一位普通人看懂的程度。

3.1.4 创业企业商业计划的特征

无论是创业企业还是成熟企业,当面临融资时都需要为投资者提供相应的商业计划,但企业特性的不同导致了商业计划的差别,而充分了解这种区别有利于更准确地把握创业企业商业计划的特征。

首先,不确定性是创业企业的重要特征。由此产生的问题是创业企业商业计划中的预测精确度远不及成熟企业。不管是创业企业还是成熟企业,都需要对产品、市场以及财务情况等进行预测,并且这些预测都是基于一系列对未来的假设。对于成熟企业来说,其假设基础比创业企业更可靠,因为其有已经存在的历史经验甚至是成熟的、经过检验的预测模型,可对企业未来的表现进行可信的和准确的预测。而创业企业则相反,其缺少历史和基准可以参考,必须依据一些猜想、假设、经济模型或者与其他企业进行类比。不可靠的假设基础带来的是与预期值偏离的实际情况。

其次,创业企业对外部的依赖程度更强。对成熟企业来说,商业计划只是一份内部文件，企业在进行对外融资时，外部投资者更多依赖于企业的历史和现有的财务状况，而不会过分依赖计划书。相反，创业企业中唯一较确定的便是这份商业计划，所以严重的信息不对称使投资者更加看重商业计划。

最后，创业企业的商业计划更加全面、丰富。成熟企业一般已经有了较完善的内部结构，成熟的运作模式和可靠的资金流数据，其在计划中更多的是表现营销方式、销售预测、新产品介绍、产品成本和产品定价等问题。但创业企业的商业计划中除了产品和市场部分还应该着重介绍企业的组织结构和财务预测。

3.2 商业计划的表达——以领英（LinkedIn）为例

商业计划的表达类似于写议论文，包括论点、论据和论证。在投资中创业者的论点就是提供的项目具有投资价值，论据则表现为市场趋势、团队经验、商业模式等，论证则需要用到各种表达方法与技巧。以下基于领英公开的 B 轮融资商业计划的内容，具体阐述作为一个创业者将如何把自己的商业计划传达给投资者。

3.2.1 领英简介

领英成立于 2002 年，是一家面向商业客户的社交网络服务网站，提供"高效""安全"并且有"高商务价值"的社交服务。网站的目的是让注册用户能够维护他们在商业交往中认识并信任的联系人，并且可以邀请他人成为这个关系圈的人，从而扩大关系圈。总体而言，它提供一种人才搜索的互联网化服务。

3.2.2 领英的融资背景

2004 年正当网络泡沫退去之际，资本市场对消费互联网的兴趣开始恢复，但总体而言人们还未从网络泡沫的阴影中走出来，大部分投资者认为成熟的商业模式仍是资本投资主要的关注对象，对于互联网概念的投资还是存在很大的担忧。如图 3.1 所示，对于当时并未产生任何收入的领英来说，向投资者证明领英的价值以及其可获得的潜在收入是整个商业计划的核心逻辑。

图 3.1 领英的融资背景分析

3.2.3 如何说明领英产生价值的可能性

基于以上融资背景,在领英的逻辑表达中,就必须要让投资者相信两点:①以网络为载体的专业人才搜索引擎的发展是一种趋势;②基于网络,该模式能够产生巨大的价值。具体而言,可通过图 3.2 的逻辑来证明领英的价值。

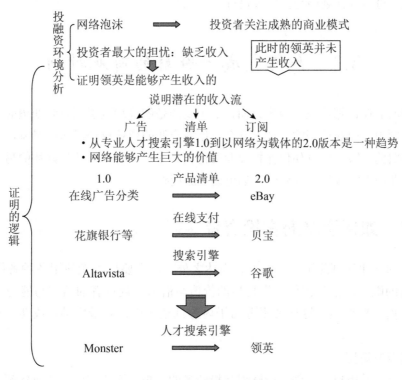

图 3.2 领英的表达逻辑

首先,为了证明这两点,领英的创始人们说明当时的专业人才搜索方式(1.0)是不能满足大众需求的。他们从寻找服务商、求职候选人和专业人才三个专业问题出发,解释在当时的技术条件下都是耗时且难以达成的。而且当时的渠道存在许多不足,如,在黄页上的人们希望被发现但是其表现自己的方式与自身的能力没有任何关系。在说明当时专业人才搜索方式的不足之后,自然地引出网络的作用可以解决这些问题。

其次,需要证明从 1.0 到以网络为载体的 2.0 的趋势及价值。此时,领英的创始人们通过类比的方法,展示了在其他市场中由 1.0 到 2.0 产生的价值。先从产品清单开始,将 1.0 时代的报纸上的分类广告与 eBay 对比,eBay 因为有了网络,能够存在信誉系统并可以保存交易记录,而与分类广告存在本质的差别。在支付领域,从 1.0 时代的银行支付系统到 2.0 时代的贝宝,因为有了网络的依托,能够监督整个支付网络的渠道而降低欺诈带来的损失。在算法领域,将 Altavista、谷歌的搜索算法和自身的搜索算法 PageRank 进行了对比。显示,PageRank 更多地用到了网络:搜索结果不仅依赖词条的出现次数,而且充分利用网络页面的整体内容。通过展示 eBay、贝宝和谷歌三家公司的收入,表明网络可产生的巨大收益与价值。

最后,将目光回到领英自身,将其与 Monster 和 LexisNexis 进行对比,表示领英能为所有与专业人才搜索相关的应用增值。

通过领英的例子,我们能够了解到商业计划不仅是平铺直叙地展示创业企业和创业者的信息,更重要的是通过了解整体环境、潜在投资者的关注点,并结合自身的特点有侧重、有逻辑地在一份商业计划中与投资者进行"交流"。

3.3 如何完成一份好的商业计划

一份好的商业计划体现在很多方面,最重要的是能成功吸引创业者期望的外部资金。但在商业谈判中,商业计划的呈现无疑会将创业企业的商业秘密泄露给对方,从而产生商业机密被窃取的风险,所以如何保护商业秘密也是衡量一份商业计划好坏的另一个标准。随着创业企业的不断成长,其商业计划也要不断调整。

3.3.1 如何说服潜在投资者

一份好的商业计划除了良好的逻辑表达之外,还需要尽可能使用各种各样的方式来吸引投资者的眼光,使其相信投资目标的价值与潜力、创业者的信誉与能力。在此将罗列商业计划的一些要素,这些要素分布于内容框架之中,对最终融资成功起着画龙点睛的作用。

1. 承诺及其证据

创业者总是希望自己的创意能够引起投资者的兴趣,而投资者一般每年都会看到许许多多新颖的创意,但却只会投很少几个。投资者认为,好的创意并不缺乏,真正缺少的是有能力和坚定的创业者。因此对于投资者来说,他们更希望看到的是创业者(或者相关核心人员)对于创业企业的投入和承诺。

投入承诺有多种表现方式,具体包括创业者投入的时间、精力和资金,并且这些投入只有在企业成功后才能有回报,具有沉没性和不可恢复性,从经济学概念上理解便是"沉没成本"。这里需要将沉没成本和固定成本进行区分,固定成本是指不随产出变化而变化的成本。例如,买入的生产设备,生产设备便是固定成本,因为若企业破产可以将其卖出减小损失,而为培训生产工人所花费的时间、金钱则是沉没成本。

具体的承诺行为一般有产品研发、测试,软件设计的投入等,也有工资支付或者咨询费用等日常费用类的投入。

这里需要注意,若创业者可以抽取的资金数目多于其继续投入的沉没成本,创业者可能会产生骗取这部分资金的想法。在这种情况中,创业者继续运作企业不是为了企业的发展,而仅仅是为了吸引外部投资者从而套取资金,以补偿其沉没成本。为了避免这种情况的出现,投资者应规定创业者可提取的资金小于他在其工作中可以获得的薪水和福利。

以下两则案例形象生动地反映了承诺的作用与重要性。

【案例链接】　　　　　　　　项羽——破釜沉舟

公元前207年,项羽的起义军与秦将章邯率领的秦军主力部队在巨鹿(今河北邢台市)展开大战;项羽不畏强敌,引兵渡漳水(由巨鹿东北流向东南的一条河)。渡河后,项羽命令全军:"皆沉船,破釜甑,烧庐舍,持三日粮,以示士卒必死,无一还心。"巨鹿一战,大破秦军,项羽威震诸侯。

李·艾柯卡(Lee Iacocca)——在困境时签约表明承诺和信心

当艾柯卡接任破产的克莱斯勒公司的 CEO 时,他签订合约接受1美元的工资。他的报酬以股票形式支付,以克莱斯勒当时的股票市值价格为执行价格。这个合约给员工、客户和投资者传递了信息:艾柯卡对成功很有信心,并帮助公司重建公众信心。

2. 信誉及其证据

优秀的创业者在吸引外部投资者时并不总是需要提供承诺的证据,其自身成功的创业经历足以让投资者有信心。但是,对于没有出色创业经历的创业者,他们则可以借用他人的信誉来对投资者作出保障,如自身的合作伙伴、主要供应商或客户,或者参与商业计划的其他成员等。当创业者处于一个成功的团队中时,这本身就是一个证明其能力的方式。在互联网创业爆发的时代,一个优秀的创业团队建立起来的人脉、资源与品牌有时甚至超过一些投资机构。

3.3.2 如何保护创业者利益

对于引入外部投资者的创业者来说,自身的创意可能完全暴露在对方眼中,这就产生了商业秘密被泄露的风险,尤其是当投资者对该行业非常熟悉时,就会有窃取创意的倾向。一般来说,避免创意被窃取的方法有以下几种。

(1)尽量与声誉较好的投资者进行交易,以保证其不会做出窃取创意的行为而破坏名声。

(2)创业者在向投资者展示之前其进度已经远远领先市场,致使市场其他参与者即使知道了创意也很难与其竞争。

(3)可以签署保密协议。商业计划的保密协议一般定义了商业秘密,规定了秘密来源、相关保密义务、保密期限、例外约定和返还信息等内容。

3.3.3 商业计划的更新

创业者的第一份商业计划必定是不完善的,制订商业计划也不是一劳永逸的。随着企业的发展,一方面投资者会根据其观察提出许多专业性的建议和问题,对于后期的调整有很大帮助;另一方面创业者在实践过程中也会对初始的想法产生新的理解,也会对原先的商业计划进行调整。而且，还需要根据实际情况对预测进行修改和调整，甚至重新评估整个战略。

3.3.4 尽职调查

在做出基本的投资决定后，外部投资者及其律师会对创业企业进行尽职调查。尽职调查是对企业进行的法律、会计和商业审查，并根据以下因素决定是否继续推进交易：对建议的可行性和技术的可行性的调查、创业团队的声誉及背景、产品的潜在市场及在市场中的竞争力等。

相对地，创业者也应对外部投资者进行调查，从而选择更合适自身的外部投资者。尽可能地与投资者进行交谈，了解他们的行事风格、投资目的、身边的资源以及是否能够在需要时帮助创业者真正地走出困境。

3.4 商业计划的一般框架

3.4.1 执行摘要

在一般情况下，执行摘要被认为是整个商业计划中最重要的一部分。该部分要能够简要地表述创业企业的创立、发展方向和成功的原因。同时，该部分也是能够吸引投资者的关键，因为通常在一大堆商业计划中投资者唯一会仔细看的部分就是执行摘要，所以在写作上力求简洁易懂（长度不宜超过两页）。

3.4.2 企业描述

该部分将展现创业企业概括性的基本要素，以帮助投资者和潜在投资者迅速了解创业企业的组织架构、经营理念、设定目标和独特性，主要包含以下内容：

（1）企业的成立时间，由谁创立？

（2）归属于哪一种产业？

（3）服务于哪一个市场？

（4）服务于哪些特定的消费者、组织或企业？

（5）描述企业的竞争优势，如地理位置、专业人才、管理模式、核心产品等。

（6）企业的法律结构（独资、普通或有限合伙等）。

（7）企业的股权结构，主要负责人的介绍，他们的经验和技能以及在日常管理中的角色等。

3.4.3 市场分析

该部分主要描述目标市场和行业的相关信息。对行业描述需要明确所属行业的主要消费群体。对市场描述需要精准，防止目标市场过于分散。市场分析主要内容如下：

（1）行业的定性描述，主要从业者、竞争情况等。
（2）行业的规模，历史的、现在的及未来的趋势。
（3）行业的特点、季节性、周期性等。
（4）行业过去的和现在的增长率。
（5）目标市场的客户有哪些？规模多少？有何特殊需求？如何满足？
（6）目标市场的位置在哪里？规模是属于地区性的、全国性的还是国际性的？
（7）在目标市场中直接和间接的竞争对手有哪些？分别具有怎样的特征？他们的优势和劣势是什么？
（8）与竞争对手的主要竞争因素有哪些？
（9）预期可得的市场份额有多少？对手的市场份额有多少？如何达到这些份额？
（10）自己的价格策略如何？
（11）可能会影响到企业、市场或行业的政策有哪些？

3.4.4 产品和服务

企业生产的产品和服务需要考虑如何满足目标客户的需求。该部分主要包含以下内容：
（1）描述企业的产品和服务，如基本信息、优点和缺点、产品或服务所处的阶段。
（2）来自客户的描述。
（3）产品的特点，如性能、质量、价格、服务等。
（4）产品或服务获得的相关法律保护，如专利、版权、商标等。
（5）产品或服务的相关研发投入及活动。

3.4.5 市场营销

市场营销是一个创造顾客的过程，而顾客是企业的命脉。在该部分，首先应该确定企业的营销策略。一个好的营销策略应该是随着企业的不断发展而持续优化的，并且对于企业来说是独一无二的。市场营销策略主要内容如下：
（1）市场渗透策略，如吸引现有产品的潜在顾客、刺激现有顾客的潜在需求、按照顾客的需求改进产品特性。
（2）增长策略，包括：内部策略，如如何增加人力资源；并购策略，如兼并其他企业业务；特许经营策略，如扩张范围；横向策略，如将相同种类的产品提供给不同的使用者；纵向策略，如将同种产品提供给经销链的不同节点。
（3）分销渠道策略。选择的经销渠道可能包含原始设备制造商、内部销售力量、分销商和零售商等。

（4）沟通策略。有效接触顾客的技巧包括：促销、广告、私人推销、印制册子如目录和传单等。

（5）销售力。如果企业计划拥有一支销售队伍，那么将使用内部的还是外部的销售团队？计划为销售团队招募多少销售人员？将使用何种招募策略？将如何训练企业的销售团队？对销售团队的报酬如何安排？

（6）销售活动。对于销售策略很重要的一点是如何将其分解为一个个具体的销售活动，例如首先需要明确潜在对象，一旦将所有可能的潜在对象一一列出，就需要接触、选择最可能购买的对象，并将其排序。

3.4.6 融资要求

除了向投资者展示企业本身，投资者的核心关注点是创业企业的需求，主要是指融资需求，简洁明了地说明企业的融资需求和相关融资计划将会大大提高投资者投资的概率。融资需求主要包括以下内容：

（1）目前想要的融资需求。
（2）接下来五年的融资计划。
（3）打算如何使用接收的资金？
（4）未来的财务规划策略。

创业者应列出其融资要求，不管是现在的还是将来的，并列出每一轮融资将覆盖的时期、融资的方式以及相应的形式。此外，为了支持创业企业的融资，还需要列出相应的财务数据。

3.4.7 财务计划

所有投资者都知道准确估计未来的收入和利润对于创业企业是不可能实现的，但所有投资者仍然对这部分内容格外关注。因为投资者希望看到的是创业者运用已有数据和实际情况进行估计的能力。投资者看重的是估计预测中的逻辑性和合理性，所得出的结果是否符合市场实际情况。财务计划的内容主要包括以下方面：

1. 历史财务报表

（1）资产负债表
（2）现金流量表
（3）利润表

2. 估算财务报表

任何估算财务报表都应该包含至少三种情况，即最好的情况、最可能的情况和最坏的情况，不同的情况分别基于不同的假设基础，如分别基于不同的增长率（最好的情况下增长率为5%，最有可能的情况下增长率为2%，最坏的情况下没有任何增长率）。

3. 提供尽可能的预测数据

这表明创业者需要交代创业企业在未来五年内将要做的事,每年都包含上述三张财务报表。并且在第一年应该提供月度和季度的报表,接下来的年份可以只提供季度或年度的预测报表。

4. 明确创业企业的财务计划与融资需求相匹配

投资者十分关注财务计划与融资要求之间的差距,创业者必须在其之前发现并修改使其一致。

5. 对提供的财务信息做分析

包括对所有报表的比率分析和趋势分析,并且最好用图表的形式来表达。

财务计划经常会引发一些讨论,人们对其作用的看法并不一致。显然,对创业企业来说,所有的财务预测仅仅是一种猜想,新企业预测时面临太多的不确定性。投资者们也清楚这一点,所以他们并不会全依赖于商业计划中的数字。相反,描述阶段性目标的相关财务环境反而更加有实际意义。

但一味批评财务预测也是不合理的,应该意识到预测是评价新企业绩效和促成外部投资者签约的有力工具。创业者将根据预测结果进行相应的融资,以满足新企业预期现金流的需要,并且当实际值与预期值产生差异时也可以很快调整。当未来的不确定性大时,每月的财务预测数据对内部的参考价值就更明显了。

总之,对于外部投资者来说,过分详细的财务预测没有意义,创业者不必花过多精力在此。财务预测对于内部管理是很有必要的,不仅体现在对融资需求的把握,更体现在当实际运行产生偏离时对企业运行的调控作用,通过预测数据可加强对企业的控制。

3.4.8 附录

商业计划作为与投资者交流的工具,同样也将会被许多其他人看到,但有些内容是创业者并不希望公之于众的。这些内容将会放在附录中。因此附录中的内容主要包括以下方面:

(1) 个人或团队的信用记录。
(2) 关键创业人员的简历。
(3) 产品照片或图片。
(4) 参考资料。
(5) 市场研究的具体情况。
(6) 相关出版物、专利和重要合约。
(7) 法律文件。
(8) 租约。
(9) 商业咨询顾问的名单,如律师和会计师。

本章小结

无论是开始新的创业还是继续发展原有的事业,一份详细的规划是必不可少的。对于创业企业来说，写计划书的目的是融资，而商业计划本质上是和投资人的一种沟通方式，所以在写计划书之前要弄明白计划书的目的，即是为了吸引外部投资还是吸引核心员工。此外，了解创业企业和成熟企业的商业计划的差别有助于我们更好地把握创业企业商业计划的特征。商业计划一般要求简洁，在保证完整的同时也要有所侧重。商业计划还需要考虑保密性的问题，即如何做到在不泄露商业秘密的前提下向投资者展示商业创意及细节。在商业计划完成后，投资者便开始对创业企业进行尽职调查，这是投资者决定是否继续推进投资的关键判断因素。商业计划在之后的运作过程中也仍需根据实际情况不断做出调整，以使计划与实践不断高度匹配。

感悟与思考

1. 一份好的商业计划需要哪些因素？
2. 如何把握商业计划的篇幅？
3. 如何理解投资者和创业者之间的双向关系？

关　键　词

商业计划书、吸引融资、表达逻辑、投资者沟通、承诺、信誉

【附录】尽职调查要求清单

投资者尽职调查要求清单

扫描此码　深度学习

第4章 创业企业财务预测

【本章导读】

创业者在拥有了好点子、确定了适合的客户、合适的商业合作伙伴之后,下一步就需要创业者估计自己的收入、费用以及资金需求。有了明确的财务预测,创业公司既可以根据资金需求来制定融资战略,又可以对财务进行有效的管控。而对于创业初期的企业来说,现金是最重要的。本章将围绕创业企业的财务预测,阐述现金流预测以及项目选择对预测的影响。通过学习本章,你应当了解:

1. 现金流在财务预测中的重要性;
2. 财务报表与企业现金流的基本知识;
3. 企业进行项目投资决策的基本考虑;
4. 如何进行财务预测。

4.1 现金流:创业企业的经营命脉

对于企业,尤其是创业企业来说,财务管理就是对现金流的管理。企业的一切活动都可以看作现金的某种形态:企业购买的资产意味着现金被锁定在资产中;企业的营运资本(应收账款、应付账款等)是暂时进入这些会计科目中、不久将会流转回来或流转出去的现金;而企业通过销售获得的收入也以现金形式最终流转入了企业。

而创业企业相比于传统企业,现金流对其而言就更为重要。首先,初期企业规模小,往往收入甚微,流入的资金就更少;而流出的资金却很多,初创企业的固定资产、无形资产、开办费等费用投入量大,这些必要的现金投入往往也是刚性的。而企业刚创立时,没有信用基础,能选择的融资渠道也很少。因此,充足的现金流关乎创业企业能不能"活下来"的问题。

中国创业"名人"史玉柱,曾经一手建立高科技创业的帝国,但是因为把资金都砸在了"珠海巨人"楼盘上,一度也陷入了捉襟见肘的窘境,所以其在后来东山再起之时感叹:企业什么都可以没有,但绝对不能没有现金。

【案例链接】　　　　史玉柱:现金流一断创业就完蛋

史玉柱,安徽怀远县人。1984年浙江大学数学系本科毕业,1989年深圳大学软件科学系(数学系)研究生毕业后下海创业,在深圳研究开发M6401桌面中文电脑软件。1991年其创业公司巨人高科技集团成立,注册资金1.19亿元。1995年被列为《福布斯》中国大陆富豪第8位,是当年唯一高科技起家的企业家。

1992年,史玉柱的巨人总部从深圳迁往珠海。其主营业务M—6403实现利润3 500

万元。这时史玉柱受他人鼓动,以及政府的支持,决定在珠海盖一座高楼,38层的巨人大厦设计方案出台。后来这一方案一改再改,从38层升至70层,为当时中国第一高楼,需资金超过10亿元。

史玉柱基本上以集资和卖楼花的方式筹款,集资超过10亿元,未向银行贷款。刚开始,预计盖一座38层的大厦大约需要2亿元,这对当时的巨人集团来说并非不能承受。但在1992年下半年,巨人大厦设计不断加码,从38层升到了54层。当时,史玉柱手上只有2亿元的资金,这些钱仅能为这栋楼打地基。史玉柱显然不是没有看过大厦的设计图纸并计算过这个工程的成本收益,可是他按捺不住内心的愿景与冲动。他还是将先前靠巨人汉卡、保健品等赚得的所有钱都调往巨人大厦。这一举动至今仍被史玉柱视作其生涯中"最发昏的举动"。

其实,在巨人大厦开始动工的时候,宏观调控就来了,对卖楼花有了限制,后来政策越来越规范,限制越来越多,资金流断裂,而巨人公司的其他主营业务也因为给巨人大厦贴钱而出现了运营问题。

1996年,巨人大厦资金告急,史玉柱决定将保健品方面的全部资金调往巨人大厦,保健品业务因资金"抽血"过量,再加上管理不善,迅速盛极而衰。

1997年年初,巨人大厦未按期完工,国内购楼花者天天上门要求退款。媒体地毯式报道巨人财务危机。不久只建至地面三层的巨人大厦停工。巨人集团名存实亡。

后来,史玉柱为了偿还巨人大厦欠下的债,东山再起,投身于网络游戏等事业,终于将巨人投资公司和巨人网络集团一手带大,2009年3月12日,福布斯全球富豪排行榜,史玉柱以15亿美元居468位,在大陆位居14位。

在回忆那段失败经历的时候,史玉柱总结出了一句后来他常挂在嘴边的话:企业最怕在现金流上出问题,企业亏损不一定会破产,但现金流一断企业就会完蛋。

4.1.1 现金与利润

创业企业的财务目标是什么?我们常常听到:公司的目标是"价值最大化""股东财富最大化"。也就是说,企业的最终目的是使投资者赚到钱。那么什么样的财务表现代表着企业的盈利质量呢?

1. 利润转换成现金的能力

从会计上来说,利润包括主营业务中收入的利润和从其他业务收入的利润,通过观察利润表我们可以发现,这两部分利润分别列于利润表的上方和下方,于是我们将其称为"线上项目"和"线下项目"。投资者需要辨别企业的盈余是否真正来源于核心业务。在中国证券市场上,为了避免进入ST或退市,很多上市公司通过投资联营、资产置换、财务重组等线下项目来操纵盈余,造成大量看似盈利实质亏损的假象。

会计的记账方法是"权责发生制",也就是说,当一项业务发生时,发票已经开启了,在报表上我们就要体现收入。而在实际情况中,有些收入可能收不回来,那这部分最终是不能变成经营活动的现金收入的。

【相关链接】 "权责发生制"

权责发生制（accrual basis）：也叫"应计制"是指以权利和责任的发生来决定收入和费用归属期的一项原则，即收入按现金收入及未来现金收入的发生来确认，费用按现金支出及未来现金支出的发生进行确认，而不是以现金的收入与支付来确认收入费用。

按照权责发生制原则，凡是本期已经实现的收入和已经发生或应当负担的费用，不论其款项是否已经收付，都应作为当期的收入和费用处理；凡是不属于当期的收入和费用，即使款项已经在当期收付，都不应作为当期的收入和费用。

因为权责发生制的存在，很多时候，我们使用如下公式来判断企业的赚钱能力，也就是现金保障倍数：

利润的现金保障倍数 = 经营活动现金流量 / 净利润

它表示多少利润被换成了真金白银流入企业中。如果这个数值非常低（通常0.3以下被视为危险），说明企业存在利润但可能不会被偿付，我们也把这种危险称为"蓝字危机"（black crisis）。在中国证券市场上比较有名的造假案——银广夏造假事件中，其现金保障倍数非常低，甚至为负数，说明企业现金缺失，无法支撑正常的运作，但却保持着较高的"利润"。

【案例链接】 银广夏公司

银广夏公司，全称为广夏（银川）实业股份有限公司，现证券简称为ST广夏（000557）。1994年6月上市的银广夏公司，曾因其骄人的业绩和诱人的前景而被称为"中国第一蓝筹股"。2001年8月，《财经》杂志发表"银广夏陷阱"一文，银广夏虚构财务报表事件被曝光。

专家意见认为，天津广夏与德国诚信贸易公司之间的交易是"不可能的产量、不可能的价格、不可能的产品"。以天津广夏萃取设备的产能，即使其通宵达旦运作，也生产不出其所宣称数量的产品。

疑点：

（1）利润率高达46%（2000年），而深沪两市农业类、中草药类和葡萄酿酒类上市公司的利润率少有超过20%的。

（2）如果天津广夏宣称的出口属实，按照我国税法，应办理几千万元的出口退税，但公司披露2000年年末应交增值税余额为负数，不但不欠，而且还没有抵扣完。

（3）公司2000年销售收入与应收款项保持大体比例的同步增长，货币资金和应收款项合计与短期借款也保持大体比例的同步增长，考虑到公司当年销售及资金回笼并不理想，显然公司希望以巨额货币资金的囤积来显示销售及回款情况。

（4）签下总金额达60亿元合同的德国诚信公司（Fedelity Trading GmBH）只与银广夏单线联系，据称是一家百年老店，事实上却是注册资本仅为10万马克的一家小型贸易公司。

（5）原材料购买批量很大，而库房、工艺不许外人察看。

（6）1998年及之前的财务资料全部神秘"消失"。

2002年5月中国证监会对银广夏的行政处罚决定书认定，公司自1998年至2001年期间累计虚增利润77 156.70万元。

---

2. 财务报表与现金流

我们可以通过一个创业投资家的简单例子来理解财务报表与现金流的关系。

小凯是"凯旋"创业投资公司的新手投资者。这一天，创业者小梅找到小凯，想要为自己的创业企业"梅老板奶茶店"寻求投资。小梅的设想是店内机器人服务员全自动下单操作，让顾客体验到前卫的科技感。其计划融资1 000万元用于装修以及全套机器人设备。小凯拿到商业计划书，直接翻到了财务预算利润表，如表4.1所示。

表4.1 财务预算利润表

预计年份		0	1	2	3
营业收入 / 万元		500	500	500	500
付现成本 / 万元	营业成本—原材料等	100	100	100	100
	管理费用—职工薪酬	50	50	50	50
	销售费用—广告	100	100	100	100
应计成本 / 万元	管理费用—固定资产折旧（1）	100	100	100	100
利润 / 万元		150	150	150	150

初看之下，利润还是可观的。为了方便我们学习，例子中我们把费用简单地分为"付现成本"和"应计成本"，也就是说前者是用现金所付出的费用（我们假定这个公司前几年没有信用购买原材料等）；后者是为了符合会计权责发生制而计的费用（也就是本例中的固定资产折旧）。

付现成本就是拿现金来支付的。而应计成本就大有说法了，比如固定资产的折旧就是应计成本。固定资产折旧是要把固定资产的成本在其使用的期间内分摊到每一个期间内。也就是说，公司买了固定资产（本例中的全自动设备）后，这个固定资产费用的1 000万元如果一次计入第0年，是不科学的。因为那样，是代表在第0年，我们为了生产经营花费1 000万元的成本。但是，这个设备我们要使用10年，每一个产品，每一年其实都耗用了固定资产的使用寿命，所以把这部分钱分期计入每一年，才是比较符合逻辑的。例子中，梅老板假定设备可以使用十年，采用直线法，即直接用1 000万元的设备投资额除以10年，进行平均摊销；而投资家小凯则认为，这种高科技产品消耗快，更新也快，似乎用加速折旧更符合常理，也就是前几年折旧得多一点，后几年因为更新迭代，很有可能不会占用这个设备太多的产能，于是其用加速折旧法对利润进行了计算，如表4.2所示。

表 4.2 使用加速折旧法计算的利润

	预计年份	0	1	2	3
营业收入 / 万元		500	500	500	500
付现成本 / 万元	营业成本—原材料等	100	100	100	100
	管理费用—职工薪酬	50	50	50	50
	销售费用—广告	100	100	100	100
应计成本 / 万元	管理费用—固定资产折旧（2）	400	240	144	108
利润 / 万元		−150	10	106	142

可以发现，这样，前几年的利润似乎就没那么可观了。因此，应计项目也会影响利润，但对现金是没有影响的。进一步分析该项目的现金流量如表 4.3 所示。

表 4.3 现金流量表

	预计年份	0	1	2	3
现金收入 / 万元		500	500	500	500
现金流出 / 万元					
付现成本 / 万元	营业成本—原材料等	100	100	100	100
	管理费用—职工薪酬	50	50	50	50
	销售费用—广告	100	100	100	100
投资支出 / 万元	固定资产投资	1 000	0	0	0
现金净流量 / 万元		−750	250	250	250

假设奶茶店初期全部都是现金销售，那么现金流入和流出就是单纯的收入和付现成本，以及初期的固定资产的现金投资。所以，投资家小凯认为观测这家公司的现金流比利润更易知道其可持续性，再加上与创业者的访谈以及项目的市场前景评估等综合评价较好，于是其同意投资该奶茶店。

该奶茶店开张后，小凯经常来跟进公司的经营状况。在第一年年末，小凯拿到了公司的财务状况。为了简便，我们假设第一年的利润和小梅预测的一样，净利润为 150 万元，看似小梅达到了商业计划书的指标，然而小凯却发现公司的现金很少，于是他查看了资产负债表，如表 4.4 所示。

表 4.4 资产负债表

资 产		负 债	
流动资产 / 万元		流动负债	
货币资金 / 万元	10	短期借款	80
应收账款 / 万元	200	应付账款	20
预付账款 / 万元	20	预收账款	60
其他应收款 / 万元	30	其他应付款	10

（续表）

资产		负债	
存货 / 万元	400	应付工资	30
流动资产合计 / 万元	660	流动负债合计	200
非流动资产：		长期负债：	
固定资产 / 万元	800	长期借款	100
无形资产 / 万元	50	应付债券	90
		长期应付款	20
		长期负债合计	210
非流动资产合计 / 万元	850	负债合计	410
		所有者权益：	
		实收资本	900
		资本公积	50
		盈余公积	100
		未分配利润	50
		所有者权益合计	1 100
资产合计 / 万元	1 510	负债和所有者权益合计	1 510

小凯发现，公司的"流动资产"中，货币资金的项目只有 10 万元，而应收账款和存货的金额都很大。虽然利润达到了预期，但是手上没有现金，企业的抗风险能力就会大大减弱。我们知道，资产负债表的基本逻辑就是

公司的资产 = 公司的债权人投资 + 股权人投资

企业从债权、股权投资者吸收资金，投入自己的资产中，将资产生成的现金再反馈给投资人（支付利息或者分配股利），再自留一部分资金继续发展壮大，这就是会计恒等式的逻辑：

资产 = 负债 + 所有者权益

如果企业的现金流不是很顺畅，那么企业很有可能维持不下去，更不用说未来回报给投资者。在这个例子中，不仅要看现金流量表，进一步分析资产负债表我们还可以发现，资金全部占用在了"应收账款"以及"存货"这两个项目中，也就是说，第一，企业有很多收入没有转换成现金；第二，企业把现金滞留在了存货里面。

小凯马上与小梅团队召开了会议，发现之所以奶茶店会赊销，是因为卖出了大量的奶茶给某晚会赞助，而这笔钱还没有到账。而存货确实也堆积太多，夏天太热，也存在坏掉的风险。

于是，小凯给小梅提出了建议：①管理好客户的应收期限，实在不行早还钱就打点折扣；②建立存货管理系统。这其实就是给企业进行营运资金的管理。

经过与创业投资家小凯的合作，小梅的奶茶店也越做越大，开了很多分店。小凯这一天拿到了最新一期的三大报表，利润和现金流似乎都令人满意，但是仔细一看现金流量表，小凯就发现了问题，如表 4.5 所示。

表 4.5 现金流量表　　　　　　　　　　　　　　单位：万元

项　目	
一、经营活动产生现金流量	
销售商品、提供劳务收到的现金	80
收到增值税销项税额	11
现金收入合计	91
购买商品、接受劳务支付现金	20
支付给职工以及为职工支付的现金	40
支付的各项税费	9
支付的其他与经营活动有关的现金	11
现金支出合计	80
经营活动产生现金净额	11
二、投资活动产生的现金	
收回投资所收到的现金	30
分得股利或利润所收到的现金	9
处置固定资产收回的现金净额	30
现金收入小计	69
购置固定资产所支付的现金	500
现金流出小计	500
投资活动产生的现金流动净额	（431）
三、筹资活动产生的现金流量	
借款所收到的现金	1 000
现金收入小计	1 000
偿还债务所支付现金	200
偿还利息所支付的现金	20
现金支出小计	220
筹资活动产生现金净额	780
四、现金及现金等价物增加额	360

虽然表中最后现金的净额是可观的，但是现金流入主要源自筹资活动，投资活动的现金流还是负数。经过调查，这是因为小梅的公司正在扩张，在筹钱开分店，于是借了很多钱，投资了很多固定资产。这个时候，若债务清偿出现了问题，现金流会突然断裂，直接影响企业的存活。

所以，对于创业企业，不管是投资家还是创业者都要做好现金流的把控，防止出现资金链断裂的情况。不仅如此，看现金流，还要目光长远，深入分析。

4.1.2　创业企业现金流循环

一个企业可以看作一个"以股权和债权方式融资的现金池"，将现金投入资源上，又通过增值经营活动最后获得现金收入。也就是说，企业把今天的投入，比如材料、设备、人工等，通过价值的创造，转化成产品和服务，使更多的资金再流回企业，最后这个资金可能是分给了股权投资者或债权投资者，剩下的资金则继续用于经营活动的投入。创业者竭尽全力让中间增值的部分达到最大化，实现用最少的现金投入换取最多的现金收入，创业企业的简单现金流循环如图 4.1 所示。

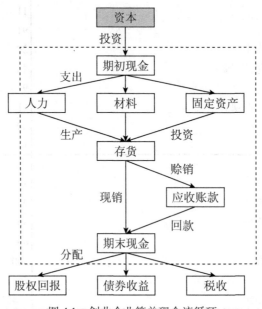

图 4.1 创业企业简单现金流循环

正如 4.1 图中所示，创业企业从投资者或自身资金储备获得现金，用于购买材料、专利、设备以及人力资源的投入，来达到生产的目的并产生存货；存货被以现金销售或赊销的方式卖给客户；现金销售的现金收入以及赊销最后的款项收回构成了期末现金。而期末的现金储备一部分用来分配给股东和债权人，一部分用来缴税，一部分注入企业下一期的运作中，也就是会计上所说的留存收益。单单看利润表，现金销售和赊销销售都会在当期产生利润，所以没有区别，但是对于创业企业来说，现金是生命之源，赊销销售和现金销售差距甚远，一些企业就算盈利但如果因为过多赊销也会造成现金流的断裂而难以生存。因此在创业企业中，我们的资金需求预测以及财务规划都是偏重对现金流的预测。

4.1.3 避免现金循环缺口

如果创业企业的现金流循环是平衡的，那么企业运作良好，我们就不用采取特殊的财务管理手段。而事实情况却是，出现缺口的现象十分常见。因此在进行财务预测时，我们要确保创业企业现金循环流转的平衡。

在中国目前的创业环境中，"烧钱"是不理性的战略选择。2016 年上半年倒闭的创业企业数量超过了 2 000 家，超过创业企业总体的 10%，而过度"烧钱"导致的现金缺失是企业倒闭的重要原因。

创业企业往往都会出现现金循环的缺口，一般来说，不同的创业阶段会有相应的短缺性质以及应对措施，如表 4.6 所示。

表 4.6　创业企业不同阶段现金短缺的应对方法

创业阶段	现金短缺应对
种子期	准备充裕的创业资金，资金量要远超于初设企业的资金需求估计
发展期	成本严格管控、提高售价、控制固定资产费用支出（如可以融资租赁或分期付款）
扩张期	"在不需要钱的时候融资"，资金短缺时期融资可能有滞后，此时可以采用有价证券变现、典当、应收账款催收、应收票据贴现等将流动资产转化为现金救急
成熟期	优化客户结构，保证销售回款及时，对付款拖延的客户适度放弃

在创业企业的种子期，创业者会有启动资金，并按照对初创企业的资金需求进行判断，但是，任何时候都要做万全的准备，启动资金最好要多于初设企业资金需求的估计值，因为此时公司面对的环境复杂，创业者对一些相关法律还不够了解，对一些采购流程和物资成本也缺少经验，所以创业者要有保底资金，才能保证资金流在一开始时就是充足的。

到了发展期，企业可能出现的现金短缺往往是现金管理、营运资本管理不到位等。这个时候创业者要严格管控成本，或者通过提高售价的方式增加资金流入，同时要加强营运资本管理，做好上下游企业的账务清理管理；固定资产可能是发展期企业的一个巨大支出，可以采用融资租赁或者分期付款的方式，减少一次性的现金流出。

当创业企业不断发展，进入扩张期之后，可能会采取一些并购或者联盟等发展战略。而并购需要资金，创业者不要等到需要钱的时候才去融资，因为融资可能会有滞后的效应，所以应该提前制定好组织战略与相应的融资战略规划；而如果真的出现了资金短缺问题时，可以选择一些应急措施，如证券变现、典当固定资产、应收账款催收、应收票据贴现等。

到了成熟期，创业企业的现金缺口基本上就是营运资本的管理不当所造成的，这时企业发展到一定程度，可以对客户结构进行优化，比如查询客户的还款平均期限和信用记录，对付款拖延的客户适度放弃，保证销售回款及时，现金流充足。

因此，我们在进行财务预测或者资金需求预测时，至少要保证企业有 6 个月以上的现金，因为企业的融资周期为 6 个月左右。

4.1.3　现金去哪儿

企业的经营活动，可以看作现金的流入—流出—增值—流入—再流出的过程。现金的第一次流入指企业的融资，而当企业筹到资金后多数会选择投入生产，等到企业进入成熟期，出现了现金的盈余，也可以选择投入金融市场，这时可能就会有一些投资决策的选择。

创业者要时刻提醒自己，融资成功只是创业的起点，进行合理的财务规划才是企业存亡的关键。假设有这样两个创业公司：A 和 B，它们第一轮都融资了 1 亿元，并且都意在扩大市场需求，然而这两家公司的发展路径却不同：

A 公司：稳健路线，开拓了 3 个城市，花费了 4 000 万元；

B公司：激进路线，扩张到15个城市，花费了7 000万元；

现在，A公司的资金还剩下60%，而B公司仅剩下30%。A公司的稳健路线保证了手中的资金，以备不时之需，但其代价则是放弃了短时间内可以占据的市场。B公司的市场份额快速增长，对于该创业企业来说，可能生死存亡的关键就是第一轮融资后企业产品在市场中能否快速扩张，但公司可能面对更多的财务风险和融资压力，一旦市场结构波动，就可能破产。在实际操作中，不同市场、不同产业、不同的融资形式也让公司的资金管理策略不尽相同，但不管怎样，重视资金管理这个核心是不变的。

因此，创业者对于资金的预测可以从以下两个问题出发：

（1）给什么项目"花钱"？

（2）"花钱"的计划是怎样的？

4.2 怎样花钱——项目选择

新创企业的财务预测其实就是预测公司未来需要多少资金，会花费多少资金，将把资金怎样投入项目中。一般来说，融资得到的钱一是用来日常的营运开销，包括采购、固定资产投资、发工资、销售费、广告费等；二是用来投资项目，创业者在面对不同的机会时，要进行财务上的分析，选择回报最高、现金流入期望最高的项目。

4.2.1 资金的时间价值

创业企业在进行财务预测之前，需要了解资金的时间价值概念。我们都知道，今天的钱和明天的钱其价值是不一样的，在通货膨胀的环境里，货币会贬值。即使不考虑通货膨胀因素，若企业的资金被闲置，会比将其进行投资带来更多的损失，这就叫作货币的时间价值。

创业者要在做投资决策和财务预测的时候考虑到货币的时间价值。在面对多个经营投资方案时，我们要根据一些财务分析来进行对比选择。比如净现值法（NPV）、内含报酬率法（IRR），根据预计项目的现金流入现值进行投资选择。

1. 净现值法

现值（present value，PV），是指未来的资金在现在值多少钱。相对的，终值（final value，FV）就是指现在的钱按照贴现率计算在未来相当于多少钱。创业投资的净现值法（net present value，NPV）就像是创业者用一定的利率把钱（即项目的价值）存进一个特殊的银行（即企业自身对项目的运营生产和增值），到期之后可能会有的收益就是项目终值，而现在拿在手中的钱就是现值，即项目现在值多少。而项目的价值再减去投入的费用，如果得到的差额是正数，就说明项目的价值是大于我们今天的投入的，也就说明我们投入这个项目是可以盈利的，所以在财务预测中，这样的项目便可以划入考虑的范围。明确了企业将投入哪些项目后，还可以预测企业未来的收入和项目支出。

那这个"特殊银行"的利率是多少呢？往往我们会确定一个收益率，就是企业确定的最低期望收益率（利息率），也叫作贴现率，因为我们要用这个收益率来进行贴现，也就是将未来的钱转化成现在价值的过程。判断项目是否可行的净现值法的公式为

净现值法 NPV= 未来总收益现金流的现值－投资额现值

= 预测未来收益现金流 / 贴现率－现在时点上的投资额

在通常情况下，对于单个项目，我们预测未来的收益现金流可以根据合同规定的收益金额，或者观察市场或运用模型来进行未来收益的预估。如果最后的结果是 NPV>0，则这个投资的决策，在考虑了货币时间价值的情况下，是会给企业带来现金流入的。

净现值法不仅可以预测单个项目是否会获利，也经常被用在创业企业估值方面，因为它的原理就是将一个整体的全部未来现金流入的估计换算成现在的价值并与现在的投入进行对比。

2. 内含回报率法

内含回报率法（IRR）与净现值法的原理是相通的，是从贴现率这个变量入手，探求企业的投资项目是否可行。内含报酬率法的原理是，假定当投资的项目的净现值 NPV=0 的时候，采用的折现率。净现值 NPV 为 0，说明企业这个项目是不挣钱也不亏钱的，所以我们探求什么样的贴现率会使企业达到这个临界值，也就是在探求内含报酬率。

如果实际的投资项目的最低期望收益率（贴现率）小于内含回报率 IRR，说明按照实际的贴现率来算 NPV 时，结果就会大于 0，（因为贴现率在分母上，贴现率越小结果越大），也说明这个项目是可行的。在做财务预测的时候，就可以根据这些可行项目的现金流进行预算。

4.2.2 考虑机会成本

我们在做选择的时候，往往会放弃其他备选项目，也就是放弃了备选项目可能带来的收益。比如说一个工厂选择了继续运营现金流回报较弱的生产线，就是放弃了趁现在出售该生产线会得到的收益，那么这个放弃的收益我们就将其称为做出"继续运营"决定的机会成本。

机会成本就是指为了从事某件事情而放弃其他事情的价值。一个成功的创业企业一定是一个善于避开不必要投资风险的企业。所以我们说，在决策时，机会成本越低，风险系数越小。

这里创业者做出继续运营生产线的决定，就是希望生产线未来带来的价值高于处置它的收益，所以这个决定本身的价值我们需要考虑机会成本，也就是其未来价值多出处置收益的部分。在财务分析中，我们要估算每一种可能性的未来数据，可以通过画"决策树"的方式来进行决策。

决策树简单易懂，在相对短的时间内能够对大型数据源做出可行且效果良好的分析，既可以用于单一决策，也可以进行复杂决策。但是决策树的前提是要有每个分支的概率的预测，如果数据缺失，就会在处理数据时遇到困难。

【知识链接】 决策树

决策树考虑了每一次决策可能会指向的某种结果，用树形图的分枝代表可供选择的方案，用概率分枝代表方案可能出现的各种结果，经过对各种方案在各种结果条件下损益值的计算比较，为决策者提供决策依据。

比如说，公司前期花费100万元用于产品设计、购买设备以及招聘人员等，意在开发一个新的产品线，假设在第一年畅销的概率为60%，如果产品畅销，第一年这个产品会给公司带来60万元的现金流入，如果第一年滞销，那么就可能只有30万元的现金流入；到第二年，分析师估计有70%的可能继续畅销，如果第一年和第二年都是畅销的，会给公司带来90万元的流入，如果第一年畅销，第二年滞销，会给公司带来70万元的现金流入；但如果第一年是滞销的，那么下一年畅销的概率相对来说就小一点，是50%，同样预计会给公司带来85万元的现金流入；而万一不幸又一次滞销，就只会有60万元的收入，这时候投入（100万元）就大于收入（90万元），是一个最坏的结果。

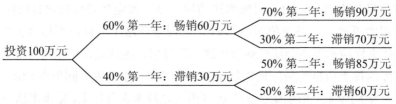

创业者可以根据概率测算这项投资的期望值，来决定该投资是否可行。

在这个例子中，我们简单地假设这个项目只有两年（而实际上会有更多更复杂的分支），这个投资项目的期望值可以通过概率和收入进行测算：

第一年畅销：$60\% \times 60 + 60\% \times (70\% \times 90 + 30\% \times 70) = 86.4$ 万元

第一年滞销：$40\% \times 30 + 40\% \times (50\% \times 85 + 50\% \times 60) = 41$ 万元

所以加总得到期望值为127.4万元，而我们初始投入为100万元，所以总体来说第二年就可以有27.4万元的盈利了。

4.3 把握"花钱"节奏——现金流预测

创业企业要想知道未来的财务状况——主要是现金流状况，就需要对未来现金流入和流出进行预测。现金流包括现金流入和流出，现金流入的预测主要是对销售预期的估计，结合经营计划来确定的。

根据创业企业的不同阶段，企业需要进行现金收支的预测阶段也不尽相同。根据我们对创业企业发展进程的分类，创业企业分为种子期、发展期、扩张期和成熟期。显然，在初设企业时，企业规模小，对现金收支的估计仅仅是费用成本的估计；而在企业成熟之后，就可以运用模型进行更准确的估值。

4.3.1 种子期:开发、启动成本估计

创业企业在开办初期,需要对启动资金进行预测,这样就可以了解创业资金的规模,也方便在实际支出时进行合理的分配。刚开始创业者往往是通过个人的资金进行支出,所以提前了解资金缺口,也可方便创业者筹资计划的制订。

启动资金是开办企业投资和费用支付的来源。按照用途,启动资金可以分为固定资产投资资金以及企业初期经营所需的流动资金。

1. 投资资金需求预测

投资资金包括创业企业的占地和建筑投资,如土地征用费、店铺租金、厂房仓库办公建筑花销等。固定资产还包括设备投资,如办公设备、家具、生产交通设备,还有注册登记、装修装潢、办公费、筹建期员工差旅费、工资、培训费等。对于技术型企业,投资重点在于专利、专有技术、技术转让权等无形资产的投资。投资资金的项目预测往往是可以取得具体数值的,如固定资产可以根据合同或者市场观察其价值,按照经济适用或适合创业企业特殊要求的原则进行预测。

【案例链接】　　　　小飞的创业故事之投资资金需求预测

浙江大学管理学院的小飞发现,睡眠质量越来越受到人们的关注,于是在市场调研之后,小飞发现高科技以及符合人体工程学的床上用品领域会有很大的市场空间。小飞决定生产一种既睡得舒服,又可以侦测睡眠质量的乳胶枕,作为创业的一次尝试。

制订了创业计划,小飞开始置办公司,在准备注册公司的前一天晚上他列了一个创办资金预测表,如表 4.7 所示。

表 4.7　资金预测表

项　　目	明　　细	费用(元)
厂房	场地租金	5 000
	搭建工棚	5 000
设备	浇灌设备	10 000
	烘烤炉	20 000
	包装机器	50 000
设计办公室	桌椅板凳	1 000
	租金	3 000
	装修	4 000
	办公用品	100
	电脑	30 000
货车	货车租赁	2 000
开办费	企业注册核名费	100
	刻章	200
	营业执照	150
	组织机构代码证办理	120
	税务登记	50

(续表)

项　目	明　细	费用（元）
市场调查	咨询费	3 000
	培训费	1 000
	酒店费	1 000
产品设计	设计费	20 000
合计		149 120

这就是小飞在最开始创业的时候根据自己的估计以及询问他人和进行简单市场调查后得到的投资资金预测。因此，小飞准备了16万元作为创业启动资金。小飞的高级睡眠乳胶枕公司正式开业，产品名称就叫"飞梦"乳胶枕。

2. 流动资金需求预测

流动资金需求预测，就是预测企业开办期间的流动资金的需求，往往根据现金流量预测值进行估计。保证企业经营正常运转所支出的运营资金，包括购买原材料所需资金、租金、工资、广告等销售费用、存货中占用的资金等。一般情况下，我们要对启动流动资金进行3至6个月的预测，因为新创企业在刚开始的几个月里的现金流为负值，所以创业者需要储备3至6个月所预测的资金量。另外，资金储备量不应该正好等于资金需求预测额，还应对其他支出做出一定的预判，比如罚款、非常损失等。

因此，在创业企业初期，现金流出，也就是资金需求的预测主要是通过分析成本费用，并在此基础上进行一定的准备金储备。下面的案例中我们给出了一些预测成本的方法，由于创业企业初期的成本多而杂，往往是没有规律的，所以以下的成本预测法可以作为一些小规模成本预测的参考。

【案例链接】　　　　　小飞创业故事之技术测量法

小飞跑前跑后，"飞梦"乳胶枕公司正式运营。小飞想知道，公司成熟运营后，生产一个枕头所占用的资金量。合伙人小郑是会计专业的"学霸"，他建议小飞采用技术测量法，通过技术方法研究企业经营生产过程中投入与产出的关系，分析目标业务量对应的固定成本以及变动成本。于是他们下工厂调研单位产品所耗用的数量标准，如工人小时数、机器小时数、原材料的耗用量等。

小飞和小郑了解到，工厂制作过程中单位产品耗用乳胶成本为80元；而在乳胶枕的烘烤工艺中烘烤火炉每次点火要使用木柴0.08吨（每吨250元）、焦炭1.2吨（每吨400元），每工作日点炉一次，每个月工作日24天。如果企业本月生产1 000个枕头，那么月固定成本就是烘烤程序的燃料成本，变动成本为乳胶成本。按照成本预测模型，（a=固定成本，b=变动成本），可以求得

a=（0.08×250+1.2×400）×24=12 000（元）

b=80

当本月产量为1 000时，生产成本=12 000+80×1 000=92 000（元）

也就是说，他们想要达到每月生产 1 000 个，就要投入 92 000 元到生产线中。单位成本为 92 000÷1 000=92 元。

4.3.2 发展期：定价与市场规模预测

创业企业需要根据市场的观察或者成本的加成对自己即将销售的产品或提供的服务进行定价。对于创业企业来说，如何进行定价也是比较重要的决策之一。

1. 产品定价

创业者需要先找出影响价格的主要因素：产品成本、企业的现有产能、目标市场的供求关系、市场定位和竞争关系等。价格预测的方法有定性预测，定量预测中的成本利润率预测、客户意愿价格预测等。

创业企业在创业初期进行产品定价时，一般采用定性的方法，根据其市场战略目标和专业知识和经验对产品进行定价，并对价格未来趋势进行预测。

一般而言，产品的定价所依据的是目标市场的价格与企业实际战略目标的结合。如果企业的市场定位是低价和规模经济，那定价时就要比平均水平低；如果企业专注于差异化高质量的产品，那么定价时可以根据市场调查调整价格水平。在进行价格变化趋势预测时，我们通常对市场进行调研，比如说可以通过在市场内进行试营业或试销，观察市场的需求状况并进行竞品分析，结合产品的生命周期进行未来的预测推断。如果没有条件进行试销，也可以通过最直接的方式——市场抽样调查取得目标客户的需求以及心理价位，并推测出产品的价格变动趋势。

很多创业企业的产品可能在市场中无法观测到市场价格，比如新研发的产品或差异化程度高的产品。在定价过程中就可用其研发和生产产品的成本根据其因果关系倒推出产品的价格。

【案例链接】　　　　小飞创业故事之定价预测与现金流入

小飞经过不停的调查、走访，以及对产品的不断改造和更新，第一批可以侦测睡眠质量又符合人体工程学的"飞梦"乳胶枕生产完毕了。小飞想知道销售这批枕头会给公司带来多少现金流入。CFO 小郑告诉小飞，想知道现金流入，就要知道销售收入，而销售收入又是通过销售量乘以销售价格得来的。至于产品该如何定价，就要整个创业团队商讨决定了。合伙人之一的小杨是市场营销专业的，并且有丰富的家居用品销售经验，他提议利用下面两种方法并结合对市场的观测进行产品定价。

1. 成本利润率法

成本利润率的公式为

$$\text{成本利润率} = (\text{销售收入} - \text{生产成本} - \text{相关税费}) / \text{生产成本} \times 100\%$$

所以，价格 = 生产成本 × (1 + 成本利润率) / (1 − 综合销售税率)

其中，成本利润率可以根据创业者自身通过观察行业数据并结合其对企业经营效果的预期来制定。在我国，企业定价往往包括增值税以及其他相关税费，所以可以根据权重计算出综合销售税率。

对于小飞的公司来说，上一个例子我们知道，单位产品的成本是92元，小飞将其成本利润率定位20%，我国的综合销售税率定为25%，预测得出下一年的成本会增长2%，那么今年产品的价格就是92×（1+20%）/（1－25%）=147.2元，如果其他变量不变，明年价格的预测值为92×（1+2%）×（1+20%）/（1－25%）=150.14元。

2. 客户意愿价格法

如果企业想要进入的目标市场下游客户议价能力很强，企业往往要根据客户所能承受的成本意愿进行定价。下游客户所能承受的成本可以用行业的成本利润率以及下游商品价格进行反推：

客户所能承受的成本＝下游商品价格×（1－综合销售税率）/（1+成本利润率）

所以，如果自身产品在客户生产成本的比重为 m，下游客户产品中对自身产品需要量为 n，我们可以定价为

产品定价＝客户承受成本×m/n－到下游客户的运杂费

小飞的目标客户除了零售给个人以外，还会批发卖给酒店以及家居体验馆。这个时候就可以运用这个方法，通过问询，小飞了解到客户某酒店的可承受的床上用品的成本是350元，而枕头的比重大约为1/3，所以产品定价就可以参考350×1/3=116.67元的价格。

2. 销售量估计

对于创业企业，价格预测往往只是定价，初期不会假设价格的变动。创业者要结合自己所处行业的特点选择定价模式，或者根据多种测算方法定价后再由专家进行最后敲定。由于现金收入来源于销售，销售收入是销售价格乘以销售量。所以在定价预测之后，创业者还要进行销售量的估计。

【案例链接】　　　　小飞创业故事之销售量预测（一）

现在，通过创业团队的讨论，小飞将单位产品的售价定为150元。那么根据小郑之前所说，想要知道现金流入，还要了解产品的销售量是多少。负责市场的小杨介绍了预测销售量的几个方法，那么对于现在的公司来说，没有任何历史数据，可以选择市场调研法进行初步的判断。

市场调研法。创业者在进行市场战略分析时，就可以针对销售水平对市场产品生命周期、占有率等进行分析评估了。由于定量分析预测销售量需要大量的市场资料，一般适用于生产的产品有既定市场的创业企业。所以对于开发新兴市场的创业企业，可能选择市场调研结合专家打分的形式进行定性调查做出最开始的估计，此时市场调查的内容主要是消费者偏好、产品试销与问卷调研等。等到企业试运营之后，对市场用户需求以及产品生命周期有了把握，企业就可以根据生命周期进行进一步的预测分析。

小飞的公司，经过市场调查，得出乳胶枕在本地区市场的生命周期与对应的客户需求，如表4.8所示。

表 4.8 市场生命周期与用户需求关系

生命周期	种子期	成长期	成熟期	饱和期	衰退期
用户需求率	0.1%～5%	6%～50%	51%～75%	76%～90%	N/A
所需年数	5年	5年	3年	3年	5年

而调查了产品的市场所处阶段和总客户需求后，就可以根据该阶段最大需求比率得出产品市场接下来的平均需求率，如表 4.9 所示。

表 4.9 该产品年平均市场需求率

产品名称	所处阶段	已拥有客户比重	在本阶段客户购买潜力	年平均市场需求率
普通乳胶枕	饱和期第 2 年	80%	90%－80%=10%	10%/（3－2）=10%
高科技乳胶枕	成长期第 1 年	10%	50%－10%=40%	40%/（5－1）=10%

小飞根据市场调研以及企业目标，制定出本公司的高科技乳胶枕未来销售占整个市场的比重为 40%，那么根据上表，高科技乳胶枕的年平均市场需求率为 10%，可以得出在成长期的这五年内，小飞的高科技乳胶枕每年销售率为 10%×40%=4%。那么如果整个该地区市场在成长期的需求量为 1 000 万，"飞梦"乳胶枕的销售量就是 1 000 万 ×4%=40 万个。

当然，很多技术性创业企业所产出的产品面对的是全新的市场，也没有确切的相同产品竞争者。这个时候的销售量预测就要根据企业的战略目标或者观测相似产品的市场发展研究结果进行粗略预测，我们也将其称为定性预测，也就是专家打分法，主要是由熟悉创业企业产品市场情况以及企业本身经营状况的专家进行调查，利用相关经验，对企业未来经营情况进行判断，得出销售量以及资金需要量的初步结论。随后通过座谈会并在市场调研的基础上进行进一步修正调整。

知道了销售价格以及销售量，就可以预测资金流入了。相应的资金流出也可以按照上面所用的方法进行判断，一个初步的现金流预测就完整了。发展期的创业企业往往业务单一，自身信用也有限，所以利用现金流水账的方式直接计算现金流入、流出的方法会比用资产负债表和利润表推算现金流量表的方式更为简便。现金流入与现金流出的差额就是现金盈余（正值）或者是现金缺口（负值）。创业企业初期往往是现金缺口，也就是未来的资金需求量。现金预算法具体操作其实就是预测未来销售和购货的估值，以及日常经营费用等情况，结合上下游企业的信用期以及实际支付各种费用的期限编制未来现金流量表。我们可以通过下面的例子来学习如何编制发展期企业的现金流预测。

【案例链接】　　　　小飞创业故事之现金流预测（一）

了解了销售量预测之后，小飞团队计算出产品的未来销售价格：150 元，以及年销售额 40 万元，于是，小飞设定了销售目标：第一个月从 1 万元开始，每个月递增 40%，直到第三个月之后保持 15% 的增长率。为了计算方便，我们假设销售收入都为现金收入，具体内容如表 4.10 所示。

表 4.10 产品销售收入情况

月份	1	2	3	4	5	6	7	8	9	10	11	12	合计
销售量/万个	1.0	1.4	2.0	2.3	2.6	3.0	3.4	3.9	4.5	5.2	6.0	6.9	42
收入/万元	150	210	294	338	389	447	514	591	680	782	899	1 034	6 329

那么小飞公司的现金流预测的流程如下：

（1）预测企业未来现金流入量。现金流入量包括营业收入以及营业外收入（比如固定资产的变价收入）所真正收到的现金部分。

（2）接着预测现金流出量，包括购买原材料、购进设备以及管理费用的工资税收所支付的现金。

（3）求得两者之差就是现金的盈余或是缺口。

表 4.11 现金流预测表

月份	1	2	3	4	5	6
现金流入						
收入/万元	150	172.5	207	248.4	273	301
现金流出						
原材料购入/万元	120	168	235	270	311	358
工资发放/万元	39	39	39	39	39	39
销售杂费/万元	22.1	22.1	22.1	22.1	22.1	22.1
广告/万元	0	0	0	0	0	78
现金流出合计/万元	181	229	296	332	372	497
现金净值/万元	−31	−19	−2	7	17	−50
期初余额/万元	35.1	4	−15	−17	−11	6
期末余额/万元	4	−5	−17	−11	6	−44

从表 4.11 中，小飞发现在期初持有 35.1 万元的条件下，6 月份时，资金缺口为 −50 万元，他们要融得 50 万元以上才可以保证半年内现金不断流。

根据预测，小飞又从投资人融得了 50 万元，1 月份的期初现金就为 85.1 万元，可以发现，这样到了 6 月份手中还有 6 万元的现金，如表 4.12 所示。

表 4.12 期初余额与期末余额

期初余额	85.1	54	35	33	39	56
期末余额	54	35	33	39	56	6

4.3.3 扩张期：资金需求预测

在扩张期，企业逐步形成经济规模，也需要更多的投资以提高生产和销售能力。此时企业的支出还是大于收入的，创业者需要预估投资以及经营的资金需求，以便制订融资计划。

1. 销售额预测

销售额决定企业的资金流入水平，所以销售量是影响资金需求量的主要因素。不仅如此，未来销售的增加可能也预示着更多资金的投入，资金需求量也随之增加。在扩张期，创业企业市场可能较为稳定，市场战略也很少改变，可以采用一些历史数据进行销售量的预测，对消费者一般性流动进行细节性的估计。

【案例链接】　　　　小飞创业故事之销售量预测（二）

时光飞逝，小飞的企业已经初具规模，准备向其他地区的市场进攻。企业的市场部高层一致决定，开拓的新市场的占有率目标是已有市场占有率的20%，每个月递增5%。

那么已有市场的占有率该如何更加精确的预测呢？小飞的好助手小郑给小飞介绍了一个考虑到市场上的竞争者占有率以及消费者的一般性流动的销售量预测方法。

马尔可夫预测法。马尔可夫预测法是针对市场占有率的一个未来趋势的定量分析。创业企业需要获取本企业和市场其他企业的市场占有率的历史数据，按照一定的概率进行预测。这里的概率是指市场较为稳定，在没有市场战略改变的情况下，消费者在不同企业之间转移流动的一般概率。

对于小飞的企业，小郑找到相关资料，目前乳胶枕市场上自家产品与其他两家乙、丙产品"三足鼎立"共同占有市场。目前三种产品的占有率为40%、30%、30%，在公式中我们称作向量 A；而通过市场调研我们发现消费者的变动为：

之前购买自家产品的客户，在本月有40%保留不变，各有30%转移到乙、丙产品；
之前购买乙的客户有60%转移到了自家产品，30%保留，10%转移到了丙；
之前购买丙的客户60%转移回来，10%到了乙，保留率是30%；
这些数据我们可以组成矩阵 B。

那么代入公式就可以求得下个阶段的市场占有率为

$$A \cdot B = (0.4, 0.3, 0.3) \times \begin{vmatrix} 0.4 & 0.3 & 0.3 \\ 0.6 & 0.3 & 0.1 \\ 0.6 & 0.1 & 0.3 \end{vmatrix} = (0.52, 0.24, 0.24)$$

这里的公式运用到了线性代数的计算，当然在实际过程中我们可以通过计算软件直接求得。所以，可以得出，下一期的"飞梦"乳胶枕产品市场占有率是52%。

2. 资金需求预测

接着是外部融资需求的预测，外部融资就是来源于外部股东、创业投资家、债权人的资金。此外，大多数的流动负债也是和销售收入有关的，收入的增长构成了流动负债的增长，所以收入的增长部分扣除可以用留存收益满足的资金需求，就可以得出对外部融资需求的预测以及企业自身投资额的预测。创业者需要合理估算企业自身投资生产经营活动所需的金额，这样不仅可以使企业资金需求预测和预算做得更加准确，还可以有效测算投资回报率以进行最优投资决策。

资金需求的预测基本上是根据未来销售的收入以及投资计划,根据利润表与现金流的关系进行预测的。在创业初期,我们可以着重采用现金预算的方法,使用预测的现金流入以及流出进行直观的判断。因为对于扩张期的创业企业来说,最重要的就是保证现金流不断流。

【案例链接】　　　　小飞创业故事之现金流预测法(二)

在企业营业的 7~12 个月,我们假定小飞的企业增长很快,已经如愿处于扩张期,其销售额也按照销售目标如期进行着:单位产品 150 元,后保持 15% 的增长率,这样,就可以达到第一年总体销售额 40 万元的目标。

假设上次小飞按照预测的资金需求,又融资了 50 万元,那么 7 月份我们假设他的现金期初余额就是 56 万元。在扩张期,材料、销售费用,尤其是广告等费用投入增加,此时我们还是可以用收付实现制的方法编制预测现金流水账,具体如表 4.13 所示。

表 4.13　现金流水账　　　　　　　　　　单位:万元

月份	7	8	9	10	11	12
现金流入						
收入	514	591	680	782	899	1 034
现金流出						
原材料购入	330	440	506	660	600	744
工资发放	39	39	39	39	39	39
销售杂费	28.7	37.3	48.6	63.1	82.1	106.7
广告	80.0	96.0	115.2	138.2	165.9	150.0
现金流出合计	478	612	709	900	887	1 040
现金净值	36	−21	−29	−118	12	−5
期初余额	56	92	71	43	−76	−63
期末余额	92	71	43	−76	−63	−69

小飞发现,扩张期由于广告等费用的投入,现金流量从 10 月开始就一直处于负数。6 个月总的现金缺口为 125 万元,那么如果期初余额增加 125 万元的融资,期末余额的变化如表 4.14 所示。

表 4.14　期初余额与期末余额

期初余额	180	217	196	167	49	61
期末余额	217	196	167	49	61	56

这样,在 7 月份融资 125 万元可以保证未来六个月内的资金需求。

现金流预测不仅可以帮助我们计算当期的融资需求,还可以观测到一些预警线,创业者也可以根据预测,制订计划来调整企业的流动性,从而优化现金流量。若原材料的增加占现金流出很大一部分，则可以推测这个企业存货可能存在堆积的情况，现金流被困在了营运资本中，那么创业者可以重新对存货水平进行调整，或者采取赊购的方式，建立于供货方的信用机制。

4.3.4 成熟期：根据历史资料进行预算管理

创业公司进入成熟期，对市场用户需求以及产品生命周期有了把握，也积累了一定的历史资料，我们就可以通过建立数学模型的方法对未来的销售水平以及现金流进行预测。

在这个时候，我们可以把"预测"的说法改成"预算管理"了，企业可能已经有了成熟的财务管理部门，可以对企业未来发展做出合理的预期，不仅可以帮助企业预测未来资金需求量，还可以根据实际与预算值的差异帮助管理者发现管理漏洞。

1. 时间序列分析

预算管理包括销售预算、费用预算、利润预算以及现金预算、资本支出预算等。在这个时候，我们就可以依靠历史数据对未来进行预测了，此时的销售预测以及资金需求的预测可以根据各个变量之间的联系，建立一些计算的模型。预算的方法也有很多，如果企业发展很平稳，可以按照时间序列滚动分析，计算平均数；如果企业的产品生命周期较短，可以根据处于周期的某个阶段进行预测；或者企业根据其独特性设定权数或影响变量，进行回归分析。

【案例链接】　　　　小飞创业故事之销售量预测（三）

几年过去了，小飞的企业已经变成了国内知名度很高的高科技乳胶枕企业，市场占有率也变成了行业老大。CEO 小飞找到 CFO 小郑，想要知道公司未来几年的现金流情况，以及财务状况。小飞与小郑一致认为，现在的公司销售量应该会在一段时间内趋于稳定，也不会有较大的市场变动。所以小郑采用了时间序列分析法来预测销售量。

时间序列分析法是创业企业在初步推测了一定阶段的销售量之后，对未来稳定期间内的销售水平进行中长期预测的方法。时间序列分析的常用方法如下：

（1）求得历史数据的平均值，比如简单的算术平均，或者对每个时期设定重要程度的权数进行移动加权平均；

（2）制定一个平滑指数，对未来期限的数据进行平滑指数增长的预测。平滑指数（α）是根据实际值和预测值之间差异关系确定的，具体的公式如下：

计划期间销售量 $=\alpha \times$ 实际销售量 $+(1-\alpha) \times$ 上期预测销售量

$\qquad = $ 上期预测销售量 $+\alpha$（上期实际销售量—上期预测销售量）

$\qquad = $ 上期预测销售量 $+\alpha \times$ 预测差异

这个公式其实就是用一个既定的指数乘以之前的预测差异，再加上上期预测的值，得到本期的预测值。这里的指数可以通过调研来决定。一般情况下，平滑指数通常是 0.3～0.7。

小郑认为，公司的销售量短期之内变化不大，于是设定平滑指数为 0.3，之前月份的销售额和预测值如下表，则第 5 月份的预测量就可以套用公式轻易求得，如表 4.15 所示。

表 4.15 预测销售量

月 份	实际销售量/万个	平滑指数	预测销售量/万个
1	100		105.00
2	110	0.3	103.50
3	90	0.3	105.45
4	120	0.3	100.82
5	?	0.3	0.3×120+0.7×100.82=106.57

2. 销售百分比法

同样，知道了销售量，以及各个变量与销售量之间的联系，在成熟期我们就可以得到资金需求预测值。这也就是常用的销售百分比法。

在销售百分比法中，我们假定企业预计资产负债表中的项目比如现金、应收账款、存货、应付账款等与销售额成一定比例的关系，它们随着销售收入的变化而变化，因而叫作敏感性项目。

销售百分比法就是将预计的销售收入根据一定的函数关系计算出预计资产负债表，再利用"资产＝负债＋所有者权益"的会计恒等式，推算出：

外部融资需求 = 资产增加 - 负债自然增加 - 内部来源资金增加

我们可以根据一个具体的例子直观地了解销售百分比法的应用。

【案例链接】 小飞创业故事之现金需求预测（三）

现在，小飞的企业已经上市了，也从"飞梦"乳胶枕企业变成了"飞梦"科技床上用品集团。飞梦集团每一年都要提供被审计的财务报表向公众与股东披露。那么现在对于现金需求的预测，就可以利用财务报表里面的项目与销售量的关系来编制了。

假设"飞梦"集团在 T1 年度的实际销售收入为 22 500 万元，利润总额为 648 万元，所得税税率 25%，股利支付率 50%。（股东支付率：企业的利润用于支付股利的百分比）

那么在其资产负债表中，敏感项目为现金、应收账款、存货、应付账款以及预收账款。敏感项目与销售收入以及其他科目的关系如下表所示。如果企业预计 T2 年度的销售收入为 27 000 万元，根据敏感项目和收入的关系，就可以计算出 T2 年度每个报表上项目的预计数额。具体计算过程也可以详见表 4.16。

表 4.16 资产负债表 单位：万元

项 目	T1 年金额	占销售收入	T2 年预计数	备 注
资产				
现金	112.5	0.50%	135	27 000×0.50%
应收账款	3 600	16.00%	4 320	27 000×16.00%
其他应收款	15		15	=T1
存货	3 915	17.40%	4 698	27 000×17.40%
固定资产净值	427.5		427.5	=T1

（续表）

项 目	T1 年金额	占销售收入	T2 年预计数	备 注
资产总额	8 070	33.90%	9 595.5	
负债及所有者权益				
应付票据	750		750	=T1
应付账款	3 960	17.60%	4 752	27 000×17.60%
预收账款	157.5	0.70%	189	27 000×0.70%
长期账款	82.5		82.5	=T1
负债合计	4 950	18.30%	5 773.5	27 000×18.30%
实收资本	1 875		1 875	=T1
留存收益	1 245		1 488	1 245+648×（1−25%）×50
外部筹资额			459	3 822−1 488−1 875
所有者权益合计	3 120		3 822	
负债及所有者权益合计	8 070		9 595.5	

在"飞梦"企业的例子中，由于企业没有其他变化，我们假定那些非敏感项目，也就是和销售收入没有线性关系的项目短期内不变，所以这个例子中我们假定其他应收款、固定资产净值、应付票据、长期账款以及实收资本与前期相同。

企业又预测出 T2 年度销售额是 27 000 万元，于是我们就可以通过敏感项目与销售收入之间的百分比计算出相应敏感项目的预测值。我们要知道，留存收益就是企业的利润除了支付给股东股利，以及计提盈余公积之后剩下的部分，在这个例子中，也就是税后利润扣除发放股利的余额。那么 T2 年度的留存收益增加额就是 T1 年度的税后利润 [648×（1−25%）] 再乘以发放股利之后的余额（1−股利支付率 50%）。

最后，我们根据会计恒等式"资产 = 负债 + 所有者权益"不难得出所有者权益中企业除了利用内部融资（也就是留存收益增加额）之外的部分，即外部筹资的需求额。

在 T2 年度，企业的资产总额为 9 595.5 万元，说明在达到 27 000 万元的销售水平情况下，资产总资金需求为 9 595.5 万元，来源于债权人的部分为 5 773.5 元，已有的所有者权益为 3 363 万元，那么需要追加的外部筹资为 9 595.5 − 5 773.5 − 3 363=459 万元。

所以，销售百分比法算出的这 459 万元的融资缺口可以由企业通过发行债券、增发股本等方式融资得来。根据这个例子，我们可以了解销售百分比法的逻辑，在实际操作中可能会更加复杂，比如销售规模的扩大可能会投入更多的固定资产，那么上表中的"固定资产净额"科目也会有预测值的改变。

对于成熟期的创业企业，预算管理是企业对财务的管理中比较科学和全面的体系，创业企业在成熟期及以后，还可以建立"全面预算体系"，而预算管理需要注意有弹性、保持适当的频率、更贴近经营的实际、以及更严密的控制。

创业企业的不同阶段，由于性质不同，预测的方法和现金流估计的方法也不同，如表 4.17 所示。需要注意的是，本书中的方法是给创业者根据阶段特性的一个参考，在实际操作中，不同企业由于行业不同、公司性质不同、规模和融资水平不同，需要根据自身情况做出相应的调整。

表 4.17　各阶段不同的财务预测方法举例及对现金流的影响汇总

创业阶段	预测方法	对现金流的影响
种子期	投资资金需求：直接费用观察和估计 流动资金需求：利用线性关系（技术测量法等）	简单估计
发展期	价格估计：从自身出发——成本利润率法 从客户出发——客户意愿价格法 市场调研相结合 销售量估计：初步市场调研	收付实现制法
扩张期	销售量估计：基于历史数据（马尔可夫预测法等）	收付实现制法
成熟期	销售量估计：历史数据平滑变化（时间序列分析等）	基于报表的销售百分比法

本章小结

优秀的创业者需要把所融资金用在刀刃上，还要对资金进行管理。我们要先明确什么样的公司是投资者眼中的好公司，并不断完善自身企业。而对于创业企业来说，生存永远是最重要的，所以要时刻把控现金的管理，我们要了解企业的现金流循环，采用合理的决策进行投资和运营，努力做到全面的财务规划和内控管理。

感悟与思考

1. 为什么说创业企业最重要的是现金流？
2. 为什么创业企业要进行财务预测？
3. 对你的创业项目进行一次融资前的资金需求财务预测。

关键词

现金流、项目财务管理、财务预测、现金流预测

第5章 创业企业的融资选择

【本章导读】

　　了解了上一章财务方面的知识后,我们知道资金流就像是血液循环,有时候也会出现供应不足的情况,那么我们就需要从外部"输血",即所谓的外部融资。本章从创业企业的几个发展阶段入手,分析每个阶段的特征以及适用于哪些融资方式。紧接着具体介绍了各种融资方式,以及相应的特点与优缺点。同时,本章结合中国现今的融资现状,论述了如何进行改善才能使创业企业更方便更高效地进行融资。学习本章后,读者应当了解:

1. 创业企业融资的各种方式;
2. 影响融资选择的具体因素;
3. 中国创业企业的融资现状与发展建议。

5.1 创业企业的成长周期与融资特征

　　创业企业由于其"三高"的特性——高科技、高成长、高风险,从创办到成熟,往往需要经历几个固定的阶段,即种子期、发展期、扩张期、成熟期。而初创企业最难生存的即为所谓的"死亡谷"时期——种子期,这是创业企业发展过程中最困难的阶段,极易因资金短缺而夭折。在不同时期创业企业最依靠的融资方式是会发生变化的,这是由企业的资金需求以及客观情况所决定的。只有当创业企业一步步完成各个阶段的融资任务后,才能够使企业向着成熟、稳定的方向发展。

5.1.1 种子期

　　种子期(seed stage)是创业企业发展的第一阶段,这时创业者基本上有了一个创业的想法,正在组建团队,渴望获取外界对自己项目的看法。由于种子期的创业企业只有一些创新的点子,存在较多风险与未知因素,因而极难吸引到除亲人、朋友以外的资金来源。

　　在创业企业发展的种子期,其主要的资金来源是"3F"(family, friends, founders)。这也就意味着,创业之初依靠的资金主要来源于创业者自身以及平时积累的人脉资源。据美国相关统计数据,在创业之初获得的融资总额当中,3F所占比例接近80%。

　　这也说明创始人平日的资金积累以及人脉积累在初创企业时十分重要,企业的第一笔启动资金,直接决定了其能否得以生存。另外,如果你的项目在投资人眼里确实非常出彩,抑或你的创业团队在外人看来非常具有潜力,那么获得一定金额的天使投资或是创业投资也是可能的。由于种子期的创业企业具有高风险、高成长性,这就更考验投资者的直觉与市场敏锐度，这些对某些创业投资家可能有着致命的吸引力。还有少数的创业企业选择了国家鼓励大力发展的行业与方向，那么其也可能会获得一笔国家政府的资助作为初始成长基金。

对创业企业来说，种子基金是供初始研发使用的资金。创业企业在种子期的主要任务是研发高新技术及产品、验证发明创造的可行性。这一时期存在的主要风险是机会风险、技术风险、替代风险。机会风险即发现并不存在显著市场或者已有竞争者掌握的关键技术；技术风险，即并不存在足够的资金使技术成熟转化的风险；替代风险，即费时费力研发出的技术被竞争对手轻易模仿的风险。

【案例链接】　　一个被拒之门外的发明为苹果埋下了种子

苹果公司的创始人乔布斯从小就梦想着拥有一台自己的计算机，而当时市面上都是清一色的商用计算机，不仅体积大，而且极其昂贵，于是他决定和好兄弟史蒂夫·沃兹尼克一起开发。微处理器是制造个人电脑必不可少的核心器件，可是当时的8080芯片零售价要270美元，并且还不出售给未注册公司的人。但这两个人并不灰心，仍继续寻找，终于在1976年旧金山威斯康星计算机产品展销会上买到了摩托罗拉公司出品的6502芯片。他们带着芯片，来到了著名的"乔布斯的车库"，开始设计了一个电路板，并将6502微处理器和接口安装在上面，再通过接口连接键盘、显示屏，仅仅几个星期，电脑就安装完成，于是后来被人们称为"车库里诞生的苹果公司"。

当时，还在惠普工作的史蒂夫·沃兹尼克拿着自己的新发明去找惠普公司，尽管他很努力地推荐该产品，但公司却说，这不是此时公司要开发的产品，将其拒之门外。但幸运的是，史蒂夫·乔布斯注意到了潜在的商机，并坚持不懈，最终诞生了苹果公司。

公司启动时所需的资金来自两位创始人。沃兹尼克卖掉了他心爱的HP-65可编程计算器，价钱是500美元；乔布斯卖掉了他的大众汽车，本来说好的价钱是1 000美元，可是几个星期后汽车发动机坏掉了，因此也只卖了500美元。

1976年愚人节那天，乔布斯、沃兹及乔布斯的朋友龙·韦恩做了一件影响深远的事情：他们三人签署了一份合同，决定成立一家电脑公司。公司的名称由偏爱苹果的乔布斯一锤定音。后来流传开来的就是那个著名的商标——一只被人咬了一口的苹果，这便是苹果传奇的开端。

5.1.2　发展期

发展期（development stage）阶段，企业实体已经存在，而且也开展了一些业务，有了一定的收入。但要从创业企业的雏形发展到初具规模还需要创始团队的不断努力，此时各项费用的增长也非常迅速。此阶段依靠的融资方式和种子期差别不大，仍主要为3F、天使投资、创业投资等。由于没有强硬的盈利数据、公司规模等来支撑整个项目的融资，创业投资者对此阶段创业公司的判断依旧充满主观性，往往需要根据丰富的市场经验与敏锐的市场感知才能做出准确的判断。当创意逐渐显现出价值，团队的关键成员到位，大部分研发风险被解决的时候，企业就可以开始关注如何打开市场了。此时企业的资金主要用于生产成型产品与初始销售。

【案例链接】　　　　　攫取第一桶金，但仍窘迫于资金

苹果公司的实体已经成立，第一代产品 Apple I 也顺利问世，他们接下来就开始试图打开市场，希望用这样一种具有划时代意义的产品去敲开信息化的大门。幸运的是，1976年7月的一天，全美第一家计算机零售连锁店字节商店（ByteShops）的零售商保罗·特雷尔来到了乔布斯的车库，当看完乔布斯熟练地演示电脑后，他认为"苹果"机大有前途，决意冒一次风险——订购50台整机，价格是每台500美元，但要求一个月内交货，乔布斯喜出望外，立即签约，拍板成交，这也是他的第一笔"大生意"。

50台整机在特雷尔手里很快销售一空，有了这样的开门红，苹果公司名声大振，随后开始了小批量生产。乔布斯和沃兹开始意识到，他们微薄的资本根本不足以应付这急速的发展。乔布斯后来回忆道："大约是在1976年秋，我发现市场的增长比我们想象的还快，我们需要更多的钱。"为此，他们分头去找资金支持，包括沃兹就职的公司惠普，但遗憾的是，这些公司都没意识到这其中蕴藏的商机和市场。

在创业过程中，四处碰壁的事实十分平常，就连苹果公司这样的巨头，在创办之初也同样难以得到创业投资家的理解，但只要不放弃就有可能成功。因为一旦连创业者自己都觉得前途黯淡无光时，就不会再有人会对这个项目多看一眼了。

5.1.3　扩张期

扩张期（expansion stage）的企业往往具备一定的业绩，正在逐渐拓展市场，调整企业的发展方向。创新型中小企业不同于一般的中小企业，传统行业的中小企业可以一直保持着小规模，而创新型中小企业必须发展壮大，以跟上市场的发展步伐，在新的市场中扩大份额并生产多样化的产品，掌握新的技术和管理技能。因而，进入这一阶段的创业企业对资金的需求度很高，以满足其日常的运转以及扩大规模的消耗。从这一阶段开始，创业企业的资产逐步雄厚起来，也就有了向银行举债的基础，也可向其他金融机构贷款，对于出让股权，则要慎重考虑。

同时，这一时期的创业资本也进入平稳阶段，因为企业已经开始步入正轨，财务逐渐规范，业务逐渐明晰，创业投资家们可以据此对是否投资进行更加准确的判断：若企业具有发展前景则不吝投资，若觉得企业发展将陷入困境可选择放弃。而在此阶段的创业企业投资，同样也是高风险与高收益并存的。

在扩张期发生并购重组也较为常见，因为创业企业的发展越来越受人关注，行业中原有的巨头们可能也希望趁其尚未成熟时将之并购，这有时也是一种双赢的情况。

值得一提的是，虽然这个阶段的创业企业通常很难符合在主板上市的要求，但由于中国政府对科技型创业企业的重视，也推出了创业板和新三板，以帮助创业企业融资。扩张期是创业企业发展最为迅速的阶段，苹果公司也是在这一阶段开始成为世界的焦点。

【案例链接】　　　　　　　　大肆开拓专属于苹果的市场

在不断寻找创业投资家的过程中，乔布斯碰到了唐·瓦伦丁。唐曾经在仙童半导体和国家半导体公司做过管理层，后来创建了红杉资本。乔布斯一天好几个电话的纠缠，使瓦伦丁不堪其扰，于是他说，"小伙子，我投资没问题，但你得先找个市场营销方面的专家，你们两人谁都不懂市场，对未来的市场规模也没有一个明确的概念，这样无法开拓更开阔的市场。"就这样，瓦伦丁推荐了迈克·马尔库拉，他是位训练有素的电气工程师，且十分擅长推销工作，被人们称为推销奇才。由于在股票生意上发了财，他很早就选择了退休来享受生活。但看到这两个年轻人的新产品，马尔库拉决心重操旧业，帮助他们把公司大张旗鼓地办起来。他主动帮助他们制订一份商业计划，并投入自己的 9.2 万美元，还给他们贷款 69 万美元，将自己的命运与两个年轻人联系在了一起。有了马尔库拉这样专家的指导，再加上这笔巨资，"苹果"公司的发展速度大大加快，生产逐渐规范化，市场也得到了空前的拓展。

5.1.4　成熟期

成熟期（mature stage）的企业具备稳定的收入、稳定的生产、稳定的现金流。具备一定的盈利能力的创业企业在社会上也有一定的知名度，规模得到相当的扩张，同时需要更多的现金流来维持运转。早期的 3F、天使投资远远不能满足此阶段企业的资金需求，创业投资或者银行贷款也只是暂时性的解决需要，这时往往需要通过并购重组、公开上市发行股票或债券等多种方式进行新一轮的融资，这些资金往往需要数额巨大、来源广泛，为创业投资家的退出创造了条件。

但是，所有成熟期的创业企业都必须上市吗？答案是否定的。上市的目的是筹得更多的资金，而如果创业企业本身发展就能获得足够的利润或能从其他途径募集到维持发展所必需的资金，那么是否上市也就值得商榷了，因为在巨大公众资金的背后，也隐藏着很多不利因素。苹果公司进入成熟期后，在资金的强烈需求驱动下，选择了上市，从公开市场中募集资金。

【案例链接】　　　　　　　　上市的苹果令世人瞩目

1979 年夏天，苹果公司再次融资，此次参与投资的全都是全球最大的风险投资机构和商业银行。比如施乐公司的投资部施乐发展公司投了 105 万美元。这是上市之前的最后一次融资。1980 年 12 月 12 日苹果公司上市，每股发行价 14 美元，当天以 22 美元开盘，几分钟内 460 万股被抢购一空，当日收盘价 29 美元。乔布斯当日身家达到 2.17 亿美元，那年他 24 岁。迈克·马尔库拉身家则达到 2.03 亿美元（他 9.2 万美元的天使投资增值了 2 200 倍！）。按这个收盘价计算，苹果公司高层产生了 4 名亿万富翁和 40 名以上的百万富翁。

1980年，《华尔街日报》的全页广告写着"苹果电脑就是21世纪人类的自行车"，并登有乔布斯的巨幅照片。1983 年 5 月，苹果公司以排名 411 位进入财富 500 强，从成立到成为 500 强，苹果仅用了 7 年时间。

表 5.1 和图 5.1 分别梳理了创业企业发展的各个时期所对应的特点以及适合的融资方式。

表 5.1 创业企业发展各阶段融资特点总结

创业阶段	特　　点	适合的融资方式
种子期	有创业想法，正组建团队	自有资金、民间借贷、天使投资、P2P、众筹、政府资助
发展期	开展业务，企业初具规模	自有资金、民间借贷、天使投资、P2P、众筹、政府资助、创业投资、私募股权投资
扩张期	拓展市场，发展壮大	创业投资、私募股权投资、银行贷款、夹层资本、并购重组、上市
成熟期	稳定的盈利能力	私募股权投资、并购重组、上市、发行债券

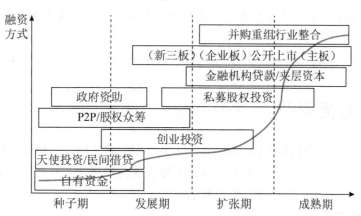

图 5.1 创业企业发展各阶段融资选择

5.2 创业企业的融资选择

创业企业在不同的阶段往往采用的融资方式也会有所不同，这主要是由融资需求、融资条件的差异引起的。

5.2.1 自有资金

在种子期的企业，创业者的资金一般来源于个人存款和支付固定利率的借贷资金、信用卡透支等。

一般来说，几个合伙人各拿出一定的资金作为公司的注册资本，再商定一下股权比例、公司名称、主营业务等，就可以去工商局登记注册公司。自 2014 年 3 月 1 日起，我国修正的公司法取消了注册资本的下限，同时由实缴制改为了认缴制，即在创办公司的时候不一定缴纳相应的注册资本，而可以等到公司章程中规定的认缴期限时再进行缴纳。比如，若在公司章程中规定，注册资本为 200 万元，认缴时间为 2020 年，那么创办公司领取营业执照的时候可以不缴纳任何资金，等到 2020 年再往公司基本银行账户存入 200 万元，拿到入资单办理验资报告，再到工商局网站上申报入资信息即可。新公司法的修订大大降低了创办公司的准入门槛。尽管自筹在早期的发展阶段能起到短期满足资金需求的作用，但是不可能作为持久融资的渠道，不久企业就需要借助外部的融资方式来生存。

【知识链接】

保单贷款是投保人将把所持有的保单直接抵押给保险公司，按照保单现金价值的一定比例获得资金的一种融资方式。当然，如果在债务到期的时候无法偿还，那么保险公司是可以将保单的法律效力给废除的。如果在归还贷款本息之前发生了保险事故，保险公司有权从保险金中扣除贷款本息，然后将余额付给受益人。但需要注意的是，在我国，保单贷款的期限通常较短，不超过 6 个月，最高贷款金额通常在保单现金价值的 70%～80%，因保险公司而异。

5.2.2 政府资助

在高科技企业的创业过程中，政府会给予其一定的政策倾斜，帮助它们渡过创业初期的难关，逐步发展壮大。而其中政府的帮助主要表现为对特殊企业的直接资金支持；鼓励孵化器的发展，进而为创业企业提供更好的服务。

1. 政府扶持资金

近年来我国设置了种类繁多的资金，有针对性地用于帮助创业企业缓解融资压力。随着《中小企业促进法》的出台，各级政府还专门设立了中小企业发展基金，用于中小企业创业，支持技术创新，鼓励专业化发展以及开拓国际市场等。尤其是近年来，国家每年都有几十亿元资金用于科技型中小企业的研发、技术创新和成果转化。国家扶持资金的特点是，利息低，甚至免利息，偿还时间长，甚至可以免偿还，但申请资金需要满足一些条件。因而，为了成功申请国家扶持资金，创业者需要认真学习政府的有关产业政策和扶持政策，熟悉申请流程，明确自己的企业是否满足申请要求或者需要朝什么方向努力。

在确定可以申报之后，还要完成的任务有：根据企业或项目的发展进行整体策划，建立一套完整的项目申报计划；根据项目阶段选择相关的扶持资金；根据整体策划方案，确定扶持基金的类型；根据项目发展进程和资金扶持的执行，逐步按照整体规划方案进行申报；根据已获得资金扶持进行分层次、按照地方政府相应的政策去申报地方资金和配套资金。由于北、上、深、杭这四个城市经济发展迅猛，创业氛围浓厚，表 5.2 整理了这四个城市最新的 2017 年的融资相关政策。

表 5.2 北、上、深、杭最新的 2017 年创业扶持政策

地 区	政 策 概 要
北京	《北京高校大学生就业创业项目管理办法》：每个创业企业（团队）支持额度不超过20万元的标准补助
	海淀区全方位的创新创业支持：符合条件的"海英人才"给予最高30万元（团队最高50万元）的奖励，连续实施三年
	东城区文化人才示范区+文化创客基金：东城区经认定的行业领军人才，每人可以获得1万元至50万元不等的奖金奖励，还设立了6 000万元规模的文化创科基金
上海	上海市大学生创业企业信用担保基金项目：单笔担保贷款范围是50万元以内，期限为一年以内的流动资金贷款
	科技型中小企业技术创新基金大学生创业项目：创新基金以无偿资助方式支持立项项目，资助额度为每个项目20万～40万元
	上海市青年创业小额贷款项目：其单笔贷款金额原则上为100万至500万元，贷款期限一般不超过2年，采用当期贷款基准利率
深圳	创业担保贷款：自主创业人员在本市的初创企业可申请创业担保贷款，个人最高贷款额度为20万元；合伙经营或创办的初创企业，按每人不超过20万元、总额不超过200万元的额度实行"捆绑性"贷款
	初创企业补贴：按每名合伙人计发5 000元、合计不超过5万元标准给予企业初创补贴
	创业带动就业补贴：招用3人（含3人）以下的按每人2 000元给予补贴；招用3人以上的，每增加1人给予3 000元补贴，总额最高不超过3万元
杭州	大学生创业无偿资助：资助毕业5年之内、在杭州创业的全日制高校毕业生；或者在杭州高校读书的全日制高校生2万～20万元
	科技计划项目无偿资助：预算总经费300万元，采取事前资助的方式。资助额度：8万～20万元/项
	留学生创业无偿资助：资助在杭州注册创业的回国留学生（含港澳台地区），最高不超过100万元
	"青蓝计划"项目无偿资助：在杭州注册成立的以高校、科研院所教师参与入股的科技类创业项目，不超过100万元

2. 商业孵化器

商业孵化器（business incubator），是由政府、大学或其他科研机构支持的，帮助创新企业完成成果转化的一种组织形式。在我国，孵化器一般以科技园区、创业园区的形式存在，通过利用国家各项促进创新企业的政策，降低运营费用，为创新企业提供所需的服务。比如在一定的期限内，免费提供场地、办公室等设施，尽可能降低创业企业的费用。如图 5.2 所示，中国科技企业孵化器自 1987 年创办以来，快速发展，尤其在 2005 年后呈加速发展趋势，孵化器数量由 2005 年 500 多家增至 2015 年的 2 000 多家，预计到 2020 年，中国的孵化器将接近 5 000 家。

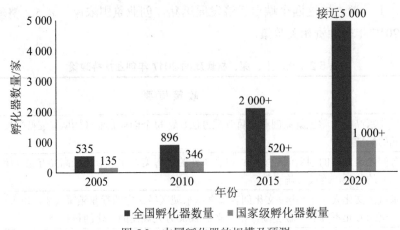

图 5.2 中国孵化器的规模及预测

资料来源:《2016 年中国孵化器市场发展概况》

那么要怎么做才能让自己的项目入驻孵化器呢?首先创业者要准备好一份精彩的商业计划书(BP),能够将自己的创业想法准确清晰地表达出来。再重点选择几家适合自己项目的孵化器,因为不同的孵化器一般是有侧重的领域与行业的,有的偏重于生物技术、有的偏重于互联网金融,因此选择最为合适的孵化器能够更好地帮助自己的创业企业获得成功。最后还要不断地和孵化器负责人进行沟通,向他们展示你的创业热情、创业项目、创业团队,争取得到认可。

5.2.3 天使投资

天使投资(angel capital)原本是指美国一些富有的家庭或个人会出资资助纽约百老汇默默无闻的年轻演员进行公益演出,从而使这些演员如同幸运地遇到了天使而一夜成名、实现自己的艺术理想,后来引申为富有的投资人对高风险、高科技的创业企业所进行的早期的投资。

企业在创立的初期,往往倚靠的是私人的、小额的投资,由于公司初期无法达到强大稳定的盈利状态,同时创业者及合伙人投入的资金也是有限的,因此对公司的发展无法起到长久的保障作用。

那么,一旦公司发生资金流断裂的危机时,创业者要怎么解决呢?银行贷款在企业发展早期十分困难,基本上不加以考虑。创业者及其团队往往竭尽所能地去宣传自己的创业项目,以求吸引投资人的目光,以求能够给流动资金不足的企业注入一股全新的血液,使其焕发活力。当然,天使投资金额也不可能过大,否则创始人及合伙人占股太低则失去了决定权,相当于将企业转手卖给天使投资人。如何寻找天使投资人呢?一般可以通过熟人引荐,或者在各种创业路演中结识,而且天使投资平台也会提供相应的渠道。

天使投资更多的是基于天使投资人的主观判断或者根据其个人的创业经历与创业知识所决定的,因为天使投资人能够用以参考的,仅仅是创业者的想法以及创业者的团队,并没有足够的财务数据作为支撑。天使投资中,大多数为个人,当然也会有部分的投资机构。而个人天使投资人往往会选择自己熟悉的领域进行投资,以降低投资风险。天使投资机构则往往是附带政府属性的,接受政府扶持与帮助的,往往是在特定区域鼓励特定产业中的中小型企业发展,以帮助其渡过难关。

由于天使投资人往往是以个人的身份出现,其对创业企业进行的考核在程序上也显得简单许多,能够较快地作出投资决策,以解企业的燃眉之急。而且天使投资人利用自身的专业背景以及相关资源也能够在投资后给创业企业出谋划策,帮助企业更好地成长。

5.2.4 创业投资

创业投资(venture capital,VC),是指兼具高风险与高收益的投资。创业投资是把资本投向蕴藏着失败风险的高新技术及其产品的研究开发领域,旨在促使高新技术成果尽快商品化、产业化,以取得高资本收益的一种投资过程。

创业投资机构一般有三种组织形式:公司制、信托制、有限责任制,具体的情况我们在第7章会有详细的介绍,现在我们来整理一下创业投资的来龙去脉。创业投资一般有四个过程,即融资、投资、管理、退出。首先,创业资金的来源有许多渠道,包括养老基金、保险公司、商业银行、投资银行、大公司、大学捐赠基金、富有的个人及家族等。投资过程的任务就是找到一家合适的富有潜力的公司,并把融到的资金投进去。专业的创业投资机构通过项目初步筛选、尽职调查、估值、谈判、条款设计、投资结构安排等一系列程序,才能确定一家值得投资的公司。投资完成之后,创业投资机构就要考虑如何使价值增值了。创业投资机构会为创业企业提供各种服务,主要包括帮助被投资企业完善商业计划、公司治理结构以及帮助被投资企业获得后续融资。积极参与企业的投后管理是创业投资区别于其他投资的重要方面。而最后的退出阶段则是收益如何实现的过程,一般来说,创业资金退出创业企业有三种方式:IPO、股权转让和破产清算,前两者通常可以实现投资收益,而破产清算则是一种迫于无奈、被动形式的退出。退出完成后,创业投资机构会将获得的资金继续用于对其他创业企业的投资,形成一个循环,保持资金的可持续周转。

由于投资的企业处于初级阶段,盈利能力脆弱,初具规模,往往难以判断其今后的发展走向,这就会带来极高的风险,通常来说,投资成功率不会超过10%。但是,一旦所投资的企业幸存下来并且持续扩大化发展,那么其所带来的收益也是十分诱人的,因为初期只需要一小笔投资就能获得较大比例的股权分配,之后公司的资产扩增以后,数十倍甚至数百倍的投资回报也是较为常见的。盛大网络当初获得的来自软银亚洲的创业投资就是非常成功的一个例子。

【案例链接】　　　　　　盛大网络——资金池的宠儿

盛大网络于1999年由陈天桥创立,这是一家充满传奇色彩的企业,其第一桶金的攫取与成功的融资案例为人们所津津乐道。陈天桥的第一笔业务选择了与韩国公司Actoz合作，签订了《传奇》这一游戏的运营协议。上线不久，这款游戏的火爆程度堪称前无古人、后无来者，仅2002年一年营业额就达到了6亿美元。试想，对于一个创业仅3年的公司，这个营业额简直不可思议！

就这样，在网络游戏行业遥遥领先、扶摇直上的盛大网络毫无疑问吸引了大量的创业投资家的目光。其中最典型的当属软银亚洲投资的4 000万美元。这对双方都意味着是一个极大的成功，因为，在短短的一年多时间，盛大游戏在美国纳斯达克上市，而那时软银亚洲的持股升到了5.9亿美元，这也就意味着这一创业投资实现了13倍的投资回报！

5.2.5 私募股权投资

相比于创业投资，私募股权投资（private equity，PE）的特点是，它的投资对象往往是发展比较成熟，具有较为稳定盈利能力的，规模趋于完善，各项准则流程正规化的公司，因而投资的风险较小，而投资的回报率也就相应的较低。而创业投资往往是针对创业企业的较早时期，投资金额也比私募要小得多。私募股权的投资手法是，通过收购目标企业股权，获得对目标企业的控制权，然后对其进行一定的重组改造，持有一定时期后再出售，十分注重投后管理，通过给企业提供专业化的发展建议与各类顾问服务，帮助企业更好地发展。

由于私募股权基金主要投资于未上市企业的股权，与公募基金严格的信息披露要求相比，不需由公司和有关中介机构申报招股文件，这些使私募股权基金的管理和运行成本很低，政府的监管也相对宽松，因而私募股权融资的专业性强、隐蔽性高。

私募股权基金作为股权融资的一类，不增加企业债务，只增加权益和资产，会增强企业抗风险的能力。合伙投资人一般不能随意撤资，封闭期限为5—10年，故运作期稳定，没有资金赎回的压力。

然而，企业出让股权后，原股东的股权被稀释，私募股权对企业占有一定的控制权，会导致原有的股权决策结构发生变化，股东之间的权利与义务关系与原先不同。控制权部分交出后，企业很难再按照原先的发展战略与发展方向发展，私募基金合伙人可能会制定全新的发展战略。另外，私募基金可能会着眼于短期的利益，希望尽快地获得投资回报，不会像原先的企业管理者那样顾全大局、目光长远，可能改变发展战略以获取短期的收益。成功的私募投资是一次双赢，被投资企业通过获得的私募资金渡过融资难关，发展壮大后，私募公司也可从中获得股权的升值回报。

【案例链接】　　　　　　软银对阿里的私募投资

2000年软银给了阿里巴巴一笔2 000万美元的私募资金，2004年2月，软银再追加了6 000万美元的投资，而在2007年11月6日，阿里巴巴作为全球最大的B2B公司在香港联交所正式挂牌上市，正式登上全球资本市场舞台。收盘时，阿里巴巴市值飙升至

1 980 亿港元（约 260 亿美元），软银持有的阿里巴巴股权价值 55.45 亿美元。若再加上 2005 年雅虎入股时曾套现的 1.8 亿美元，软银当初投资阿里巴巴集团的 8 000 万美元如今回报率已高达 71 倍。从中我们可以看出，私募股权基金如果获得成功，同样可以获得极大的投资回报率，而且相较于创业投资，投资的风险性要降低了许多。

5.2.6 民间借贷

民间借贷，是指自然人、法人、其他组织之间及其相互之间，而非经金融监管部门批准设立的从事贷款业务的金融机构进行资金融通的行为。与其他债权融资不同的是，民间借贷在创业企业的融资过程中非常活跃，尤其是在公司发展的早期。尽管目前，民间借贷并没有受到很规范的管理，缺乏监控，容易出现法律问题，但由于民间资本丰富、融资灵活等优势依旧深受创业企业的青睐。

通常民间借贷，不会像银行贷款那样手续繁杂、要求苛刻，手续简便、渠道丰富，创始人可以凭借积攒的人脉、信用来获得贷款。但由于，借贷手续不完备，缺乏担保抵押，无可靠的法律保障，一旦遇到情况变化，极易引发纠纷甚至刑事犯罪。同时，借贷的利率最高不得超过同期银行贷款利率的 4 倍，双方可在银行同期贷款利率 4 倍内协商，否则将不受法律保护。

债权人不涉及股权、产权、管理权，不参与企业的管理，创始人可以保持独立的企业和项目运作模式。债权融资带来的资金属于负债，不增加原有的资产，能够提高企业所有权资金的资金回报率，具有财务杠杆作用。

但与权益性融资相比，借贷的方式有到期还本付息的压力，可能会出现资金流断裂的现象，容易导致企业的破产，风险较大。当债务不能如期如数偿还时，可能会使企业丧失信誉、负担赔偿，甚至变卖资产。因此，在实际的融资操作中，企业必须分析到期的还本付息能力，以避免融资风险。民间金融的实际操作中安全隐患较大，而下文介绍的互联网金融则有效地弥补了这一点。

5.2.7 新型融资方式

随着社会逐步的发展，人们不满足于传统的融资方式，因而做出了很多新的尝试，当然，受法律法规的限制，很多方式在某些程度上可能会触及政策红线，需相关法律法规的进一步完善才能更好地发挥其作用。以下列举了两种尝试较多的新型融资方式，倘若运用得当，能够产生非常高效的融资成果。

1. P2P

P2P（peer to peer）是指个人对个人之间的小额借贷，一般通过借助电子商务的专业网络平台实现。借款者通过在特定的网站上发布所需的金额、利息、还款方式、借款时间等信息，实现自助式借款，而债权人无须与债务人直接接触或有社会关系，直接根据其信用等级与相关信息进行判断是否出借资金，因而贷款效率高，无须经过繁杂的手续，准入门槛低。据浙大 AIF P2P 网贷研究组统计，截至 2015 年 12 月底，全国共有 P2P 网贷平台 3 330 家，相比于 2010 年年底的 16 家增长了 200 多倍。2015 年 12 月 28 日，银监会连同工业和信息化部、公安部、国家互联网信息办公室等部门研究起草的《网络借贷信息中介机构业务活动管理暂行办法（征求意见稿）》正式发布，强调了 P2P 网贷的信息中介定位，并提出了包括不得吸收公众存款、不得设立资金池等十二项禁止性行为，意味着 P2P 行业将面临大洗牌。

P2P 融资没有地域限制，没有金额限制，债权人与债务人之间可以是完全陌生的关系，因而极大地扩大了资金的来源渠道。同时，类似于完全竞争市场，投资人可以权衡在 P2P 平台上发布的信息，做出最为明智的选择。为了吸引投资人，一般形成的借款利率比其他方式要高。而且借款人的门槛比较低，无须大额的抵押即可实现，同时融资灵活性极高，可以在短期内迅速贷款到所需金额，满足融资需求。

但同样由于缺乏监管，这一新兴的借贷方式存在诸多的风险。P2P 中的很多细节缺乏明确的法律规范。由于互联网为平台可能存在遇到黑客攻击和其他网络问题，P2P 平台必然也存在同样的风险。近年来，许多 P2P 平台的所有者将投资人的资金席卷而空，这也给 P2P 网贷行业造成了极差的声誉，导致这个行业的生存受到了挤压。

2. 众筹

众筹（crowdfunding）具有低门槛、多样性、依靠大众力量、注重创意的特征，是指一种向群众募资以支持发起个人或组织的行为。一般是通过网络平台联结赞助者与提案者。需求方通过在社交媒体上表达自己的融资需求，以吸引大众投入资金帮助企业。当然，众筹不是捐款，投入的资金一定要设有相关的回报。筹资项目必须在预设时间内筹得所需资金才算成功，否则须将所筹得的资金返还给支持者。

由于门槛低，从项目的发起来看，众筹基本没有或者只有很低的要求，只要是有想法、有创造力的项目都可以通过众筹发起筹资。另外，众筹涉及的风险基本上可以忽略，既不会有还款压力，也不会出让股权，并且众筹本身就是营销手段，可提高企业的知名度，建立人际网络。

如果觉得自己的项目足够好能够吸引公众的注意，那么尝试一下众筹可能会有意外的收获。当然如果创业者的筹资量过大，又或者从发起到回报收益的时间过长，那么很可能无法吸引到资金。

在现实应用中，众筹一共分为四种：公益众筹、奖励众筹、债权众筹、股权众筹。公益众筹是不要求物质回报的，以精神回报为主，比如一个项目是为了传承快被人们遗忘的非物质文化遗产的，那么很多人会出于情怀而为其出资。奖励众筹的回报形式以实物、服务为主；债权众筹则是把收集到的资金当作贷款，并提供比较高的利率水平；股权众筹是以资金换股数，从而获得长期收益。由于众筹近年来才进入人们的视野，这也使众筹领域尚无明确的界定和规范。尽管股权众筹十分火热，但相关的法律、法规尚未完善，极易触碰法律的"红线"。

5.2.8 其他方式

1. 银行贷款

银行贷款是指企业通过向银行借钱的方式进行融资，对于所获得的资金，企业首先要承担资金的利息，另外在借款到期后要偿还资金的本金。但是对创业企业来说，银行贷款这个融资来源不太现实，主要表现在银行贷款要求的抵押与担保十分严格，一定程度上限制了初创企业的融资金额与融资可能，将许多初创企业或是经营能力一般的企业拒之门外。

但是，在借款时企业可与银行直接交涉，就有关条件进行谈判确定，较为灵活；用款期间发生变动时，也可与银行再协商。其融资成本较低，借款利率一般低于债券利率或其他投资活动的收益率。

2. 夹层资本

夹层资本（mezzanine capital）一般是指企业有正的净利润，收入接近或超过 1 000 万美元之后获得的融资，通常在杠杆收购时银行的贷款不能提供收购所需的所有资金的情况下使用。这种融资本质上是债务资本和股权资本的结合，是一种长期无担保的债权类风险资本。创业企业是很难获得夹层资本融资的。当企业进行破产清算时，优先债务提供者首先得到清偿，其次是夹层资本提供者，最后才是公司的股东。

夹层债务与优先债务一样，要求融资方按期还本付息，但通常要求比优先债务更高的利率水平，其收益通常包含现金收益和股权收益两部分。典型的夹层债务提供者可以选择将融资金额的一部分转换为融资方的股权，如期权（option）、认股权证（warrant）、转股权（convertibility）等权力，从而有机会通过资本升值获利。

这种股权与债权结合的融资方式非常灵活，不仅还款期限长，相比于较难获得的三年以上的银行贷款，夹层融资通常还款期限为 5～7 年。而且，企业还可以调整还款方式，根据企业的资产负债结构与现金流现状与其进行协商，选择合适自身发展的方式。对于投资者来说，这种方式比直接的股权投资风险要低。

在实践方面，夹层资本也在西方国家大受欢迎。2003 年 9 月，高盛下属 GS Mezzanine Partners Ⅲ宣布已筹集 27 亿美元用于夹层融资，从而成为全球最大的夹层融资基金。2004 年 4 月 23 日，在 ComVentures 等投资公司的协助下，IT 网络安全系统提供商 ServGateTechnologies 就获得了 1 800 万美元夹层融资。

（1）期权。期权是一种衍生性金融工具，是指投资方拥有的在未来一段时间内（指美式期权）或未来某一特定日期（指欧式期权）以事先规定好的价格向企业购买或出售一定数量的股权的权利，但不负有必须买进的义务。也就是说，拿到了期权，也不一定成为公司的股东，期权更多的是带着激励的使命而存在。

（2）认股权证。认股权证是公司发行的长期看涨期权，是持有人有资格以预定的价格购买公司的普通股。例如，每个票面价值 1 000 美元的债权可能附有 10 个认股权证，允许未来以 5 美元的价格购买公司的股票。这些债券一般是可赎回的，使企业可以在未来用其他更低成本的债券进行替代。

（3）转股权。债权转股权是将债权人所享有的合法债务转变为股权的方式，成为债务人的股东，增加公司的注册资本，是债务重组的一种方式。对于成长迅速的创业企业来说，债转股使债权人转变为企业的股东，这对他们获得日后的收益是极有帮助的，因而也对债权人的吸引力巨大。

【案例链接】

假设有一家航空运输公司，希望通过收购某一同行业目标企业实现扩张。收购方以被收购企业的未上市股权作抵押，以收购完成后的经营现金流还款，预计还款期5年，收购完成后计划重组上市。对银行来说，该笔收购融资风险极大，因为毫无担保与抵押，有的仅仅是未上市的股权，这未免也显得太过虚幻。因为收购以后能够正常运营直至完成上市完全是一个未知数，银行是绝对不会为一个自信满满的"疯子"买单的。而收购方最终通过夹层融资完成该笔收购融资。这是一笔典型的夹层融资交易。夹层资本的投资方虽然承担了较银行贷款更大的风险，但可获得更高的利息收益，并可通过出售企业上市后的股权获得利润。

表5.3梳理了这一小节所介绍的所有融资方式，以帮助读者理解。

表5.3 创业企业融资方式的归类

两大融资类别	具体融资方式	融资金额
权益性融资	自筹	小
	天使投资	小
	创业投资	中
	私募股权基金	中、大
	公开上市	大
	夹层资本	中
债务性融资	P2P贷款	小
	银行贷款	小、中
	民间借贷	小
其他	众筹	小

此外，留存收益融资是企业留存的税后利润继续投入企业，虽然也作为融资的一种方式，但在创业企业中基本不存在，因为创业企业很少能够盈利并且产生留存收益。债券融资是指企业通过发行债券筹集资金，到期还本付息，但是债券发行的门槛很高，也不适合创业企业，因此在本书中不做重点介绍。

【知识链接】

知识产权担保融资是一种面向高科技企业的融资方式，源自日本，在我国起步较晚。如何操作呢？缺乏足够的有形资产作担保的创业企业可利用自己所拥有的商标权、专利权等一系列的无形资产作为担保向银行融资。这种新兴的融资方式对高科技创业企业较为有利，大大提高了其融资效率，推动了高科技企业的成长，在我国也备受青睐。截至

2008年年底,日本开发银行已经向600多高科技创业企业提供了数额为400多亿日元的知识产权担保融资,这种融资方式也极大地帮助日本的创业企业渡过初期资金短缺的难关。

5.3 影响融资选择的因素

既然我们介绍了那么多可供创业企业选择的融资方式,那么如何从中选择最适合自己的融资方式呢?以下列出了一些客观与主观方面的因素。

5.3.1 融资需求

创业者在选择融资方式时,首先要明确融资需求的时效性,清楚企业近期是否有较大的融资需求。根据企业融资需求时效性可将其分为三类:即时、近期、累积。即时与近期需求的不同在于谈判所需时间。在即时需求下,没有时间推敲与企业绩效挂钩的条款,往往基于现有的资源。而近期需求是时间较为充裕的中期需求,不是非常紧迫性的融资危机。累积融资则通过影响未来轮次的融资,来影响近期融资的决策。

1. 即时需求

如果企业面临即时的融资需求,绝大多数的渠道都是不可用的,因为它们都需要耗费大量的时间,涉及众多的条款,审批过程较复杂。

股权融资一般在此时也不能派上用场,除非是已经建立的关系。因为创业投资人要进行尽职调查和审批过程,在对企业进行全面的考量后才能决定是否投资,而这时初创企业资金流的危机早就使企业不能正常运作了。即使这类投资人愿意提供资金,那投资的条约也会考虑时间的因素而对创业者非常的不利。但此时天使投资却非常高效,由于创业企业处在公司发展的初期,没有很多客观条件可以考核,一旦和天使投资人"谈妥",那么可立刻获得资金。

即时融资最现实的方式是不需要通过谈判且没有审批过程以获得资金,比如,加快应收账款的催收、用应收账款抵押借贷或者让售、其他资产的抵押出售与租赁等。

最困难的即时需求往往发生在企业发展壮大之前,这时企业没有足够可供抵押出售的有形资产,没有利润也难以依赖主营业务融资。最普遍的选择是通过亲朋好友等人际关系获得资源,这种帮助不是出于对企业理念的认同,而是单纯从创业者的人脉出发。因此,即时融资的金额有限而且成本巨大。

一个目光长远的创业者是会极力避免这种资金的即时需求的,通过统筹各种主客观因素,实现资金短缺的"软着陆"。

2. 近期需求

相对于即时融资,近期融资的选项就多不少,时效性在此时基本上不发挥作用,主要依靠融资量、需求的持续性以及对未来决策的影响。

对于相对小额的融资需求,银行、小型私募机构、天使投资人等都可以成为资金的来源。而大额度的融资需求则主要来自创业投资人以及战略合作者。如果融资需求非常大,那么就需要考虑公开募股或发债。

如果融资需求是持续性的,那么选择短期的融资来源就是不明智的。暂时性的满足需求并不会带来本质性的改变,不久后的还本付息还会增加企业的压力。

而长期融资则会对未来决策造成限制。长期资金的提供方可能会限制未来的借贷,限制企业业务范围,要求在某些决定上的控制权和对于企业信息的知情权。此外,用长期融资满足短期需求会减少预期现金流,同时增大现金流风险,如长期融资引起企业不必要的借贷利息成本。

3. 累积需求

如果创业者预期企业能够快速产生现金流并为其发展提供能量,那么其一般不需要考虑累积需求。而当企业未来的融资能力和融资成本对创业者来说至关重要时、未来再融资情况是当前融资决策的重要考虑时,创业者就需要进行较为长期的规划。

如果累积需求非常高,则近期的融资行为就不应该削弱未来融资的能力,比如再融资期权、优先提供融资权等条款的设立对创业企业来说成本非常高,就需要谨慎考虑了。一般来说,可以订立相应条款进行反向冲抵,让创业企业可以通过偿清债务的方式重获自由。

从以上的介绍我们可以得知,在时效性上,企业对融资有不同的需求,而且在实际操作上,对于融得相同额度的资金,也有单阶段全额融资与多阶段分期融资的区别。

单阶段与多阶段融资属于融资方式中非常灵活且富有操作性的方式,为方便读者理解,我们建立一个模型来进行更好的解释。

假设,我们有一家企业计划在时间零时(即初始时间节点)募集全部资金,以满足今后五年每年 800 000 元的现金需求,无风险利率为 4%。第五年年底的预期收益为 3 500 000 元,收益倍数假定为 15,那么第五年的企业价值为 52 500 000 元。在初始时间节点时,投资收益率为 50%,每年降低 5 个百分点,我们来计算五年之后融资的股权比例。

(1)单阶段融资。单阶段融资指的是创业者一次性募集今后一定时间内全部的资金。那么根据年金现值系数可以得出时间零筹得的融资为 3 704 000 元。如何确定 5 年后的投资价值呢?这里可以选择使用时间零时最低的投资收益率来确定第五年的投资价值,并与企业的连续价值进行比较。由表 5.4 可知,3 704 000 元的融资预期将在第五年产生 28 127 250 元的现金收益,同时企业的连续价值为 52 500 000 元,投资者会要求 53.58% 的权益。

表 5.4 单阶段投资模型金额 单位:元

现金流信息						
年份	0	1	2	3	4	5
支持运营的外部资金	800 000	800 000	800 000	800 000	800 000	0
外部资金现值	800 000	769 231	739 645	711 197	683 843	0
募集的权益资本	3 704 000					

（续表）

投资者估值和所有权分配						
投资者最低投资收益率	50.00%	45.00%	40.00%	35.00%	30.00%	25.00%
连续价值收益倍数						15
创业企业连续价值						52 500 000
投资要求的未来价值						28 127 250
投资者要求的权益份额						53.58%

（2）多阶段融资。表5.5说明了多阶段融资的情况，假设创业者在开始时期时间为零、第二年和第四年进行融资。时间零的投资必须为两年的运营提供足够的资金。两年的资本在4%的无风险利率下的现值为1 570 000元，因为时间零与第二年的融资额均为1 570 000元，而第四年只需提供一年的开销，仅为800 000元，总的融资额为3 940 000元，比单阶段融资的3 704 000元略高。

再考虑分阶段融资下的所有者权益变化值。第三阶段的融资的投资收益率为30%，那么800 000元的投资未来价值为1 040 000元，已知全部的连续价值为52 500 000元，投资者会要求1.98%的股权。

类似的，我们来计算第二阶段的投资所有权份额。1 570 000元投资的三年内要求的年收益为40%，投资未来价值为4 308 000元，相当于8.21%的份额。运用相同的计算过程，那么第一阶段的所有权份额为22.71%。

总体而言，三个阶段中投资者要求的份额为32.90%，这比单阶段融资53.58%的份额要低得多。因此，通过分阶段，创业者能够保留创业企业的控制权和多数股权。

表5.5 多阶段投资模型金额　　　　　　　　　　　　　　　　　　　　单位：元

现金流信息						
年 份	0	1	2	3	4	5
支持运营的外部资金	800 000	800 000	800 000	800 000	800 000	0
外部资金现值	800 000	769 231	739 645	711 197	683 843	0
募集的权益资本	1 570 000		1 570 000		800 000	
投资者估值和所有权分配						
投资者最低投资收益率	50.00%	45.00%	40.00%	35.00%	30.00%	25.00%
连续价值收益倍数						15
创业企业连续价值						37 500 000
投资要求的未来价值						24 610 789
投资者要求的权益份额		投资要求的期初所有权份额		投资要求的期末所有权份额		价值
第三阶段		2.02%		1.98%		1 040 000
第二阶段		8.94%		8.21%		4 308 000
第一阶段		29.38%		22.71%		11 922 188
要求的所有权				32.90%		17 270 188

对比两种融资方式，就单阶段融资来说，承诺是瞬间完成的，即使五年内项目失败或者不是走下坡路，投资者的资本已经投向该创业公司，因此也无法收回。在清算中，投资者能获得 53.58% 的清算价值，余额将作为创业者努力的补偿。

而在多阶段融资中，企业在时间零、第二年、第四年共获得了三次融资，每次融资之前都会进行投资评估。后面几年的投资收益率也会降低，这是由于投资决策之前创业企业业绩上的不确定性已经解决，在业绩稳定下来之后投资风险降低，收益也自然下降。如果企业后续的经营状况没有想象中的良好，那么在吸引投资时可能会遇到困难，也就是说，分阶段融资时创业者需要承担更大的风险，可能会发生原先打算不断跟进的资金突然中止的情况。

创业者需要根据企业的实际情况进行分析以判断控制权、所有权与风险三者的优先顺序。如果创业企业有着良好的发展预期，市场风险较小，那么多阶段融资方式比较合理，还可保留更多的股权；如果创业企业短期内对资金十分渴求，而且将来企业的发展并不明朗，那么选择一次性的单阶段融资更为保险。

5.3.2 控制权出让

股权融资的特点是，通过出让股权给投资方以获得相应的融资。同时，一些大的投资方可能会要求在董事会上获得一席之地。因为其希望更加了解所投资公司的日常事务，并且在一定程度上参与管理。出让的股权与控制权，稀释了原股东的股权持有比例，很可能会使新的管理者对企业原先的经营管理战略与发展方向产生异议，进而动用权益进行调整，与创业方股东产生分歧。股东之间的矛盾反映到经营管理上表现为缺乏效率、混杂无序，对公司的发展极其不利。如果原股东失去了控制权，那么企业会朝着与原有目标完全不同的轨道发展，那么这也就宣告了创业者创业公司的"破产"。

聆听来自投资方的建议自然是好的，但如果投资方想要喧宾夺主，那就需要谨慎面对。因此，从这个角度出发，大多数人会选择债权性融资，还清债务之后并不会影响公司的正常运作。

雷士照明的股权稀释之路

雷士照明创办于 1998 年年底，是一家国内领先的照明产品供应商。由于严重的资金短缺问题，它在发展前期一直在不断寻求资金支持，即使这是以出让大量的控制权为代价。2006 年，毛区健丽投资 994 万美元，获得 30% 的股权，创始人吴长江的股权因而被稀释至 70%，但仍对雷氏照明拥有绝对的控制权。但是不久，资金短缺的问题再一次出现。而初尝股权融资好处的吴长江再一次出让股权，赛富资本出资 2 200 万美元，获得了雷士照明 35.51% 的股权，而吴长江的股权被稀释至 41.8%，此时已丧失绝对的控制权。而随后的第三次融资，高盛以 3 656 万美元获得 11.02% 的股权。此时，高盛和赛富在董事会中共占有 4 席，而原雷士照明仅占有 3 席，这也就意味着财务投资者已经控制了整个雷士照明。由此可见，股权融资虽然不用偿还债务，可是出让的控制权却在某种程度上更加"昂贵"。

5.3.3 融资成本

融资成本是资金所有权与资金使用权分离的产物,融资成本的实质是资金使用者支付给资金所有者的报酬。企业融资成本实际上包括两部分:融资费用和资金使用费。融资费用,如委托金融机构代理发行股票、债券而支付的注册费和代理费,向银行借款支付的手续费等;资金使用费,常见的有股票融资向股东支付股息、红利,发行债券和借款支付的利息,使用租入资产支付的租金等。

然而,上述所指的融资成本仅仅是财务成本,或称为显性成本,但融资成本还包含机会成本。也就是说,把筹集的资金用于特定的领域,而放弃在其他用途中的最高收益。对创业者来说,机会成本可能包括:投入创业中的资金如果用于房地产投资而带来的收益、用于购买债权的利息、存入银行获得的利息、用作其他投资带来的收益以及因创业而放弃的工作收入等。

5.3.4 融资风险

这一小节所指的融资风险主要是债务性融资所带来的负债,可能在未来资金流断流时使企业被迫宣告破产的风险,而股权融资的风险主要是控制权分散带来的损失。总的来说,创业企业有着比一般企业更高的融资风险,因为创业企业本身存在经营上的高风险性,以及市场不确定性,所以在债务融资的时候需要更加谨慎。加之,创业企业由于高成长性,企业规模飞速膨胀,对资金的需求巨大。

谈到融资风险,不得不谈的就是债务契约。债务契约是指企业经理人员代表股东与债权人签订的、用于明确债权人和债务人双方权利和义务的一种法律文书,主要作用是保障债权人的合法权益。但是同时,Hart 和 Moore 认为,债务契约会限制创业企业的管理,对经营决策的制定有一定的约束,而且有的债务契约甚至还会要求创业企业维持特定的运营成本、净资产总值等,简直可以说是企业的一副"枷锁"!债权人与股权投资人不一样,他们只需要确保债务到期能够还本息即可,而不会考虑企业今后的发展。因此,债务契约带来的束缚是创业企业在融资时需要极力避免的。

5.3.5 企业的资产结构

企业在有条件的情况下,应根据自身的资产结构选择合适的融资方式。有时,融资过程也可用于调整企业的资产结构。如果企业的资产负债率高,就应当降低负债比例,选择股权融资;如果企业的资产负债率低,则可以通过适当增大负债的比例来达到更为优化的资本结构,还可采取债权融资的方式,分享财务杠杆利益。

由美国的 Modigliani 和 Miller 教授提出的修正后的 MM 理论中,在考虑公司所得税的情况下,由于负债利息的免税支出,可以降低综合资本成本,增加企业的价值。因此,负债越多,财务杠杆作用越强,公司的价值就越大。

然而，当公司负债比率达到某一界限之前（如50%），举债的减税收益将大大超过股权资金成本上升的损失，随着负债比率的升高，举债的减税收益与股权资金成本的增加将呈现此消彼长的关系，超过此点后，财务拮据成本和代理成本会上升，在达到另一个峰值时（如80%），举债减税的边际收益正好被负债提高的损失（包括股本成本、财务拮据成本、代理成本的提高）所抵消，超过此峰值后，负债提高的损失将超过举债的减税收益。因此，资本结构与公司价值相关，但也不是负债越高越好，从而使资产结构更趋完善。

5.3.6 其他因素

要知道，融资通常并不仅仅是获得资金那么简单，一个好的融资有时还会带来优秀的战略理念、娴熟的管理经验、出色的技术支持。所以说，如果提出的融资计划有好几个投资人都能够满足，那么创业者就需要再对其他方面进行综合考量。

创业者在跟天使投资人或者是创业投资人表达自己的创业想法时，会无意间泄露重大的商业秘密，这是值得注意的。因为，作为投资人，一般都只专注于几个行业，肯定看过很多类似的商业计划书，可能他们之前已投资了一家你的竞争对手，而你又把自己的商业秘密透露给他们，他们也许会把重要信息告诉竞争对手。

另外，通过融资获得认证价值是企业用来提升自身信用的一个重要手段，创业企业往往需要积累自己的信用值，以便后续使用。

创业需要团队的通力协作。团队成员要一起权衡每一个融资方案的利弊，并得出一致的结论，而不应该是某一个人或者某几个人的观点，完全忽略团队其他成员的意见，那么会损害团队的凝聚力，从而使创业失败。

5.4 中国创业企业融资现状及其对策建议

尽管我国的高科技产业在改革开放之后得到了飞速崛起，但与发达国家相比仍然有较大的差距，我们必须从客观的角度出发，找出其中的不足，逐步改进，不断完善。

5.4.1 融资现状

创业企业向金融机构贷款极其困难。各商业银行出于安全性考虑，即使成立了中小企业信贷部，但还是普遍集中力量寻找大客户而不愿向创业企业放贷。由于创业企业的高风险性特点，银行出于经济人的角度也是不会轻易贷款给创业企业的。而且，创业企业目前无论是在主板上市还是在创业板上市门槛都很高，很难通过发行股票和发行债券筹集资金。

由于受到商业信用匮乏、资产抵押能力弱等方面的局限，创业企业从银行等正规金融机构获得融资面临较大约束。企业的融资时效性要求迫使创业企业求助于手续简便的商业信用和民间借贷等非正规金融机构。虽然这些渠道的融资成本往往高于正规金融机构的融资成本，但它们能更好地适应创业企业经营的灵活变通性要求。

创业企业在创业投资的获取上也举步维艰。尽管在采取创业投资之前，创业投资机构会依靠专业团队的尽职调查对企业进行一个较为全面的了解，但信息不对称的问题仍然无法彻底解决。信息不对称是契约经济学理论中的核心概念，也是交易双方设计和签订契约的最基本原因。可以毫不夸张地说，创业投资家对创业企业的了解永远不会比创业者更详尽深入。因此，这里就存在创业投资人被创业者"欺骗"的问题。反之，创业者对创业机构也要进行足够的考查，明确创业资金所附带的增值服务。正因为这些现象的存在太过普遍，创业投资人一般不敢轻易地将资金投入创业企业中，创业者对创业投资机构也会心存顾虑，这也就间接地造成了创业企业的融资困难。

5.4.2 原因分析

创业企业由于处在企业的初级阶段，忙于科技成果的转化与市场的开拓，在很多情况下没有足够的精力用于规范企业内部，导致企业信息不透明、财务不规范，难以取信于融资机构。

而且创业企业一般规模较小、资产薄弱、负债能力有限，抵押、担保物缺乏，难以达到银行等金融机构放贷条件。我国政府虽然已经着手出台了各项政策鼓励扶持高科技型创业企业的发展，但仍然处于比较初级的阶段，也只有很小一部分创业企业能够享受到政策的福利。

我国现行融资中介服务市场中，融资担保服务、资产评估服务、信用评级、信息服务业等发展不充分，市场化程度低，给创业企业融资造成不小障碍。

前面提到的知识产权担保融资方式尽管非常适合创业企业，但由于起步较晚，相关的法律、法规并不是非常的完善，仍然很难形成体系。而我国1995年颁布的《担保法》第七十五条明确规定了可以作为担保物的范围只有商标权、专利权、著作权中的财产权。这样也就大大缩小了创业企业能够提供担保的范围。另外由于知识产权作为无形资产的属性，难以准确估值而且价值随评价体系的不同上下浮动较大。同一项专利权在几个不同的资产评估机构得出的价值可能相差好几倍，这也就很难使投资者信服。银行作为金融机构，仍然更偏爱有形资产带来的可靠性，在缺乏政策倾斜的情况下很难主动去接受知识产权的担保。

对创业企业融资环节起着至关重要作用的创业投资，在我国的发展由于起步较晚，尚未达到一个令人满意的状态。创业投资机构尽管发展较快，但仍然处在供不应求的状态，而且可供支配的创业资本也无法满足数量众多的创业企业的融资需求。

5.4.3 对策建议

从以上对创业企业的分析可以看出，这些影响因素有的源自外部的资本市场，有的源自内部的企业自身，所以下面，将从政府、金融机构、创业企业等角度出发，为创业企业更好地融资提出可行性建议。

1. 完善与规范民间借贷

民间借贷是创业企业的一种有效的融资方式。民间借贷存在的优势包括：一是社会传统渊源；二是手续简便；三是民间资金充足。这些优势使其能够在一定程度上解决正规金融机构在中小企业融资过程中遇到的难题。在我国浙江、广东等沿海地区，民间借贷非常活跃，对当地的创业企业融资发挥了重要作用，极大程度上帮助了创业企业渡过难关。但是现今民间借贷还不够规范化，签订的协议也不够完善，这样就易缺乏法律基础，使金融风险、金融欺诈现象频发。因此，政府及相关部门应该正视民间借贷在创业企业融资中发挥的作用，重视民间借贷这一有效地融资方式，将其纳入法制的轨道，加大监管力度，保障债务人的合法权益，同时也要积极避免出现"民间非法集资"的问题。

在民间金融方面遥遥领先的温州市于2014年3月1日起实施"全国首部地方金融法规"《温州市民间融资管理条例实施细则》，首次将民间借贷纳入政府监管范畴，界定了民间借贷和集资诈骗的界限，是一次非常有价值的探索。

2. 完善信用担保体系与中介体系

在信用担保体系方面，美国的经验十分丰富，值得我们加以借鉴。在管理上，美国设有小企业管理局，其本质是政策性金融机构，除了为创业企业创业准备、计划拟定、公司成立、行政管理、商业管理等提供咨询服务以外，还以金融中介的形式向创业企业提供资金帮助，经国会授权拨款提供贷款。美国融资市场体系健全，形成了全国性创业企业信用担保、区域性担保体系。

通过风险分摊机制能够有效降低对创业企业进行投资过程中面临的巨大风险，即担保机构和银行各分摊一定的风险，若双方共同看好一家企业后，可协定好风险承担比例，最普遍的为双方各50%，共同控制与降低风险。也可多找几家担保机构和银行，比如10家，这样每家机构只需要承担10%的风险，把原来投到一家的资金投到10家创业企业，就能有效规避风险。

完善创业企业的融资中介服务体系，是缓解创业企业融资难、担保难的一个重要途径，也是许多发达国家扶持创业企业发展的普遍做法。大力发展为创业企业服务的中介机构，包括各类经济鉴定类中介机构、行业协会、工商联合会、咨询机构等，并鼓励和引导符合条件的民间资本进入；成立由银行、担保机构和创业企业等联合组成的创业企业信用互助协会。

3. 降低创业板上市门槛

创业企业由于高科技的属性，首选的上市平台是创业板，但上市门槛较高。而被誉为"高科技创业企业融资天堂"的美国创业板纳斯达克的上市条件为：有形资产净值在美金五百万元以上，或最近一年税前净利在美金七十五万元以上，或最近三年其中两年税前收入在美金七十五万元以上，或公司市值在美金五千万元以上，这样的条件明显要宽松一些。

美国的纳斯达克（NASDAQ）、日本的佳斯达克（JASDAQ）、英国 AIM，这三大创业板的共同特点是：较低的入市门槛、完善的市场监管、灵活的运作机制、安全的退市渠道。这几个方面都是中国的创业板需要认真反思的，表 5.6 整理了几个具有参考价值的创业板情况。

表 5.6 不同地区、国家的创业板上市标准整合

创业板		上市标准
中国国内创业板		（一）发行人是依法设立且持续经营三年以上的股份有限公司。有限责任公司按原账面净资产值折股整体变更为股份有限公司的，持续经营时间可以从有限责任公司成立之日起计算。 （二）最近两年连续盈利，最近两年净利润累计不少于 1 000 万元，且持续增长；或者最近一年盈利，且净利润不少于五百万元，最近一年营业收入不少于 5 000 万元，最近两年营业收入增长率均不低于 30%。净利润以扣除非经常性损益前后孰低者为计算依据。 （三）最近一期末净资产不少于 2 000 万元，且不存在未弥补亏损。 （四）发行后股本总额不少于 3 000 万元。 （五）发行人不存在重大偿债风险，不存在影响持续经营的担保、诉讼以及仲裁等重大或有事项。 （六）发行人的注册资本已足额缴纳，发起人或者股东用作出资的资产的财产权转移手续已办理完毕。发行人的主要资产不存在重大权属纠纷。
美国纳斯达克	标准一	股东权益达 1 500 万美元； 一个财政年度或者近 3 年里的两年中拥有 100 万美元的税前收入； 110 万的公众持股量； 公众持股的价值达 800 万美元； 每股买价至少为 5 美元； 至少有 400 个持 100 股以上的股东； 3 个做市商； 须满足公司治理要求
美国纳斯达克	标准二	股东权益达 3 000 万美元； 110 万股公众持股； 公众持股的市场价值达 1 800 万美元； 每股买价至少为 5 美元； 至少有 400 个持 100 股以上的股东； 3 个做市商； 两年的营运历史； 须满足公司治理要求
	标准三	市场总值为 7 500 万美元；或者，资产总额及收益总额分别达 7 500 万美元； 110 万的公众持股量； 公众持股的市场价值至少达到 2 000 万美元； 每股买价至少为 5 美元； 至少有 400 个持 100 股以上的股东； 4 个做市商； 须满足公司治理要求

（续表）

创业板	上市标准
日本佳斯达克市场	在有利润的情况下，上市日的时价总额为10亿日元以上；在没有利润的情况下，上市日的时价总额为50亿日元以上； 净资产额为2亿日元以上； 公司上市时的股票数为1万单位时，股东在300人以上；公司上市时的股票数为1万至2万单位时，股东在400人以上；公司上市时的股票数为2万单位以上时，股东在500人以上； 有500单位以上的股票为新股发行并且上市交易； 在最近两个营业年度中财务报告等无虚假记载
香港创业板	必须从事单一业务，但允许有围绕该单一业务的周边业务活动； 不设最低赢利要求，但公司须有24个月从事"活跃业务纪录"； 最低市值无具体规定，但在市时不能少于4 600万港元； 最低公众持股量：3 000万港元或已发行股本的25%（市值超过40亿港元，最低公众持股量可减至20%）
新加坡SESDAQ市场	有三年或以上连续、活跃的经营纪录，并不要求一定有盈利，但会计师报告不能有重大保留意见，有效期为6个月； 公众持股至少为50万股或发行缴足股本的15%，有至少500个公众股东；所持业务在新加坡的公司，须有两名独立董事； 业务不在新加坡的控股公司，有两名常住新加坡的独立董事，一位全职在新加坡的执行董事，并且每季开一次会议

3. 加大商业银行的信贷支持

商业银行在创业企业融资中所占的主导地位不可撼动，因而考虑如何通过商业银行的改革来加强其对企业的融资支持也是必不可少的。比如有些商业银行在经济较为活跃的城市设立了专门为创业企业贷款业务的支行，增加抵押物的种类，适当降低抵押物的金额，就非常值得推广。商业银行对创业企业的扶持配合国家政策的适当倾斜，将会对当前创业企业融资困难的问题产生极大的帮助。威海商业银行就在帮助创业企业融资方面做出了很好的尝试。

【案例链接】　　　　　　　威海商业银行科技支行

产品还没问世，手中只有一项专利技术和几个样品，办公室和厂房还都是租的——这样一个企业能从银行贷到款吗？从正常银行的角度考虑，这无异于痴人说梦，但威海凌云流体传动有限公司就从威海商业银行科技支行处融来了100万元资金，解了燃眉之急。

什么是科技支行呢？这是以服务科技型的创业企业为宗旨的，致力于解决科技型企业在创业之初遇到融资难的困境的银行支行。威海商业银行科技支行作为全省第一家正式挂牌的科技支行，为扶持初创科技企业发挥着重要作用，对于技术先进、持有各类专利资产，但缺乏自有资金的企业，开展了知识产权质押贷款业务；对有订单但缺乏流动资金的企业，推出了订单融资产品，极大地降低质押与担保物要求，为创业企业雪中送炭。

威海市双丰物探设备股份有限公司是生产地震波检测仪的业内技术领先企业，其产品广泛应用于油田、煤矿等资源探测领域。在其面临融资困境时，威海商业银行科技支行以申请人投资的股权作为质押,为其发放了 2 000 万元股权质押贷款。

4. 创业企业加强自身的制度规范

创业企业的自我形象与信用水平是融资成败的一个不可忽视的因素。创业企业最好有意识地强化自己的制度管理,加强内部管控,提升管理效率,减少信息不对称现象的发生。着力于提升员工素质,调整自身知识结构,提升企业核心竞争力,增强企业诚信度,树立良好的企业形象与品牌形象,为未来更好地融资打下基础。

5. 降低信息交互成本与激励措施

信息的严重不对称是横于创业投资机构与创业者之间的一道鸿沟,如何尽可能地减轻信息的失衡程度,提高信息交互的效率,降低信息获取的成本,是非常值得思考的问题。这里主要涉及两种措施,即信息传递机制(signaling)与信息筛选机制(screening)。

信息传递是指双方根据自己以往的声誉给对方留下最直接便捷的印象,表明自己的信息是真实的,比如有过创业成功经历的创业者在再次创业时获得创业投资机构的信任就要容易得多,这也就意味着创业者要学会经营自己的商业形象。创业者应主动直接地为对方提供真实的反映自身重要信息的材料,如招股计划书、商业计划书等。

为避免创业者可能提供假信息的情况,创业投资机构可以委托专门的评估机构对创业企业进行全面深入地考核。

信息筛选则是"术业有专攻"的表现,尽管资金本身是无差异的,但创业投资机构最好是有偏好的投资领域,凭借其对某一领域技能的精通与丰富的专业经验,可以大大减少对知识的理解成本与信息的辨别成本,有效降低信息的加工时间与学习时间。

本章小结

融资是创业企业保证发展活力、维持资金正常周转的必要过程,总的来说可以将其分为三类:内源性融资、债务性融资、权益性融资。三种方式各有优劣,企业需要根据具体的融资需求与发展阶段对融资方式作出选择。在我国,对于中小企业的融资上,还有较多的缺口,未能建立起完善的保障支持系统,而发达国家在这方面的实践则给了我们很好的示范。改善目前中国创业企业融资困难的现状,需要企业自身与外部环境共同努力。

感悟与思考

1. 各种新出现的融资方式尽管充满优势,但却也极易触犯法律,值得一试吗?
2. 民间借贷可以在某种程度上取代银行贷款吗?

关 键 词

尽职调查、财务杠杆、资金回报率、资产结构、负债比率、代理成本、风险分摊机制、退市招股计划书

第6章 创业投资机构：了解你的伙伴

【本章导读】

现代创业投资的两个核心主体就是创业投资家和创业者。创业投资因为能够有效集中利用社会闲散资金、解决新兴产业资金短缺问题，从而成为创业公司成长的"加速器"，也是国民经济发展的一大引擎。创业者应做到知己知彼，就要了解企业成长融资路上这个重要伙伴——创业投资机构。在传统的创业投资机构以外，其他类型的投资机构，如天使投资、私募股权等，也在创业投资发展过程中以不同形式参与其中，从而形成了广义上的创业投资。本章将着重对传统的创业投资机构的组织形式、中国创业投资市场概况以及创业投资机构的功能等方面进行介绍。学习本章后，读者需要了解：

1. 创业投资机构的主要组织形式及其优缺点；
2. 我国创业投资机构的概况；
3. 创业投资机构在创业企业成长过程中的角色。

6.1 创业投资基金的打开方式——组织形式

在科学领域中我们知道物质的结构决定其功能，这个原理同样适用于现代企业的治理。不同的组织形式不仅意味着机构内部不同的运作模式和治理结构，也直接影响着创业投资效率和投资特点。现代资本市场的发展催生了多种创业投资机构的组织形式。创业投资基金[①]，也称为创业投资机构，基本上存在三种组织形式：公司制（包括子公司制）、信托制以及有限合伙制。

6.1.1 公司制

采用公司制的创业投资机构，通常将创业投资资本以股份公司或者有限责任公司的形式创建，其中也包括大公司内部设立的独立风险投资子部门（子公司制）。由于以公司制形式存在的投资机构受到更多法律条款的监督，其经营管理相较于其他组织形式的投资机构也更为严格透明。

---

① 基金本身是一个法律概念，是集合部分人的资金用于特定的目的。狭义的基金是指"证券投资基金"，是将二级市场上的证券包括股票、债券、货币市场工具等组合成新的标准化证券投资产品，向一般投资者募集并在二级市场上交易。广义的基金意味着以集合的方式募集资金并投资于组合型的金融产品，以包括但不限于有限合伙企业、公司为主体设立的投资主体都可以称为基金。

【知识链接】　　　　　　公司制创业投资发展史

虽然目前创业投资市场上更多机构采取有限合伙制，但创业投资行业领域的第一家机构是以公司制形式建立的。世界上最早的创业投资公司创立于1946年，是美国研究与发展公司ARDC。1957年，ARDC投资了一家名为Digital Equipment Corporation的技术公司。该公司于1966年上市以后，ARDC获得了可观的投资回报。这笔投资让ARDC名声大噪。ARDC之所以能在创业投资历史上留下一笔，是因为它为私募股权投资开辟了新的资金筹集渠道——在这之前，市场上的创业投资资金多来源于财力雄厚的家族企业。ARDC以公司形式进行的投资持续到1971年，以与另一家风险投资机构Textron合并为终结。

除了非政府投资者成立的ARDC以外，1958年美国通过的小企业投资法案也在政府层面促进了现代私募股权和创业投资组织形式的发展。为了扶持产业弱势的中小企业，美国政府设立了中小企业管理局（Small Business Administration，SBA）；1958年的中小企业投资法案正式允许SBA授权私营的小企业投资公司（SBIC）为美国的小型企业提供资金和管理上的帮助。美国联邦储委会向国会指出：创业公司的培育能够刺激技术进步。在当时的国际格局下，通过促进市场资本流动、扶持创新企业是推动美国经济发展的重要动力。

1. 公司制创业投资基金运行机制

公司制创业投资机构主要通过定向或向公众发行股份来筹集资金，投资者作为股东承担有限责任并参与公司经营管理；另一种是由母公司直接设立的投资部门或公司风险投资机构（corporate venture capital，CVC），是子公司制的创业投资基金。这种特殊的创业投资被定义为"以公司形式在不使用第三方资本情况下投资于其不拥有的创业公司"，在此情况下公司资金将直接投资于外部创业公司。

大型公司设立独立创业投资资本的目的是通过投资获得竞争优势，从而给公司发展带来新活力。Google Venture和Intel Capital就是这种创业投资的典型代表。20世纪60年代中期，一些大财团通过设立附属的创业投资基金逐渐加入创业投资事业中来。此后，资本雄厚的公司逐渐成为创业投资市场的主力军之一。这些大型金融机构或者实业公司为了给母公司带来多元化或创新的可能，纷纷以独立实体、分支机构或部门的形式建立创业投资子公司。在子公司的组织形式下，创业投资的资金和管理团队都来自母公司，而投资项目的成功与否将和资金管理者的报酬挂钩。因此，这样的投资机构在运营上将承受着上级机构的压力。

通常，创业投资公司会采用有限责任公司、股份有限公司的组织形式设立。以公司形式设立的创业投资组织，可以通过设立基金管理人（专业的创业投资管理团队）和托管人（有基金托管资格的商业银行），委托其他创业投资企业、创业投资顾问负责公司的投资管理业务，对基金资产进行管理，为资产的保值增值负责。

在这里我们需要明确以下几个概念：基金管理公司和基金托管人。这两个角色主要是为了保证资金资产的安全，按照资产管理和保管分开的原则设立的。基金管理人在不同国家有不同名称，例如在英国称为投资管理公司，在美国称基金管理公司，其职责基本相同，即运用和管理资产，负责投资基金的具体操作和日常管理。在我国，基金管理人由基金管理公司担任；在创业投资领域，基金管理公司通常是专门负责创业投资的职业管理团队。

基金托管人又称基金保管人，是根据法律法规的要求，在证券投资基金运作中承担资产保管、交易监督、信息披露、资金清算与会计核算等相应职责的当事人。我国《证券投资基金法》规定，基金托管人由依法设立并取得基金托管资格的商业银行担任。基金托管人的介入，使基金资产的所有权、使用权与保管权分离。基金托管人、基金管理人和基金持有人之间形成了一种相互制约的关系，从而防止基金财产挪作他用，有效保障资产安全。公司制创业投资机构的组织形式见图6.1。

在公司制创业投资基金中，投资公司可选择多种方式投资于创业公司：包括通过企业投资基金的直接投资；通过独立投资基金的间接投资；以及与创业公司并购或进行战略联盟。

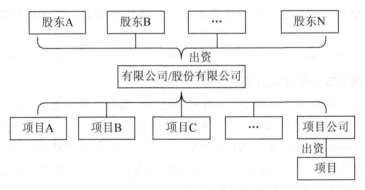

图 6.1　公司制创业投资机构结构

对于社会公众和监管部门而言，公司制创业投资机构因为受到更多法律条款的约束而更便于监督，但它同时也存在两个核心问题。首先，公司制的结构让创业投资机构受到更加严格的法律限制与监管，也面临着双重税负的压力——这意味着企业不仅需要缴纳企业所得税，股东也需要缴纳个人所得税。此外，上市公司的公开募资还要求更加透明的信息披露。上述结构性问题使投资项目本身融资受到一定限制。

与其他结构的投资基金不同，公司制创业投资计划通常由于组织结构的限制而对风险采取一种更加稳健的态度，因此难以将管理团队的报酬与风险投资的回报相结合。因此，当承担了风险却没有得到相应预期的回报，创业投资基金也难以留住顶尖人才——因为这种运营方式使管理层激励机制受到限制。除了结构性问题带来的激励不足，公司创业资本投资也可能受到公司和创业企业之间固有利益冲突的阻碍，这一点对于公司风险投资（CVC）尤其如此。例如，被投资的新企业可能生产公司内部已经存在产品的替代品。因此，当被投资团队的产品或服务与投资方自身构成一定竞争或者潜在威胁时，投资方的一些部门可能缺乏动力为新企业提供足够的增值支持服务。

6.1.2 信托制

信托是起源于英国的一种集体投资形式,最早其出现是为了解决教会的土地传承问题,以委托—管理的法律关系代替了所有权占有的关系;信托投资也被认为是现代美国投资公司的前身。信托对于中国而言是一个舶来品,并且信托制更广泛地存在于证券交易市场,根据清科私募通的统计数据显示,截至 2016 年我国创业投资市场上以信托制存在的创业投资机构不到 2%。

1. 信托制创业投资概念

我国《信托法》将信托定义为"委托人基于对受托人的信任,将其财产权委托给受托人,由受托人按委托人的意愿以自己的名义,为受益人的利益或特定的目的,进行管理或者处分行为"。信托制创业投资基金依据信托法设立,由委托人、受托人、受益人三方通过订立信托投资契约(信托计划)而建立,直接或间间接委托其他机构进行管理。在信托关系中的三个主体分别是委托人、受托人、受益人,如图 6.2 所示。

图 6.2　信托关系三主体

委托人是信托关系的创设者,提供信托财产、确定谁是受益人、受益人享有的受益权,同时指定受托人,并监督受托人实施信托。

受益人指的是在信托中享有信托受益权的人,在我国背景下的信托制创业投资基金,委托人和受益人往往是同一方。

受托人承担管理、处分信托财产的责任;创业投资机构则扮演着受托人这一角色。创业投资机构依据契约运用信托财产投资风险企业,也可以委托基金托管人(即上文提到的基金管理公司)按照契约负责经营保管信托财产,投资者依据契约享有投资收益。

创业投资基金管理公司和创业投资基金有着本质上的区别:创业投资基金可以通过下设公司或者委托的方式让创业投资基金管理公司负责资金的日常运作和管理;投资管理公司本身不是资金的所有者,而是基于基金管理协议行使管理权。

2. 信托制创业投资组织结构

信托制创业投资机构的组织结构如图 6.3 所示。信托制组织结构的优缺点都很明显。首先,信托形式的创业投资基金能够有效放大募资额度,迅速集资;作为一种金融产品,信托财产的安全性也更高。但是,大量的信托资产也会带来资金闲置的可能。同时,信托非独立法人的性质以及出资人信息不透明等特点也给监管带来一定难度。虽然信托型基金也是目前世界上重要的证券投资基金组织形式之一,但是信托制的组织结构本身并不适合高新企业的创业投资。这是因为证券投资信托基金主要通过私人关系(私募)和事前契约(公募)来保证组织的稳定运行。我们熟知的证券资金多为标准化产品,降低了投资运作过程的不确定性和复杂性;证券产品拥有公开交易市场,投资者退出也可以通过股份转让或者向管理人申请赎回等方式退出投资。而创业企业发展过程中伴随的高度不确定性使投资者必须面临连带责任的风险,因此,如果缺乏及时公开的市场信息,外部投资者将无法对创业投资家进行有效监管,随之而来的"委托—代理"成本大幅提升。

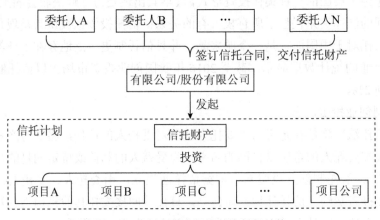

图 6.3 信托制创业投资基金组织结构

虽然通过信托形式的创业投资基金可以绕开有关投资决策与审查、投后监督等制度安排和政府监管,但是信托制创业投资基金组织结构本身具有的基金稳定性较差、债务连带责任以及监管困难等弱点使这种组织形式没有大规模普及。

6.1.3 有限合伙制

有限合伙制结合了公司制和信托制特点,在组织结构方面引入了有限责任制度,能够在避免公司制双重税负的情况下实现有效激励。有限合伙制是典型的搭台唱戏,外部投资人和创业投资管理团队根据合伙协议各司其职,能调动各方的投资热情,从而实现投资者与创业者的理想结合。

【知识链接】　　　　　　　有限合伙制发展史

最早的有限合伙制或许与公元前三世纪罗马出现的"societates publicanorum"有关。在罗马帝国的鼎盛时期,societates publicanorum 投资者在公开市场上进行利益交易。

10 世纪的意大利出现了一个名为康孟达(commenda)的商业组织,主要服务于当时海运贸易的融资业务。康孟达从诞生之初就是为了适应高风险的投资需求,中世纪的海运贸易利润丰厚却也风险巨大,一些资本充足的投资者寄希望通过海运贸易获得高额利润,又不愿意承担高风险带来的无限责任。在康孟达中,船舶货运的投资者承担有限责任:如果货物丢失,只要贸易商(通常也是投资者)没有违反合同规则就不负责任。

在有限合伙的法律条款方面,1673 年的科尔伯特条例(Colbert's Ordinance)和 1807 年的破仑法典(Napoleonic Code)强化了欧洲法律中的有限合伙制概念。在英国,19 世纪是各种类型契约大量采用合伙形式的时期,合伙法令也在这个时候得到了发展。1865 年英国制定了《合伙法修正案》,1890 年制定《英国合伙法》。1907 年,英国颁布了第一个有限合伙制法令《英国有限合伙法》，有限合伙形式在法律上得到了确认。

1. 和"土豪"做朋友

有限合伙企业，是由两人或两人以上的人根据有限合伙法设立的合伙组织。企业由有限合伙人（limited partner，LP）和普通合伙人（general partner，GP）共同组成。虽然都是合伙人，但是这两个角色分别从投资基金的出资和管理方面成功地协调了公司制和信托制组织结构上带来的经营管理问题。

2. 不普通的普通合伙人

普通合伙人也称为一般合伙人（general partner）。和普通合伙企业、有限责任公司相比，有限合伙企业在经营管理上由普通合伙人从事具体经营管理；在风险承担上，普通合伙人之间承担无限连带责任。在国际上，普通合伙人通常在创业投资基金中以实物资产、无形资产乃至信誉、劳务等向有限合伙出资。普通合伙人以自身资产和信用对合伙企业债务承担无限责任，出现商业道德风险概率低。

此外，还有一些发起人先注册有限责任公司，再以该公司作为普通合伙人建立有限合伙制，从而割断无限追索的链条，从公司结构上避免个人承担无限责任情况的发生。我国法律规定，国有独资公司、国有企业、上市公司以及公益性质的事业单位、社会团体不得成为普通合伙人。

3. 有限合伙人"最有钱"

有限合伙人是真正的投资者，投入绝大部分资金但不参与经营管理。大公司、共同基金、私募证券基金等机构投资者以及富有的个人（自然人）都可以成为有限合伙人。有限合伙人常以实物资产向有限合伙提供99%的出资，如以货币、实物、知识产权、土地使用权或者其他财产权利作价。在国际上通行的有限合伙协议中，有限合伙人出资占到99%，获得资金的资本利得80%左右的分成。有限合伙人由于不能直接参与企业日常经营（否则将突破有限责任），易产生投资信心不足问题。根据《合伙企业法》规定，有限合伙人不执行合伙事务，不得对外代表有限合伙企业。

4. 有限合伙：有钱出钱、有力出力

有限合伙的组织结构以及利润分配特点可以用以下公式简单概括：

$$有限合伙 = 有限合伙人（99，80）+ 普通合伙人（1，20）$$

这是什么意思呢？在有限合伙组织中，有限合伙人（LP）是大部分创业投资资金的提供者，以其认缴的出资额为限对合伙企业债务承担责任，通常有限合伙人承担大部分的资金来源，以实物资产出资达到有限合伙资金总额的99%，获取80%的投资收益；有限合伙制中至少有一个普通合伙人（GP），其认缴出资及实际出资分别不低于投资者认缴出资总额及实际出资总额的1%，获得投资收益的20%，并按投资总额收取一定管理费，对外在整体上也同样具有无限责任性质。图6.4是有限合伙制创业投资机构的典型组织形式。

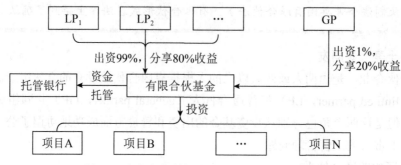

图 6.4 有限合伙制创业投资机构典型组织形式

在这种组织形式下,普通合伙人与有限合伙人之间是一种信任关系。普通合伙人负责合伙经营,对有限合伙的财产负有托管义务。同时,有限合伙的合伙成员必须签署有限合伙协议。合伙协议是用来规范合伙内部关系的工具,内容包括合伙名称、存续期间、出资方式及责任、合伙人的权利及义务、利益分配方式、投资进入退出以及合伙解散等事项。

出于商业、法律和税务方面的考量,大多数有限合伙制的创业投资基金会委托基金管理公司对投资资金进行管理运营。那么,基金管理公司、GP 之间的关系又是如何呢?在我国市场上,GP 想要达到风险隔离的股权架构有两种:一种是实际控股人分别设立基金管理公司和一个专门作为普通合伙人(GP)的企业;另一种方式则更为普遍,以著名中资上市投资机构九鼎投资为例,就是由母公司(实际控制人)设立投资管理公司,再由投资管理公司旗下的全资公司或者控股公司作为 GP 发起设立投资基金。以公司为主体的 GP 以公司本身全部财产承担无限连带责任即可,达到了法律上的风险隔离效果,如图 6.5 所示。目前我国市场上大多数创业投资机构也都采取这样的组织架构进行投资。

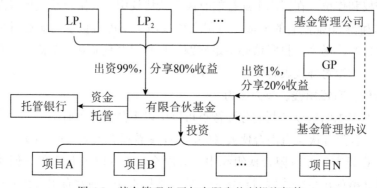

图 6.5 基金管理公司与有限合伙制投资机构

5. 有限合伙制的特点

有限合伙制有别于普通合伙制,其内部组织结构使有限合伙人的投资风险得以隔离;有限合伙制企业的设立程序也更为简易。综合来说,有限合伙制有以下特点:

(1)组织结构简单,设立程序简便,运作效率高,税收透明;

(2)普通合伙人以声誉和业绩融资,提高投资可信度;有限合伙人风险隔离,鼓励投资;

（3）为普通合伙人提供足够激励机制；

（4）有限合伙组织以协议方式约束创业投资家，组织内部如果缺乏监督约束机制则无法对普通合伙人权力进行有效地监督与把控；

不同组织形式的投资机构适用于不同的法律，同时其组织结构也将影响投资机构的投资方式和运作特点。综上所述，为帮助读者更好地理解不同组织形式的创业投资机构的特点，我们将目前创业投资市场上三种主要的组织形式进行了归纳总结，如表6.1所示。

表6.1 不同组织形式的创业投资机构

项目	公司制	信托制	有限合伙制
适用法律	《公司法》	《信托法》	《合伙企业法》
投资方式	投资人购买基金股份	订立信托投资契约	有限合伙人出资99%；普通合伙人出资1%
基金管理	基金管理人或投资管理公司对基金运营负责	基金管理人对基金负责	普通合伙人对基金负责
优点	1. 投资模式清晰；2. 高新技术投资额可抵税；3. 公司运营透明度高	1. 迅速集资，有效放大募资额；2. 私募模式为主，形式灵活	1. 税负较公司制较轻，LP风险隔离；2. 结构灵活，对GP有良好激励
缺点	1. 双重税负；2. 信息披露要求高、监管严格；3. 对管理者激励有限	1. 信息较为不透明，监管困难；2. 大量的信托资产带来资金限制的可能；3. 对管理者激励有限	1. 企业对外仍承担无限连带责任；2. 信息披露透明度较低
典型代表	昆吾九鼎投资管理有限公司	四川信托投资公司[①]	天津红杉资本投资基金中心

6.2 中国创业投资机构概况分析

近年来，随着国家创新创业扶持政策的不断出台，创业投资市场上的创业项目和创业机构呈现出井喷式增长。随着创业投资市场的发展，各类投资机构之间的界定也越来越模糊。目前市场上依据创业企业的发展阶段大概存在四类主要的创业投资类型，包括孵化器、天使投资、创业投资以及私募投资。

6.2.1 中国主要创业投资类型

1. 孵化器

20世纪90年代创业投资的发展推动了孵化器的企业化运作，主要体现在孵化器服务形式多样化和服务对象扩张两个方面。同时，互联网行业的发展不仅带动了信息技术的进

---

① 四川信托是一家涉足资产管理、投资银行、财富管理等业务的金融机构，并不是专门从事创业投资业务的投资基金。其信托经营范围经中国银监会批准和公司登记机关核准覆盖了作为投资基金或基金管理公司的发起人从事投资基金业务。

步,也根本性地促进了世界范围内信息的流通,这些进步大大降低了创业成本,也使以帮助企业成长为目的的孵化器行业得到了快速发展。孵化器的出现不仅填补了创业投资市场的一个空白,也提供了传统办公场所没有的服务内容:包括为创业团队提供办公环境,以及进行财务、法务、政策、公关等咨询服务,许多具有一定规模的孵化器还进行设立初期的种子投资,如中资机构创新工场。

我国最早的孵化器是由国家出资扶持的"国字号",入驻这些孵化器的企业可以享受到许多政策福利,例如公司注册、企业税收、国家补贴等。在这个阶段的初代孵化器主要扮演着提供空间(包括房租优惠的便利)及政策补助的"房东"或"物业"角色。民营资本的入驻推进了我国的孵化器市场化的进一步发展。民营资本的孵化器能够提供更加灵活多元的帮扶服务,能够对创业团队不同阶段、不同层次的需求有针对性地进行投资增值。这类孵化器的角色不仅停留在传统的"房东+物业",而是发展出更有附加值的服务,如企业战略制定、创业培训、产品包装和宣传、吸引投资等。

以金融市场较为发达的美国为例,目前炙手可热的优秀孵化器,如YC(Y Combinator)、500Startups、Techstars等机构通常会结合创业资金投入(以股权投资的方式获得初创企业的少量股份)、创业导师对接、社交活动、产业资源结合等方面将投资布局前移,通过构建一个"投资+孵化"的生态系统争夺优质的创业项目。在这种模式下,创业企业可以获得与业内有名望的企业家、投资人学习的机会,还能够得到这些行业资深人士的指导。此外,这些世界顶级孵化器经常会组织一些创业团队之间的社交活动,帮助创业者获得更多产业及人际资源,也可引进后续的创业投资来帮助初创公司进行持续融资。目前在我国,除了政府引导的科技园、留学创业园等形式的孵化器,还有目前较为市场化的创业服务中心,典型的代表就是上海创智天地这样提供智能化办公楼及各种商业服务设施的多功能社区。此外,杭州东部软件园作为杭州市天堂硅谷的重要组成部分,也是典型的结合高校园区和科技园区优势融合发展的孵化基地。

不过,我国的孵化器与美国市场的孵化器模式存在区别:美国孵化器呈现出一种小金额大批量生产、孵化器占据少数股权(以YC为例,一般占创业项目约7%的股权)的特点,注重对创业项目本身的孵化。而在中国市场上,孵化器更多是兼具办公、社交、消费的创业服务生态系统,但是以专业化团队为创业企业提供战略指导的孵化器并不多。因此,虽然我国"双创"遍地开花,但是项目质量参差不齐,如果单纯复制美国孵化器模式(比如占据小部分股权)实际上是不可行的。我国孵化器行业现阶段仍处于摸索期,虽然有国家和地方政府的政策扶持,但经过2015年的井喷式增长,孵化器行业如今面临着同质化程度高、有店无客的尴尬境况。因此,现阶段孵化器需要经历去同质化、专业化、多元化发展的洗礼才能够获得更加健康的发展。

2. 天使投资

区别于创业投资家,天使投资是投资家将个人资本投资于种子期或者初创期具有巨大发展潜力的创业企业,因此天使投资更多是个人行为或小型团队运作(比如小型投资公司),而创业投资由于资金体量以及投资阶段和特点的不同,更多是一种企业行为。

相比起创业投资或者私募股权投资,天使投资更依赖人际网络,具有一定私人交易的性质。天使资本通过一次性注入的种子资金或者持续输入资金来支持公司渡过困难期。在投资额上，天使投资人的投资金额往往相对较小、并且相对于创业投资更早向创业项目输入资本。由于天使投资更加倾向于个人网络的投资，因此也带上了些许"情怀"色彩。

创业投资更加关注产品本身、市场潜力和社会价值，天使投资则需要对趋势进行准确的洞察和分辨。多数天使投资选择的投资对象都是非常早期的企业，这些团队有可能甚至没有成熟完整的产品。将概念转化为可盈利的产品并输出的过程中存在着高度不确定性，因此天使投资更加注重对创业团队的评估。同时，项目早期风险极高，因此天使投资的金额通常不大。对初创企业而言，天使资本更多是鼓励创业者用于创新、并用来创立盈利模式。一些针对天使投资的研究发现，天使资本在创业企业早期扮演的角色对创业投资起着补充性的作用：通过天使资本的输入，创业企业得以发展到与创业投资对接的阶段。天使资本扮演了桥梁的角色，使有潜力的创业项目能够获得更加深远的发展。

为了更好帮助读者了解目前我国创业投资市场中优秀的早期投资机构及其机构特色，本书参考了清科集团和《中国股权投资年度榜单》（见表 6.2），并选取其中具有代表性的早期投资机构进行简单介绍，以便加深读者的理解。

表 6.2 2016 中国早期投资机构 Top 5

Logo	名称
ZhenFund 真格基金	真格基金
创新工场 INNOVATION WORKS	创新工场
阿米巴资本	阿米巴资本
K2VC 险峰长青	险峰长青
iNNO 英诺天使基金 INNOVATION ANGEL FUNDS	英诺天使基金

（1）真格基金。真格天使投资基金（简称真格基金）成立于2011年，是由新东方联合创始人徐小平、王强和红杉资本中国在2011年联合创立的天使投资基金，旨在鼓励青年人创业、创新、创富、创造。由于基金创始人徐小平、王强与新东方的关系，真格基金也侧重但不限于留学生创业。真格基金主要投资于初创期的创业企业，专注于 TMT 行业，包括物联网、移动互联、游戏软件、O2O、电子商务及教育培训等领域的投资。目前真格基金成功投资的案例有聚美优品（2014 年 IPO）、兰亭集势（2013 年 IPO）等。

（2）创新工场。创新工场是由李开复于 2009 年创办的早期投资机构，同时创新工场也是目前国内知名的创业孵化器。创新工场为创业企业提供全方位的创业服务，除了创业资金支持，还针对早期创业所需要的商业、技术、产品、市场、人力、法务、财务等提供一揽子创业服务,旨在帮助早期阶段的创业公司顺利启动和快速成长。创新工场主要投资于种子轮、天使轮和A轮投资,投资方向主要是信息产业领域,包括移动互联网、数字娱乐、教育服务、智能硬件、智能商务、云计算、电子商务等。目前创新工场成功投资了中文互联网最大的知识型讨论社区知乎、安卓手机应用豌豆荚以及在大学生群体中应用极广的课程格子等。

3. 创业投资

创业投资范围涵盖从创业企业种子期到成熟期的各类投资活动,但以企业发展期和扩张期的投资为主。当创业企业发展到一定阶段,有自己相对成熟的产品或已经在市场中初步试水,但是仅靠企业自身资源或银行贷款可能不足以支撑企业发展,此时创业投资能够满足成长期创业企业在实施企业战略时对资源的需求——这就相当于给一辆正打算开上高速的汽车加油。此时的创业企业经过一定实践,投资者可以从市场反应中对投资项目的未来风险与收益进行较为客观理性的分析评估。创业企业在这个阶段展现出的风险收益可评估性是机构化投资的基础,一方面机构化的运作能帮助个人投资者分散风险;另一方面专业的投资人士能够帮助实际出资人对投资项目进行更专业化、有针对性的管理。这个阶段的创业投资会更加关注创业项目的长期盈利能力,因此创业团队需要向投资方证明商业模式的可行性、盈利性和可持续性,以及行业壁垒、竞争优势等。我国目前的创业投资企业有以下四种类型。

① 国有独资创业投资企业,资金来源于地方财政或国有独资公司出资,苏州元禾控股就是典型的由国有独资公司设立的创业投资基金。

② 政府参股的创业投资企业,其资金一部分由地方财政直接提供或由国有独资公司安排,另一部分由国内其他机构、自然人提供;典型代表就是深圳市政府控股的深圳市创新投资集团(深创投)、江苏省人民政府参股的毅达资本。

③ 国内企业设立的非政府创业投资企业,资金全部由国内企业、金融机构、国内其他机构或自然人提供。典型代表如达晨创投,就是我国第一批市场化的创业投资机构。

④ 外国独资或合资创业投资企业,典型代表如IDG资本、红杉资本中国基金等。

在清科集团与投资界公布的《2016年中国创业投资机构榜单》中(见表6.3),我国创业投资机构蓬勃发展,这其中有外资基金如IDG,也有国资背景的投资机构深创投和社会资本支持的达晨创投等,其中IDG资本不仅获得年度最佳创投机构称号,也获得最佳募资机构称号。深创投被评为年度最活跃投资机构;德同资本被评为最佳退出机构。

表6.3 2016中国创业投资机构 Top 10

IDG资本	红杉资本中国基金
深圳创新投	毅达资本

(续表)

德同资本	达晨创投
东方富海	基石资本
元禾控股	君联资本

(1) IDG 资本。IDG 资本是最早进入中国市场的外资投资基金，也是中国最早的风险投资基金之一，管理资本量超过 50 亿美元。目前在 IDG 投资的 450 余家企业中，有超过 100 家已在美国、中国香港、中国证券资本市场 IPO 或通过并购成功退出。IDG 资本重点关注消费品、连锁服务、互联网及无线应用、新媒体、教育、医疗健康、新能源、先进制造等领域，投资阶段覆盖初创期、成长期、成熟期、Pre-IPO 各个阶段。其成功投资的典型案例包括将版图扩展到欧美的拍照软件美图，还有著名食品企业周黑鸭。

(2) 深创投。深圳市创新投资集团（简称深创投）是以资本为主要联结纽带的以母子公司为主体的大型投资企业集团，于 2002 年 10 月正式成立。集团核心企业深圳市创新投资集团有限公司（简称深圳创新投）的前身为 1999 年 8 月 26 日成立的深圳市创新科技投资有限公司。深创投是国内资本规模最大、投资能力最强、最具竞争力的内资创业投资公司之一，平均年投资回报率（IRR）为 36%。值得一提的是，深创投自设立至今已投资项目 664 个，领域涉及 IT、通信、新材料、生物医药、能源环保、化工、消费品、连锁、高端服务等，投资于初创期、成熟期及扩张期的企业，投资金额超过 200 亿元人民币。

(3) 达晨创投。深圳市达晨创业投资有限公司（简称达晨创投）成立于 2000 年，是第一批按市场化运作设立的内资创业投资机构。达晨创投主要投资领域为 TMT、消费服务、医疗健康、节能环保领域以及军工、智能制造、机器人等行业，投资领域涵盖初创期、成熟期及扩张期企业。目前达晨创投投资的 350 多家企业中，已成功退出 85 家，其中 54 家上市。达晨创投成功投资的案例包括爱尔眼科、蓝色光标等。

(4) 元禾控股。苏州元禾控股的前身是苏州创业投资集团，是背靠江苏省政府的国有独资投资公司。元禾控股的业务覆盖股权投资、债权融资服务和投融资服务，其中股权投资业务是元禾控股的核心业务。元禾控股包括了中国第一只国家级股权投资母基金、中国规模最大的天使投资平台、中国唯一的千人计划创投中心、江苏省首家"贷款 + 期权"的科技小额贷款公司等，投资阶段涵盖初创期、成熟期及扩张期的企业，投资领域涉及 IT 服务、生物制药、医疗健康、电子商务、汽车制造、环保、互联网、农林牧渔、能源及矿产、电子设备及光电等。

（5）德同资本。德同资本是位于上海的一家外资投资机构，其投资领域针对节能环保、消费连锁、移交健康、IT和先进制造领域内不同阶段的企业，着重关注有巨大市场潜力，优秀管理团队和清晰运营模式的高成长公司。德同资本管理包括美元基金和人民币基金在内等近100亿元的多个基金，其中人民币基金主要投资人包括地方政府引导基金或上市公司，美元基金主要投资人包括高盛集团、沃顿家族（沃尔玛集团创始人）等。德同资本在2016年被评为年度最佳退出创业投资机构，其成功投资的案例包括中机电力、91无线、酷6网等。

4. 私募股权

私募基金（private equity，PE）主要针对较成熟的企业，通过社会关系私下募资并投向目标企业。这个阶段的投资对象已经取得了一定程度的成功：企业不仅拥有较大生产规模，能相对稳定持续地获得经济资源，并且在经过市场验证后拥有较为明晰的商业模式。在创业投资市场中，这类企业通常不存在"钱荒"，而是为了让自身更上一层楼，比如规范上市前的临门一脚，以并购进行产业整合，或者为了多元化进行业务拓展等长期战略的发展。正是由于这些企业已经拥有可获得的财务数据及可预期的现金流状况，PE可以测算各种条件下的损失，通过对赌、回购等契约条款来锁定风险。近年来VC、PE之间的界限开始模糊，由于PE更倾向于在企业成熟期"摘桃"，因此也比较关注短期盈利能力，PE的投资金额规模也更大。不过，在创业投资领域很少有纯财务投资者，产业投资人或战略投资人因为能够帮助创业企业得到更大规模的产品整合和业务协同，能够长期为公司创造更大的价值——好的投资人不仅给创业企业带来资金支持，还能够提供战略辅助和资源帮助，是创业者的宝贵资源。

相比于美国的上市制度，我国上市制度一开始就非常富有计划经济的色彩，因此最早采用配额制，后来发展到审批制，因此我国的PE在Pre-IPO的临门一脚能够通过机构本身的资源帮助企业更快上市。同时，我国行政审批背景下的资本市场存在着明显的"上市溢价"现象，因此上市退出（包括新三板和IPO）依然是我国PE退出的主要途径。表6.4中是清科榜单中2016年中国股权私募投资机构排名的前十名。

表6.4　2016中国股权私募投资机构 Top 10

鼎晖投资	平安资本
九鼎投资	光大控股
腾讯投资	建银国际

(续表)

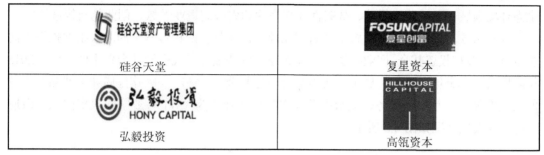

硅谷天堂	复星资本
弘毅投资	高瓴资本

（1）鼎晖投资。鼎晖投资前身是中国国际金融有限公司的直接投资部，后由吴尚志、焦震等六位创始人，联合新加坡政府直接投资有限公司、中国投资担保有限公司和苏黎世保险资本集团于 2002 年创立。鼎晖投资发端于私募股权投资业务，专门投资于成熟期和扩张期的行业领导品牌，业务范围涵盖私募股权投资、创业投资、地产投资、夹层投资、证券投资、产业地产、财富管理七大业务板块，目前成功投资案例包括蒙牛、双汇集团、美的集团、九阳、百丽集团等。

（2）复星创富。上海复星创富投资管理有限公司，是复星集团旗下从事股权投资及管理业务的专业公司。目前复星创富旗下共管理 5 只人民币基金，主要基金投资人由全国社保、泰康保险及国内知名上市公司和民营企业家构成。复星创富直接投资和受托管理的企业有 20 余家，投资领域涵盖金融保险、能源化工、交通物流、消费品、连锁、装备制造、农林资源以及信息科技等多个行业。成功投资案例有韵达货运、绿城水务及红星美凯龙等。

（3）光大控股。中国光大控股投资管理有限公司是光大控股旗下管理投资于中国内地私募基金的附属公司，其中成立于 2004 年的中国特别机会基金 I 已进入成熟期，所投资的项目有多个于美国纳斯达克、中国香港及深圳 A 股上市。中国特别机会基金 II 于 2007 年募集完成，总规模 2 亿美元；中国特别机会基金 III 于 2011 年完成募集，总规模 4 亿美元。2010 年募集的中国特别机会基金 III 致力于投资中国的高增长行业。光大控股投资于 IT、食品制造业、生物技术和医疗健康等行业，成功案例包括贝因美、阳光纸业、中国服饰、康复之家等。

5. 政府引导基金

在我国创业投资市场上，还存在着有社会主义特色的政府引导基金。政府引导基金又称创业引导基金，是由政府出资，并吸引有关地方政府、金融机构和社会资本引导创业投资行为，国家与地方政府通过参股和提供融资担保等方式扶持创业投资企业的设立与发展，从而达到支持技术创新和高新产业的目的。

我国最早的政府引导基金是 2002 年中关村创业投资引导基金，国务院 2005 年发布的《创业投资企业管理暂行办法》中首次在国家层面采用了"引导基金"的概念。财政部 2010 年颁发的《政府性基金管理暂行办法》、2015 年颁发的《政府投资基金暂行管理办法》都是对政府引导基金发展的规范指导。2015 年可以说是国家引导基金的井喷年，在国家层面上设立了国家新型产业创业投资引导基金助力产业升级，中央财政也整合出资来吸引社会资本、地方政府共同设立国家中小企业发展基金。2015 年的《办法》中明确列出七大主要政府出资产业投资基金领域：非基本公共服务领域、基础设施领域、住房保障领域、生态环境领域、区域发展领域、战略性新兴产业和先进制造业领域、创业创新领域等。

政府引导基金并不直接投资于创新创业项目，而是以一种母基金的方式根据投资方向和重点，以股权投资基金、产业投资基金及天使投资基金等形式引导社会资本的流向。《2015年政府引导基金年度报告》显示，我国政府引导基金对 TMT[①]、医疗健康和消费品及服务的关注度最高，其中云服务、大数据等新兴科技产业成为 TMT 行业中的投资热点。政府引导基金发展情况如图 6.6 所示。

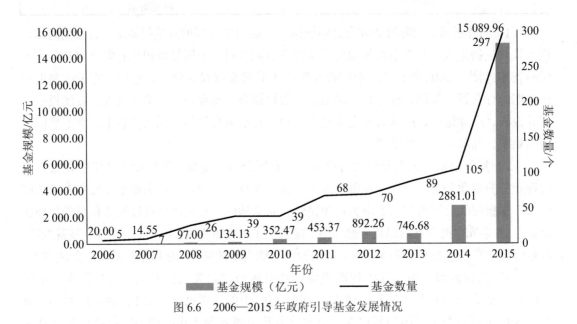

图 6.6　2006—2015 年政府引导基金发展情况

中国政府引导基金行业分布如图 6.7 所示。

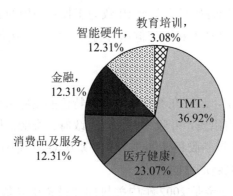

图 6.7　2015 年中国政府引导基金行业分布

数据来源：清科私募通。

---

① TMT，数字新媒体产业，是电信、媒体和科技（Telecommunication，Media，Technology）英文首字母的缩写。TMT 是互联网科技、媒体和通信，包括信息技术领域的概念总括。互联网具体在四个领域的应用前景包括：移动互联网、社交网络、新媒体（主要是视频）和电子商务。

如图 6.6 和图 6.7 所示，根据清科集团旗下私募通数据显示，截至 2016 年年底，国内政府投资基金共设立 1 013 只，总规模 53 316.50 亿元，已到位资金 19 074.24 亿元，其中基础设施类政府投资基金共设立 112 只，总目标规模 21 089.37 亿元，已到位资金 7 737.77 亿元。股权投资类政府投资基金（包括创业投资基金、产业投资基金等）共 901 只，总目标规模 32 227.13 亿元，已到位资金 11 336.47 亿元。根据投中信息的分析显示，在经济结构转型升级的稳发展背景下，TMT 行业作为战略新兴产业的重要组成部分已成为政府引导基金的投资重点。2016 年中国 VC、PE 市场募集基金规模更是达到 1 747 亿美元，创下了历史最高纪录，VC、PE 市场募集资金的爆发式增长与政府引导基金离不开关系。政府引导基金广泛存在、积极引导着我国的创业投资机构。著名的深创投就是典型的依托深圳市政府设立的致力于培育民族产业、促进经济转型升级和新兴产业发展的本土创业投资公司。

表 6.5 总结了目前我国投资市场上主要的投资机构特点、行业聚焦、地域聚焦及典型代表等信息。

表 6.5 孵化器、天使投资、创业投资、私募股权对比

	孵化器	天使投资	创业投资	私募股权	政府引导基金
主要特点	1. 为创业团队提供空间、财务支持、政策帮扶等服务，创业团队能将点子孵化成企业（"将蛋孵化成小鸡"）；2. 部分孵化器也进行早期投资为创业团队提供资金	1. 投资于初创期企业，还没有成熟的商业模式；2. 注重对创业者的评估，投资金额较小；3. 基于人际信任的投资，注重项目发展趋势和方向	1. 投资于发展期、扩张期已有较成熟商业计划、经营模式和市场反馈的创业企业；2. 注重产品本身、市场潜力和社会价值的评估，是帮助企业实施战略的投资	1. 投资于成熟期，已有一定规模和较明晰商业模式的企业；2. 注重在较短时间内获得较高收益，帮助企业通过 IPO、并购产业整合等更上一层楼	1. 一般是以母基金形式，由政府牵头有方向性地引导创业投资流向特定行业；2. 不以营利为目的，以股权或债权等方式投资于创业风险投资机构或新设创业风险投资基金
行业聚焦	互联网、IT、电信及增值服务、娱乐传媒、金融、生物技术、医疗健康	互联网、IT、生物技术、医疗健康、电信及增值业务、娱乐传媒、金融	互联网、IT、金融、房地产、娱乐传媒、生物技术、医疗健康	IT、高端装备制造、新材料、生物产业、新能源汽车、节能环保、数字创意、相关服务①
地域聚焦	北京、上海、深圳、杭州		北京、上海、深圳、浙江、江苏	北京、上海、广东、浙江、江苏	中央引导各地方政府设立
典型代表	早期投资机构 5 强：创新工场、真格基金、阿米巴资本、险峰长青、英诺天使基金 天使投资人 10 强：王刚、蔡文胜、龚虹嘉、何伯权、雷军、吴彬、吴宵光、薛蛮子、杨向阳、曾李青		创业投资机构 5 强 IDG 资本 红杉资本 深创投 毅达资本 德同资本	私募投资机构 5 强 鼎晖投资 平安资本 九鼎投资 光大控股 腾讯投资	湖北长江经济带产业基金；新疆维吾尔自治区 PPP 政府引导基金

---

① 相关服务主要是根据国务院《战略性新兴产业重点产品和服务指导目录》中提到的研发服务、知识产权服务、检验检测服务、标准化服务、双创服务、专业技术服务、技术推广服务、相关金融服务。

6.2.2 中国创业投资机构分布情况

根据清科数据显示,目前我国创业投资基金多为中资机构,以有限合伙制为主,占到 70% 以上,如表 6.6 所示。在投资基金币种方面,主要由美元基金和人民币基金构成,两者在数量上共占创业投资市场中 95% 以上的份额,如表 6.7 所示。统计发现,目前我国创业投资基金大多采用有限合伙的形式,结合之前章节的知识,我们知道公司制的创业投资机构不仅面临着更加严格的法律监管,还需要同时承担公司所得税与个人所得税;而信托制的创业投资机构虽然有更加灵活的运作方式,但是不利于政府及投资者监督。有限合伙制的出现和谐地平衡了以上的问题,并能够给基金管理团队带来足够的激励。纵观我国创业投资领域的机构,许多投资机构(例如九鼎投资、达晨创投等)都是通过设立基金管理公司,由基金管理公司出资设立并控股新基金——这些下设的基金中有限合伙制占了大多数。这样以子公司形式设立投资基金的方式不仅能使基金运营管理更加清晰,基金之间能够独立核算收益,还能保证某一基金的运营风险不会波及整个基金管理公司的正常运作,从而达到风险隔离的效果。

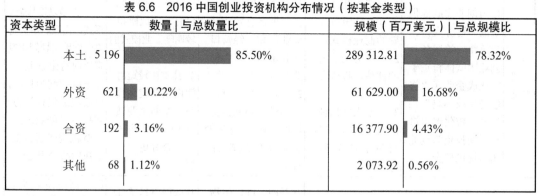

表 6.6 2016 中国创业投资机构分布情况(按基金类型)

资本类型	数量	与总数量比	规模(百万美元)	与总规模比
本土	5 196	85.50%	289 312.81	78.32%
外资	621	10.22%	61 629.00	16.68%
合资	192	3.16%	16 377.90	4.43%
其他	68	1.12%	2 073.92	0.56%

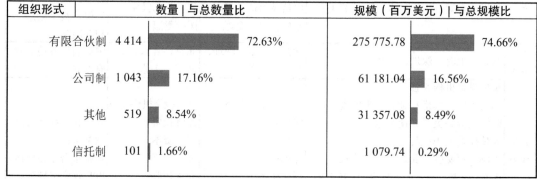

表 6.7 2016 中国创业投资机构分布(按组织形式)

组织形式	数量	与总数量比	规模(百万美元)	与总规模比
有限合伙制	4 414	72.63%	275 775.78	74.66%
公司制	1 043	17.16%	61 181.04	16.56%
其他	519	8.54%	31 357.08	8.49%
信托制	101	1.66%	1 079.74	0.29%

截至 2016 年,我国创业投资市场上本土投资机构在数量和规模上都占有绝对优势。在机构平均规模上,外资机构平均规模较大。这种结构性特点也体现在基金募集方面。2016 年创投市场上,人民币基金共新募集完成 594 只基金,募资总额达到 2 888 亿元人民币;外币基金新募集完成外币基金 40 只,募资总额达到 693.89 亿元人民币。外币投资基

金方面，主要以美元基金为主。总体看来，人民币基金依然占主导，如图 6.8 所示，随着国内创新创业支持政策的不断落实以及政府引导基金对社会资本、地方政府的引导支持，中小板 IPO 重启和创业板的开闸打通了人民币基金的退出渠道，社保基金、保险资金可以参与到股权投资业务中，让人民币基金的发展因此处于利好局面。

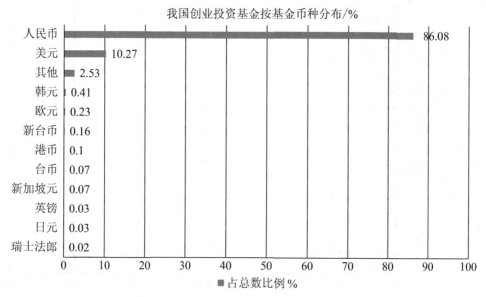

图 6.8　我国创业投资基金概况及资本类型

数据来源：清科私募通。

6.2.3　中国创业投资行业分布情况

2016 年我国早期投资机构在募集数量和募集规模上呈现出分化趋势。其中早期机构新募集 127 只基金，同比小幅增长 2.4%；在募资方面 2016 年募集 169.62 亿元，相比 2015 年 203.57 亿元下降了 16.7%。2016 年政府引导基金是早期投资市场的主要引导力量，这一趋势可以看出政府进一步鼓励社会资本与早期投资机构的对接。虽然 2016 年早期投资的投资案例数同比下降，但总投资额（已披露案例）创造历史新高（122.4 亿元）。在投资行业方面，TMT 行业依然是香饽饽，根据清科研究中心的分析显示，2016 年早期投资已经开始转向技术创新——一个从"中国制造"到"中国智造"的投资转变。

在地域方面，北京、上海、深圳、杭州占据了早期投资领域的重地，其中北京发生投资案例 819 起，超过第二名上海（339 起）两倍以上。以杭州为代表的浙江地区创新创业更是如火如荼，共发生投资金额 11 亿元。图 6.9 和图 6.10 中对 2016 年我国早期投资行业的分布情况进行了统计。

目前早期投资的退出主要以新三板和股权转让两种方式为主，在全年发生的 221 起退出案例中，新三板退出达 92 起，股权转让达 96 起。值得关注的是，2016 年新三板累计挂牌企业破万，全年新增 5 034 家企业，同比去年增长 41.5%。新三板的扩容降低了早前投资退出的难度；股权转让灵活的交易方式和相对较低的交易成本也获得投资机构的青睐。

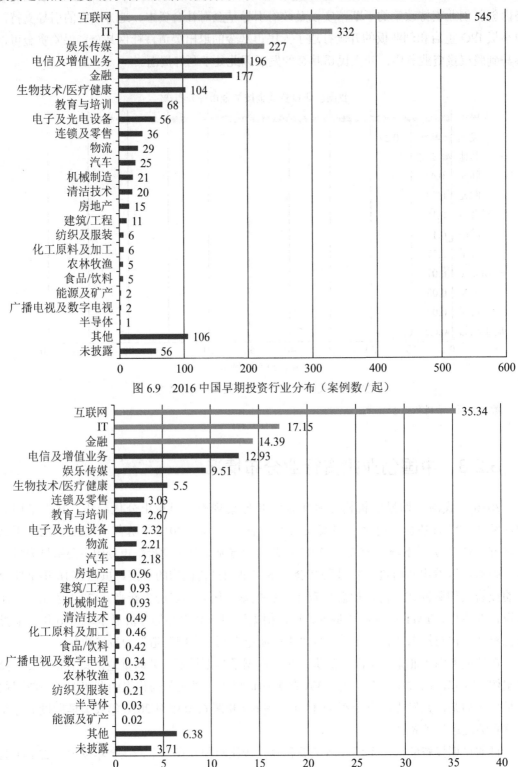

图6.9　2016中国早期投资行业分布（案例数/起）

图6.10　2016中国早期投资行业分布（投资额/亿元）

数据来源：清科研究中心。

虽然 2016 年我们频繁地听到"资本寒冬"一词，但创业投资募资市场依然蓬勃。2016 中外投资机构已知募资规模的 545 只基金新增可投资于大陆的资本量达到 3 581.94 亿元人民币，同比上升 79.4%。同时，市场上开始出现大额中资基金，比如由中国诚通、邮储银行、招商局机构等共同出资设立的中国国有资本风险投资基金。

2016 创业投资市场上，北京、上海、深圳占据半壁江山，浙江和江苏紧随其后，而北京无论在投资案例数还是在投资金额上都占据绝对优势。在创业投资退出方面，披露的 2001 起案例中 61.5% 以新三板方式退出，13.8% 以 IPO 方式退出，11.1% 通过股权转让方式退出，另外 7.7% 以并购方式退出。

如图 6.11 和图 6.12 所示，从投资行业分布上来看，互联网、IT、生物技术及医疗健康占据了绝对优势，根据国家发改委公布的《战略性新兴产业[①]重点产品和服务指导目录 2016》，国家将继续引导全社会的资源投向。不过，在 2016 年较为严峻的经济形势下，互联网行业发展受到了一定冲击。根据投中信息统计显示，2016 年中国互联网行业创业投资及私募市场上融资案例 1 622 起，环比下降 28.1%，融资规模 238.39 亿美元，环比下降 26.99%。在连续三年指数型增长形势下，互联网行业在融资案例数量和规模方面均出现冷却趋势，这是由于宏观经济增速减缓，二级市场剧烈震荡使投资者更加理性，因此将目光转向了企业阶段趋于成熟、发展动力更足的公司。

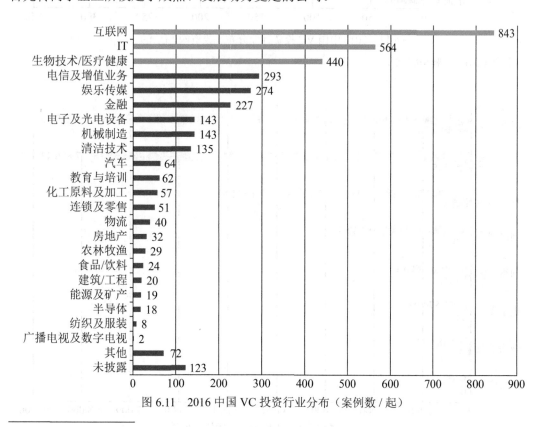

图 6.11　2016 中国 VC 投资行业分布（案例数 / 起）

---

① 战略性新兴行业是基于"邓小平理论"和"三个代表"指导思想，以重大技术突破和重大发展需求为基础，对社会经济全局和长远发展具有重大引领作用，知识技术密集、物质资源消耗少、成长潜力巨大、综合效益好的产业。

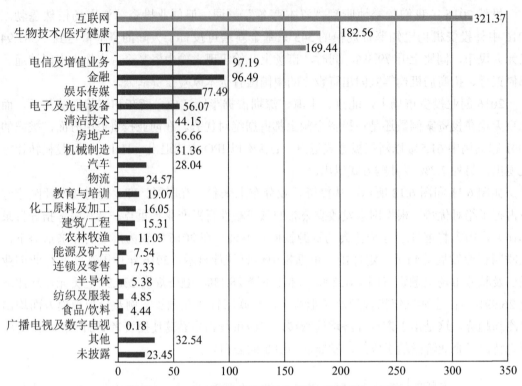

图 6.12 2016 中国 VC 投资行业分布（投资额/亿元）

数据来源：清科研究中心。

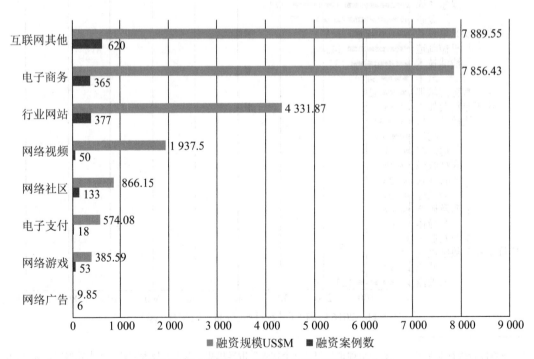

图 6.13 2016 国内互联网行业细分领域融资分布

从细分领域看,互联网+、电子商务、行业网站是投资者青睐的三大细分行业(见图 6.13)。其中,在发改委颁布的《目录》中明确指出,要推进"互联网+"创业创新、协同制造、现代农业、智慧能源、普惠金融、益民服务(教育、医疗、就业、社保、广播电视、智慧社区等领域)、高效物流、电子商务、便捷交通、绿色生态等方面的应用服务。电子商务行业,融资规模相较 2015 年增加 28.48%,融资均值达到 2 152.34 万美元,其中规模最大的就是美团与大众点评的联姻。在行业网站方面,医疗平台平安好医生、云教学平台等都获得了上亿美元的融资。

虽然互联网行业作为带动经济发展的先锋在 2016 年受到一定影响,但随着相关的医药生物产业政策持续落地,我国的医疗健康行业迎来了历史性的发展机遇。根据投中研究院统计显示,2016 年医疗健康行业 VC/PE 虽然在投资案例数和融资总规模上均出现下滑(见图 6.14),但平均融资规模不降反升,融资均值达 27.62 亿美元,较上一年的 21.89 亿美元相比增幅为 26.19%。

图 6.14 2011—2016 年中国医疗健康行业融资情况

数据来源:投中研究院。

在细分行业上,根据投中研究的数据显示,2016 年我国健康行业中,医药行业和医疗设备行业的融资规模位居前两位。尤其是医药行业,发展势头迅猛,这与政府提出的"着力推动中医药振兴发展,坚持中西医并重,推动中医药和西医药相互补充、协调发展,努力实现中医药健康养生文化的创造性转化、创新性发展""实施中医药传承创新工程,推动中医药生产现代化,打造中国标准和中国品牌"离不开关系。可以预见随着"健康中国 2030[①]"规划的展开,健康产业将在战略高度获得更深远的发展,如图 6.15 所示。

---

① "健康中国 2030"规划纲要于 2016 年 8 月由习近平主席主持并审议,是未来 15 年内我国推进健康中国建设的行动纲领。国务院印发《"十三五"卫生与健康规划》,为健康中国 2030 走出第一步作出规划,国务院于 2016 年 11 月印发了《"健康中国 2030"规划纲要》,旨在通过提升医疗服务水平、生活环境提升国民健康。

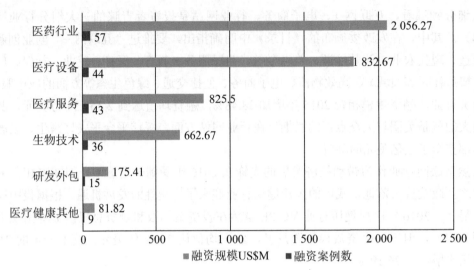

图 6.15　2016 中国医疗健康行业细分领域融资分布

数据来源：投中研究院。

6.3　成长助力：创业投资机构的作用

6.3.1　创业投资家

在创业市场上有这样一群人，他们是创业投资公司的经营管理者，是创业投资项目的分析评估人，也是创业投资基金的募资人，更是创业团队成长路上必不可少的伙伴——创业投资家。

创业投资基金的运作模式不同于一般意义的投资：创业投资以"投入—培育—回收—再投入"的模式循环运作，而非时断时续的间断式投入。这种资金循环运作模式需要对资本的运作进行管理、监督和指引，因此外部投资者（资金提供者）需要有高素质、出色职业能力的创业投资家来实现投资资金的高效、合理运作。美国著名的技术创新理论家 George Kozmetsky 认为：创业投资的发展一刻也离不开创业投资家，高素质的创业投资家是创业投资的灵魂。

对于创业企业而言，将理念转化为成功的商业实践是创业途中必须要解决的重大挑战。在实现创业目标的征途中，创业投资家的工作可以总结为"扶上马，送一程"。创业过程中不仅需要创业者融合运用不同领域的知识，还需要规避风险，均衡各方利益相关者的诉求。优秀的创业投资家就如同创业企业的伯乐，能在创业项目成长初期就慧眼识珠，并帮助企业共同克服这些难关。

可见，一名高素质的创业投资家不仅要有高度的风险意识和获得创业投资收益的耐心；也需要足够的远见卓识，靠深远的投资眼光发现有潜力的投资项目；同时创业投家本身需要有良好的专业素养，对创业企业的经营管理提供咨询和指导、进行合理的投后管理监督。

【知识链接】

一般而言，创业投资家可以分为两类："纵向 1 字形"——专业型创业投资家（SPEcialist）和"横向一字形"——通才型创业投资家（Generalist）。专业型投资者深厚的专业背景（多为科技领域）具有不可替代性，他们往往集中于某一领域的投资项目；通才型投资者没有具体投资领域局限，他们具有丰富广泛的投资经验和金融领域经验，他们往往有着投资银行、商业银行或基金管理的从业经历。

对于专业型投资家和通才型投资家的划分不仅局限于投资领域，还有投资时间。专业型投资一般能在创业项目早期或扩张期就"慧眼识珠"，很少进行跨期投资；而全才型投资家相比于专业型投资家在投资时期上特殊限定更少。

6.3.2 创业项目成长助力——创业投资家的素质

早在 20 世纪 90 年代，一项对美国 600 余名创业投资家的深入调查显示，大部分创业投资家都受过良好教育，他们中间 85% 拥有硕士学位，97% 拥有学士学位；平均工作经验较长，其中学士学位创业投资家平均工作年限 26.8 年，硕士学位风险投资家平均工作年限 21.8 年。风险投资家们的学历与工作经验也从另一个角度告诉我们，知识就是力量。

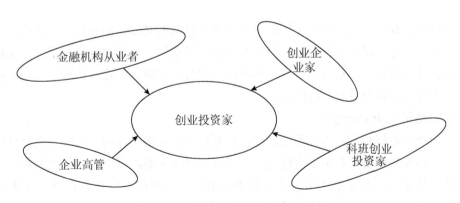

图 6.16　创业投资家的来源与构成

资料来源：David J Denis，2004，Journal of Corporate Finance。

一般而言，目前市场上的创业投资家有四种来源。第一，由金融机构从业者转化而来，他们与金融界和投资银行关系紧密，但是可能会缺少专业技术领域方面的经验；第二，由创业企业家转化而来，他们对创业过程十分熟悉，具有行业、技术、市场方面的经验也熟悉创业投资的运作，但是缺少和金融界的联系；第三，由大型科技企业高层管理者转化而来，他们具备高层管理经验、也拥有行业和技术专长，同时与金融界有一定联系，但可能由于他们缺乏中小企业创业管理经验而缺乏灵活性。而国家金融研究院的经验数据也表明，有创业经验的创业投资家更容易成功；第四，科班出身的年轻创业投资家，他们拥有深厚的专业学术背景，知识全面广泛，但是在起步阶段可能会缺乏管理实战经验和综合判断能力。

通常而言，一位优秀的企业家被认为是有创意、敢于承担风险、善于抓住机遇、懂得倾听、积极乐观热情的；类似的，一位优秀的创业投资家拥有的软实力也决定了其创业投资能否获得成功[①]，这些素质包括：倾听能力、管理能力、定性分析能力、咨询能力、交际能力、战略规划能力、口才、与创业团队的联系、团队合作能力、专业知识、融资能力、创业投资网络建立能力、量化分析技能、金融及财务知识等。除了商业软实力，身体素质也是成功的基石。许多时候，面对投资过程中的大起大落，创业投资家需要保持自己清晰的投资思路。只有具备良好的身体素质和稳定的情绪，才能为实现其既定目标而不懈努力。

6.3.3 创业投资伙伴：带来"钱景"，更带来前景

在学术界，经济学家们曾认为创业投资的管理有别于传统的公司金融，这种理论背后隐含的观点是：创业金融（entrepreneurial finance）面临的问题与公众公司（corporate finance）面临的问题不同。然而，近年来经济学家们认识到，创业金融同样面临两个基本问题——也是形成企业金融理论的基础——即代理问题和信息不对称。不过，创业金融与传统企业金融的区别在于，这两个问题的规模更大；因此，我们需要采用不同的解决方案对症下药。

自20世纪80年代起，随着美国资本市场创业投资的兴起，创业投资家在创业企业的发展中发挥了积极作用：包括对目标公司的经营提供指导、提供战略咨询服务、帮助创新产品和服务的市场推广以及协助管理层的内部治理等；同时，创业投资家以及创业投资资本也有助于提升创业公司的市场价值。

1. 企业融资（financing）

许多创业企业都有着相当优秀的创意，但是将想法付诸实践的过程中需要启动的"燃料"。建立初期的创新企业由于规模过小，难以通过传统的融资方式（如银行贷款和股票市场）获得资金，因此需要外部创业投资资本的注入。创业投资在公司早期带来的财务支持并不意味着这些资金能够保证创业团队能直接提升盈利持续性。实际上创业资本的角色更多是触发、保持或者加快创业项目的成长和绩效，从而提高其盈利能力。换言之，创业投资能在创业企业资金并不充裕的发展初期帮助企业摆脱财务窘境。发达的创业投资市场能够给创新创业带来更多的生机与活力，从而推动国家社会层面的产业整合与经

[①] Smart, G. H./Payne, S. N./Yuzaki, H.（2000）: What makes a successful venture capitalist, in: Journal of Private Equiy, Vol. 3:1, S. 7-29.

济转型。在微观层面，创业投资也对创业企业的价值和业绩有着明显的提升。

2. 监督作用（monitoring）

金融中介理论认为，创业投资机构在外部投资者和创业企业之间扮演着中介的作用，该理论侧重于金融中介机构的监督作用。由于创业投资家可以获得其投资公司的详细信息，这种信息优势使创业投资家在提供此类监督管控服务方面具有独特的优势；同时，作为外部投资者的委托人，创业投资家也是创业企业的主动监测者。一项针对美国创业投资市场的调查显示，早在20世纪90年代，创业投资家平均每年访问创业公司的次数就达到19次。当然，这种高频访问同时也会产生大量交易成本，因此20世纪同时期的创业投资决策也会受到地理因素的限制。

其次，创业投资家在塑造被投资创业公司管理团队中发挥着重要作用，这主要体现在两方面：第一，创业投资家在筛选投资对象时，需要识别出创业投资能给创业项目在哪些目标领域带来具体的增加价值；第二，在投资项目的决策权、控制权问题上，创业投资家需要安排合理的融资结构以便更好地对创业项目进行投后管理和监督指导。

3. 专业指导（professionalism）

优秀的创业投资机构相当于一个导师（mentor），能够为其投资公司提供各种指导和支持服务，包括制订商业计划，协助收购，帮助促进战略合作伙伴关系，以及设计员工薪酬计划等。创业资本在投资前筛选、投资后检测和增值过程中都会对创业企业提供帮助。因为一旦注资，创业企业的命运就和投资机构联系在一起，投资者必然期望获得更高的未来回报。

针对初创企业，创业投资家能够在企业早期提供内部组织方面的指引。具体来说，获得创业投资资本的公司在以下几个方面更有可能实现专业化：人力资源政策，招聘专业销售人员，以及采用股票期权计划等。不过，引入创业投资资本的团队也会面临着另一种风险：当项目发展到一定阶段，创始团队的股权可能会因为被不断注入的创业投资资本稀释而失去对公司的控制。

此外，由于创业投资家具有的专业知识能帮助他们识别有价值的创新，他们能协助创业企业将产品服务更快地推向市场。

4. 信誉背书（certification）

除了向创业企业提供监控和其他支持服务外，创业投资家还可以以自身信誉来（reputation）背书。这种"背书"和明星代言有些许类似之处，创业投资家相当于向市场证明初创企业的能力和发展潜力，从而帮助企业家筹集更多资金。一般来说，为了使背书有效，必须满足三个条件。第一，创业投资家本身必须具有信誉资本，而一旦市场发现被"代言"的创业项目华而不实，这种信誉资本将受到严重损害。显然，信誉资本对于个体投资家或创业投资机构而言都是珍贵的无形资产，也是未来融资的保证。第二，为了保证创业投资家"代言"的真实性，创业投资家拥有的声誉价值应该大于虚假代言的最大收益，这意味着通过造假获得的收益无法弥补信誉亏损的损失，从而降低创业投资家不诚实背书的动机。第三，创业投资家以信誉代言背书的成本有着很高的不确定性，这种不确定性增加了额外信息的获取成本和决策成本，从而减小了虚假背书的可能性。

本章小结

在我国创业投资市场上，拥有包括公司制、信托制及有限合伙制在内多种形式的创业投资机构，有限合伙制因为其"普通合伙人出力，有限合伙人出钱"的组织结构的特点从而解决了税负、公司监管、管理层激励方面的问题。目前我国创业投资机构多采用有限合伙制，在基金币种方面人民币基金占据绝对优势。除此以外，不同类型的投资机构，如孵化器、天使投资、创业投资、股权私募等蓬勃发展，针对创业企业不同阶段不同类型的需要进行投资；政府引导基金在创业投资市场上有方向性地引导社会基金向特定扶持产业的流动。创业投资机构给创业企业带来的远不止资金的支持，同时能够有效监督创业团队的高效运行，通过创业投资管理团队的专业技能给创业企业带来长期战略规划、资源配置到企业内部财务、人力资源等方面的指导帮助，同时创业投资机构的声誉资本能成为创业团队成长路上的宝贵资产。

感悟与思考

1. 创业者在选择引入创业投资机构的投资时，应着重考虑哪些因素？
2. 有限合伙制对于普通投资者来说有哪些优势和劣势？

名词解释

基金公司、基金管理人、基金托管人、信托委托人、受益人、信托受托人、普通合伙人、有限合伙人、政府引导基金

第7章 创业企业估值

【本章导读】

本章从风险与收益的基本概念入手,向读者展示投资者如何进行创业企业整体价值评估,继而选择适当的投资方案。通过不同企业估值方法和模型的运用,结合其自身的优缺点,并重点讨论中后期投资过程中创业投资者应注意的事项。学习本章后,读者将会了解:

1. 风险与收益基本概念;
2. 创业企业估值方法;
3. 各阶段估值方法介绍与应用;
4. 中后期各轮融资估值分析与要点。

7.1 风险与收益基本概念

在对一个创业企业进行估值的过程中,风险与收益是投资者主要关心的两大问题,也是衡量一个创业企业投资价值的两大标准。那么从创业企业投资与估值这一角度出发,我们所讨论的风险与收益具体指什么呢?它们之间又有什么关系呢?

7.1.1 什么是风险?

目前,学术界对风险的内涵还没有统一的定义。世界上第一个对风险进行理论探讨的经济学家是美国学者 A. H. 威雷特(1901),他在其论文《风险与保险的经济理论》中强调了风险的客观性特征,他把风险定义为"关于不愿发生的事发生的不确定性的客观体现"。1921 年,美国经济学家弗兰克·奈特在《风险、不确定性和利润》一书中将风险与不确定性做了重要区分,他认为风险是"可测定的不确定性",风险是衡量资产未来收益不确定性的量的标准,可以借助数理统计的方法来计算风险,可表示为风险是某种事件(不利或有利)发生的概率及其产生后果的函数。

由于对风险的理解或者说研究立场不同,学者们对于风险这一概念有着不同的理解,但针对本章所阐述的创业企业估值相关问题,我们先暂且将讨论重点放在投资风险中。而投资风险就是指对未来投资收益的不确定性,在投资中可能会遭受收益损失甚至本金损失的风险。例如,创业企业没能成功打开市场而持续亏损,创业团队与创业投资者的能力有限而无法继续扩大企业的发展等。

7.1.2 风险的分类

我们都知道,投资风险是投资者和创业者都非常关心的问题,在风险管理中,一般会根据风险的不同特征对其进行分类。一般按风险能否分散,分为系统风险和非系统风险;按风险形成的来源,分为经营风险和财务风险。

1. 系统风险与非系统风险

系统风险,又称市场风险、不可分散风险,是指由于企业外部,不为企业所预计的原因和控制因素造成的风险,其由综合因素导致,只要进入市场就不可避免地存在系统风险,不能通过投资组合进行分散。常见的系统风险有:国家宏观经济政策风险、利率和汇率风险、信用交易风险和所有制改造风险等。

非系统风险,又称公司特有风险、可分散风险,是指由企业自身的某种原因而引起证券价格下跌的可能性,只存在于相对独立的范围,或者是个别行业之中,由于其发生是随机的,所以非系统风险可以通过投资组合进行分散。常见的非系统风险有:企业道德风险、流动性风险、交易风险、证券投资价值风险等。

2. 经营风险和财务风险

经营风险,是指企业的决策人员和管理人员在经营管理中出现失误而导致企业盈利水平变化从而产生投资者预期收益下降的风险或由于汇率的变动而导致未来收益下降和成本增加。通常采用息税前利润的变动程度(标准差、经营杠杆等)来描述经营风险的大小。这种风险主要源于客观经济环境的不确定性,如市场供求和价格的变化、税收政策等外部因素和企业自身技术研发能力、产品结构的变化等。

财务风险,是指企业财务结构不合理、融资不当使企业可能丧失偿债能力而导致投资者预期收益下降的风险。通常用净资产收益率(ROE)或每股收益(EPS)的变动(标准差、财务杠杆等)描述财务风险的大小。这种风险主要源于利率和汇率的不确定性和企业负债比重的变化,是客观存在的,企业管理者对财务风险只有采取有效措施来降低风险,不可能完全消除风险。

而针对创业企业来说,其在成长过程中需要承担的风险可以分为管理风险、技术风险、市场风险、财务风险、环境风险五大类。其中,管理风险具体指管理层的综合素质风险、决策风险、组织风险、股本结构风险等;技术风险则与技术的成功性、效果、发展前景、可替代性等息息相关;市场风险则是与市场接受能力和时间、竞争优势等相互联系;创业企业的财务风险具体包括融资方资金是否能按期到位风险、产品成本提高与销售价格降低的风险、通货膨胀的风险等;最后的环境风险则包括国家产业政策风险、社会服务环境风险和社会文化风险。创业企业在成长中需要充分考虑各种可能的风险并提前做好准备,迎接挑战。

7.1.3 什么是收益?

在历史上,收益这个概念最早出现于经济学中。亚当·斯密在《国富论》中,将收益定义为"那部分不侵蚀资本的可予消费的数额",把收益看作是财富的增加。1946年,英国著名经济学家J.R.希克斯在《价值与资本》中提出,"在期末、期初保持同等富裕程度的前提下,一个人可以在该时期消费的最大金额",将收益概念发展成为一般性的经济收益概念。

尽管希克斯的定义是针对个体收益而言,但是如果站在企业的角度,我们就可以将企业收益理解为:在期末和期初拥有同样多的资本前提下,企业成本核算期内可以分配的最大金额。由此,我们现在所知道的企业收益就是企业在一定时期内创造的最终经营成果,是反映和衡量企业经营绩效的主要标准之一,更是企业分配的对象。企业获取收益的能力,是衡量企业财务状况是否健全的重要标准。企业收益包括企业营业收益、投资收益及营业外收支净额。

而针对创业企业而言,其收益是投资家关注的重点,在创业初期,大部分企业可能不会进行大范围的投资,其主要收益多为企业营业收益和部分营业外收益。等创业企业不断成熟并积累了一定的资产资本后,会考虑对自己有利的上游企业项目或者其他想扩展企业业务的项目等进行投资,其收益也就逐渐包括了投资收益。

7.1.4 赚的越多,风险越大?

总体上说,风险和收益是一对矛盾的统一体,亏损和收益的减少源于风险,同样超额收益也源于高风险的报酬。风险与收益二者间关系主要体现在以下三个方面。

(1)风险与收益具有对称性。在完全竞争市场中,通常情况下,风险和收益同方向变化,即风险高的投资收益率也较高;反之,风险低的投资收益率相对较低。而高收益低风险的投资必然会吸引更多的投资者介入市场,而逐渐降低收益,达到均衡。

(2)风险与收益的方向在现实市场中存在背离。由于市场信息不对称性和垄断的存在,导致了以下四种情况的产生:高风险低收益(赌博)、高风险高收益、低风险低收益和低风险高收益(机遇)。其中,高风险高收益和低风险低收益是市场常见的两种状态,即高风险所获得的额外收益实际上是投资者承担了更多的风险后获得的额外报酬。

(3)不同投资者存在不同的风险偏好。由于投资者对风险的接受程度是各自不同的,大多数理性的投资者不会选择高风险低收益的投资。在收益相同的情况下,投资者希望承担最小的风险。只有在投资收益率提高到能够补偿投资者承受的风险的情况下,投资者才会进行承担较高风险的投资。这一假设是研究马科维茨(Markowitz, 1952)模型的重要前提,由此我们引出了资本资产定价模型(CAPM),更加深入地说明一下风险与收益的关系。

7.1.5 资本资产定价模型

现代投资组合理论的奠基人马科威茨(Markowitz)于1952年建立了现代投资组合选择理论,其核心内容就是在投资组合的预期收益一定的情况下,使投资风险最小。12年后,夏普(William Sharp)、林特内(Jan Lintner)和穆西(Jan Mossin)等经济学家将其发展为资本资产定价模型（capital asset pricing model，CAPM），后经过不断的完善并应用于整个经济学领域。

资本资产定价模型是基于风险资产期望收益均衡基础上的预测模型，下面给出基本模型的一些简单化的假设。

（1）投资者希望财富越多越好，效用是财富的函数，财富又是投资收益率的函数，因此可以认为效用为收益率的函数。

（2）投资者都是理性的，追求资产组合的方差最小化。这表明他们都会按照马科威茨模型的规则进行多样化的投资。

（3）所有投资者对证券收益率概率分布的看法一致，市场上的效率边界只有一条。

（4）所有投资者具有一个相同的投资期限，这种行为是短视的。

（5）不存在证券交易费用及赋税。

（6）投资者的投资范围仅限于市场上公开交易的金融资产。

根据资本资产定价模型，每一证券的期望收益率应等于无风险利率加上该证券由 β 系数测定的风险溢价，其基本公式为

$$E(r_i)=r_f+\beta_i[E(r_M-r_f)]$$

某证券的期望收益 = 无风险利率 + 该证券的贝塔系数 × 市场风险溢价

其中，$\beta_i=\dfrac{Cov(r_i,r_M)}{\sigma_M^2}$，表示的是资产平均或期望超额收益。

我们可以将这个期望收益-贝塔关系等式视为收益-风险等式，证券的贝塔值之所以可以作为测量证券风险的适当指标，是因为贝塔与证券对最优风险组合风险的贡献度呈正比。

实际上，期望收益-贝塔关系就是证券市场线（security market line，SML）。如图 7.1 所示，市场的贝塔值为 1，其斜率其实就是市场投资组合的风险溢价，横轴为 β 值，纵轴为期望收益。当横轴的 β 值为 1 时，该点为市场投资组合的期望收益率。

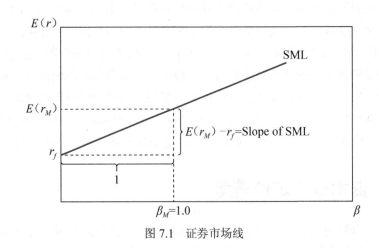

图 7.1　证券市场线

回到最初的等式，我们可以发现，在通常情况下，投资高风险的证券才能使投资者获

得更高的回报。虽然 CAPM 不是一个完美的模型，但是它量化阐释了风险与收益的具体关系，提供了一个可以衡量风险大小的模型作为参考，来帮助投资者决定所得到的额外回报是否与当中的风险相匹配。

7.2 创业企业估值方法

创业企业通常指处于起步阶段，高成长性与高风险性并存的创新开拓型企业。这些企业由于营业历史短，经营管理等环节薄弱，现有利润稀少甚至没有，但其具有较高的成长潜力，在未来的发展中很有可能为投资者带来丰厚回报。面对这样的情况，目前创业企业获得资金最普遍的方式就是创业投资资金的介入，而在创业投资资金介入前，投资者和创业者均需要对创业企业的价值进行评估，即确定企业的内在价值，然后与该企业具有极大相似性的企业的股票的市场价格进行比较，以此来确定未来的利益分配。

企业价值是各种要素随着时间迁移而不断变动的反映企业综合能力和市场表现的价值，体现在其为企业投资者带来的包括现金分红、股权转售价值等在内的投资回报。根据经典价值评估理论，通俗来说，企业的内在价值是未来现金流的净现值。

企业能给投资者未来带来的报酬越多，那么这个企业价值越高，但如果未来的风险过大，即使在高报酬的诱惑下，也是会令人望而却步的。由此可见，企业价值评估需要考虑的两个主要因素就是企业的预期盈利能力和相关风险状况，而这两个因素又受以下几个因素的影响。

（1）内部因素：企业的资产，包括有形和无形资产，这是一个企业的"硬件"，也是最直观、最基础的因素。而管理者经营能力、管理团队的素质、企业所拥有的人才资源等则是企业的"软件"，也是真正关系到如何运用现有资源去创造业绩的部分。

（2）外部因素：如企业前景、企业所处行业的发展周期、国家监管形势、科技发展水平等环境因素，以及投资者的投资目标和时机等都是与企业价值评估息息相关的外部因素。

由此可见，企业价值评估实际上包含两方面的内容：一是企业过去经营业绩的评估分析；二是企业未来经营前景的预测分析。而估值作为企业价值投资的前提和核心，明确估值的程序并选择合适的估值方法和模型则是重中之重。

估值往往是创业者和投资者双方谈判的结果。首先，从融资需求出发，可先根据企业的发展需求确定融资金额，并选择合适的方法来确定合理的估值区间和股权比例，然后再调整股权比例确定最终的价值和投资价格。其次，从稀释股权的角度出发，先确定稀释的股权比例，选择合适的方法来确定估值区间和融资区间，然后再调整融资额确定最终的价值和投资价格，其中的融资缺口可通过其他方式解决。其核心是寻求融资额与稀释股权的平衡。

7.3 各阶段估值方法介绍与应用

7.3.1 从零开始的"闪光点"

在面对早期的初创企业时,特别是针对那些没有成型、没有现金流的创业企业的估值,是无法根据一个固定公式来进行的,在创业者和投资者双方的谈判中,需要综合多种因素为初创企业提供一个合理客观的企业估值。

首先,需要考虑的是有没有其他的投资者参与竞争。我们知道,在一轮融资中,投资人的个数是有限的。如果一家创业企业很受欢迎,有其他的投资者向其伸出了橄榄枝,那么,相对而言,这个创业企业的估值就会相对较高。

其次,需要考虑企业的创始人和员工、所处的行业、早期用户、收入与其成长性。一个具有强大执行力的创始人和专业技术性强的创业队伍是提高企业估值的重要因素。此外,不同的行业有其自身独特的估值方法和逻辑框架。例如,一家互联网企业的估值会远高于一家普通的餐馆,这里就需要投资者了解必要的行业信息及相关的融资数据。一个创业企业对用户的吸引力越大,其价值与成长性往往越高。与此同时,收入也是不可忽视的一部分,虽然早期收入不能代表企业的全部潜力,但是可以作为一个估值的参考数据进行使用。

最后,为未来员工预留的期权池、全部的实物资产、专利价值等知识产权、市场规模和细分市场的增长预测及直接竞争对手数量和进入壁垒等,这些内容都是创业者和投资者需要共同考虑的因素。

此外,我们简单介绍几种天使投资人常用的几种投资估值方法。

1. 博克斯法

这种方法是由美国人博克斯创立,具体如下:

(1)一个好的创意:100万元;

(2)一个好的盈利模式:100万元;

(3)优秀的管理团队:100万~200万元;

(4)优秀的董事会:100万元;

(5)巨大的产品前景:100万元。

将各项价值加起来,一家初创企业的价值为:100万~600万元。

2. 200万~500万标准法

许多传统的天使投资家投资企业的价值一般为200万~500万元。如果创业者对企业要价低于200万元,那么可能表明其经验不丰富或者企业发展前景不广阔,不具有投资价值;同时,天使投资家也很少投资一个估值超过500万元的初创企业。

这是因为,在企业价值一定的情况下,如果天使投资家退出,初始投资时的企业定价越高,天使投资家的收益就越低,当其超过500万元时,就很难获得可观的利润。

3. O.H 法

O.H 法主要适用于控制型的天使投资人。天使投资人保证创业者获得 15% 的股份且不受到稀释,天使投资家负责所有资金投入。但由于创业者丧失了对企业的控制权,可能会导致其工作缺乏动力。

4. 风险投资法

风险投资法是风险投资商评价私营企业价值最常用的方法。其初始的现金流量往往为负值而且极不稳定,但有可观的未来收益。根据这些特点,风险投资法使用比较高的折现率(一般为 40%~70%)把企业的终止价值折为现值。具体计算方法如下:

(1) 估计项目的退出时间(T);

(2) 估计项目退出时项目的某种参照指标;

(3) 估计项目退出时项目价值(终止价值)=参照指标(净收益)× 单位指标对应的市值(市盈率);

(4) 选取项目的合理贴现率;

(5) 求得项目的现值=终止价值/$(1+$目标收益率$)^T$

【案例链接】

创业投资公司 A 对一个启动期的创业项目进行投资。要求 50% 的收益率,预计 5 年后项目退出时的净利润为 300 万元,项目市值相应的市盈率为 15。试用创业投资法估算该创业项目的价值。

项目退出时间 $T=5$(年)

退出时项目的价值 $=300×15=4\ 500$(万元)

该项目的合理贴现率为 $R=50\%$

项目的现值 $=4\ 500÷(1+50\%)^5≈593$(万元)

7.3.2 成长期的多样选择

当创业企业进入发展期后,有了一定的资本资产积累,它的目标就会放得更远,会产生业务转型、产品升级、开拓市场等方面的需求,这些需求则意味着要吸引更多的投资者带来丰富的资金。那么对于这一阶段的创业企业来说,因为有了少量的账面金融数据,例如现金流,我们就可以采用一些现金流折现法(如 DCF、FCFF)来进行估值。如果创业企业实现了利润收入,那么我们就可以采用经济增加值法进行估值。那么每一种方法具体是如何进行应用的呢?下面为大家依次进行解释说明。

1. 现金流折现法

现金流折现法,是我们最常使用的估值方法之一,又称贴现法,是着眼于企业未来的经营业绩,通过对上市公司历史、当前的基本面分析和估算企业的未来预期收益并以适当的折现率折算成现值,以此确定企业价值的方法,属于绝对估值法。

在具体估值模型上，主要有股利贴现模型（DDM）和折现现金流模型（DCF）。由于股利贴现模型不适用于初创阶段创业企业的评估，在此不过多介绍，我们把关注重点放在折现现金流模型上，该模型可以具体分为股权自由现金流模型（FCFE）和公司自由现金流模型（FCFF）。

（1）折现现金流模型（discounted cash flow，DCF）。折现现金流量法是将一项资产在未来所能产生的自由现金流（通常要预测15～30年），根据合理的折现率（WACC）折现，得到该项资产在目前的价值，即直接评估投资者参与投资获得利益的价值。如果该资价格产折现后的价值高于当前价格，则可以获利，考虑买入；如果低于当前，则说明当前价格被高估，需要进行回避或卖出。估算一个企业的折现现金流一般包括三个部分：①未来每年的现金流量预测，在假设企业可以无限期经营下去的情况下，对每年的现金流量的预测具有极大的主观性，通常选择一个具体的截止日期来估算持续经营价值；②选择合理的贴现率，也被称作企业的资本成本；③按照贴现率对预期现金流量折现。

其基本公式为

$$V = \sum_{t=1}^{\infty} \frac{CF_t}{(1+r)^t}$$

其中 V 为企业的内在价值，CF_t 为未来第 t 期的自由现金流，r 为贴现率。该自由现金流指的是企业税后经营现金流扣除当年追加的资本投资和支付的现金股利后所剩余的资金。

在所有以现金流量为基础的企业价值评估模型中，对于现金流量和折现率的不同定义，存在两种企业价值评估的基本思路：一种是把股东作为企业最终权益的索取者，企业价值就是股东价值；另一种是把企业的资金供给者整体作为企业权益的索取者，企业价值是整个企业价值，包括股东权益、债务价值和优先股价值。[①] 故又可以将其分为股权自由现金流模型和公司自由现金流模型（free cash flow for the firm，FCFF）。由于股权自由现金流量模型所需要的一些数据在创业企业上市后才能进行使用，所以在这里我们重点讲解公司自由现金流模型。

$$FCFF = EBIT(1-t_c) + 折旧 - 资本化支出 - NWC 的增加$$

其中，EBIT 为息税前利润，t_c 为公司税率，NWC 为净运营资本。

$$公司价值 = \sum_{t=1}^{\infty} \frac{FCFF_t}{(1+r)^t}$$

其中，$FCFE_t$ 为未来第 t 期公司自由现金流量，r 表示加权平均资本成本，MV 表示公司负债的市场价值。

$$股权价值 = \sum_{t=1}^{\infty} \frac{FCFF_t}{(1+r)^t} - MV$$

[①] 李延喜，张启銮，李宁. 基于动态现金流量的企业价值评估模型研究 [J]. 科研管理，2003.

关于合理的折现率的计算一般有两种方法，第一种是依照简单原则认为资本成本的范围在 10%~15%；第二种则是按照 CAPM 理论得到加权资本成本 WACC。

$$WACC=k_d(1-t_c)w_d+k_pw_p+k_sw_s$$

其中，k 表示的是单项证券的资本成本，d、p、s 分别表示的债务、优先股和普通股，w 是各自在长期资本结构中的比例，t_c 表示公司税率。债务成本一般以无风险利率表示，优先股成本一般以约定红利除以市价得到。

DCF 是理论上无可挑剔的估值模型，在公司股利不稳定，但现金流增长相对稳定，能够较好反映公司盈利能力的时候，这一模型是非常具有优势的。DCF 估值法尤其适用于那些现金流可预测度较高的行业，如公用事业、电信等，但对于现金流波动频繁、不稳定的行业，如科技行业，DCF 估值的准确性和可信度就会降低。在现实应用中，由于对未来现金流进行准确预测难度较大，DCF 很少作为唯一的估值方法使用，更为简单的相对估值法，如市盈率使用频率更高。通常 DCF 被视为最保守的估值方法，其估值结果会作为目标价的底线，也就是我们所说的最低价格，有助于投资者对所投资公司的长期发展形成一个量化的把握。

【案例链接】　　　　　　　　　京东的秘诀

为什么京东一直处于净亏损状态，但却能维持高估值呢？可仔细观察京东发布的 2016 年第三季度财务报表，主要数据如表 7.1 所示。

表 7.1　京东 2016 年第三季度主要财务数据　　　　　　　　　单位：亿元

营业收入	607
净亏损	8
订单量	4
毛利	96

在表 7.1 中，我们可以发现京东的净亏损达 8 亿元，但是在发布这份财报后，京东的股价暴涨 11.3%，说明资本市场对这个数据是比较满意的。探究原因，不难发现，京东为了吸引更多用户并促进其快速增长，采用低利润率的发展战略，有限的利润被运营成本均摊后就会呈现亏损的状态，但京东的亏损一直控制在合理可接受的范围内，与其资产相比，只是一小部分。在低价销售中，京东获得了更多的用户，较大的销量会降低商品的平均配送成本和进货成本，并让京东的结账周期变长，由此京东拥有了更充足的现金流，强大的现金流足以长期支撑它不受亏损的影响继续发展。与此同时，巨大的订单量和较高用户满意度提升了公司的估值，让京东有更多的机会获得进一步融资，以此扩大自己的电商帝国领域。

2. 经济增加值法

经济增加值（economic value added，EVA）又称经济利润、经济附加值，是一定时期的企业税后营业净利润（NOPAT）与投入资本的资金成本的差额，可以用来衡量股东价值创造，即将公司获取的利润与投资者所期望的最低报酬进行比较。通俗来讲，当 EVA 为正时，公司就为股东创造了价值，增加了财富；反之，当 EVA 为负时，公司的经营令所有者损失了资本,那么公司就是在消耗股东的资产,而不是在为股东创造财富;如果 EVA 为零,则说明企业的利润仅能满足投资者的预期报酬,投资者的财富既未增加也未损失。由此,经济增加值法也被引入了企业的价值评估领域。

EVA 是指企业税后经营利润与资本成本之间的差额,是所有成本被扣除后的剩余收入(residual income)。与传统财务指标相比,EVA 最大的特点就是从股东的角度出发,考虑权益资本的机会成本,重新定义了企业利润。与此同时,EVA 指标着眼于企业的长远发展,鼓励经营者在进行投资决策时更多考虑企业的长远利益。

其基本公式为

EVA=税后净营业利润(NOPAT)－WACC(加权平均资本成本)·TC(投资资本总额)

其中

税后净营业利润(NOPAT)=营业利润+财务费用+投资收益-EVA 税收调整

或者

税后净营业利润(NOPAT)=营运收入×(1-所得税率)

基于 EVA 的企业价值评估就是把一个企业作为一个整体,根据其整体获利能力并充分考虑影响企业获利能力的诸多因素,对其整体资产公允价值进行的综合性评估。利用 EVA 对企业价值进行评估,要考虑企业初始投资资本和企业预期未来经济增加值的现值两个方面。在基于 EVA 的企业价值评估方法的基本公式为

$$V = V_0 + \sum_{t=1}^{\infty} \frac{EVA_t}{(1+r)^t}$$

其中,V 表示企业评估价值,V_0 表示初始投资资本,r 表示预期收益率,$\sum_{t=1}^{\infty} \frac{EVA_t}{(1+r)^t}$ 表示企业未来 EVA 的现值。

目标企业的初始投资资本可以根据其财务报表中的数据来确定,如果我们能预测出目标企业未来 EVA 的话,那么就可以评估出目标企业的价值。与 DCF 模型相似,根据 EVA 增长率的不同假定,经济附加值估值方法可以分为以下几种。

(1) 零增长模型(即企业每年保持固定的 EVA)

$$V = V_0 + EVA \cdot \sum_{t=1}^{\infty} \frac{1}{(1+r)^t}$$

假设企业持续经营,即 $t \to +\infty$,$\sum_{t=1}^{\infty} \frac{1}{(1+r)^t} = \frac{1}{r}$,所以

$$V = V_0 + \frac{EVA}{r}$$

(2) EVA 固定增长模型(即企业每年 EVA 以固定的增长率 g 增长)

$$V = V_0 + \frac{EVA_1}{r-g}$$

(3) EVA 多阶段增长模型。根据对目标企业的经营情况、所属行业的前景及全国的宏观经济形势的分析,将企业未来 EVA 的增长分为几个阶段,预测出各阶段的年 EVA 增

长率 g 和各阶段 EVA 的增长年限,然后计算出企业未来 EVA 的现值,最后假设目标企业在数年的超常增长期后 EVA 保持稳定,并计算企业在增长期后的平稳期的 EVA 现值,将这几个阶段的 EVA 值相加即为目标企业未来 EVA 现值的估计值。

【案例链接】

Z 公司年初投资资本 1 000 万元,预计今后每年可取得税后经营利润 100 万元,每年净投资为零,资本成本为 8%,估计 Z 公司价值为?

EVA=100-1 000×8%=20(万元)

V=1 000+20÷8%=1 250(万元)

所以 Z 公司的价值为 1 250 万元。

EVA 估价模型是利用现值技术估算企业价值的一种方法,全面考虑了资本成本的因素,能真正反映企业存在的创造价值的能力,也可以被管理者用来改善公司治理模式,着眼于企业发展的长期利益。但由于其计算结果受到通货膨胀、规模差异等因素的影响,且未考虑到非财务指标,计算结果并不完善。

3. 实物期权估值法

期权,是指为持有者提供的一项在期权到期日或之前以一个固定价格(俗称执行价格)购买或出售一定数量标的资产的权利。比如,投资者购买了一份欧式看涨期权,那么他就可以在期权到期日的时候以一个约定好的价格买入相应的标的资产。而期权估价法,是指充分考虑企业在未来经营中存在的投资机会或拥有的选择权的价值,进而评估企业价值的一种方法。

实物期权就是项目投资者在实物投资过程中所用的一系列非金融性选择权(如推迟或提前、扩大或缩减投资,获取新的信息等的选择权)。在传统的现金流贴现法和相对估值法不适用时,实物期权估值模型提供了企业估值的另一种途径,特别是对于近期内不产生现金流、但具有为公司创造价值的资产(如未投入使用的专利)。由于其能极大地影响甚至改变长期投资决策,实物期权估值法尤其适用于投资周期长、风险高、资本密集型的创业投资。表 7.2 对实物期权法和 DCF 法进行了比较。

表 7.2 实物期权法与 DCF 法的比较[1]

DCF	实物期权法
认为不确定性是降低投资价值的风险	认为不确定性可能增加投资价值
认为未来产生的信息只有有限的价值	认为未来产生的信息价值很高
只承认有形的利润和成本	还承认灵活性等其他无形的价值
认为决策的形成是清晰固定的	承认决策形成受未来产生的信息和管理者的自主决策能力的影响

而针对创业企业来说,特别是很多高科技公司或者处于孵化期的企业,还没有产生利

---

[1] 资料来源:乔治·戴,保罗·休梅克.石莹等译.沃顿论新兴技术管理(中文版)[M].北京:华夏出版社,2002.

润、甚至可能都不具有稳定的收入，普通的现金流估值方法会忽视创业投资活动所创造出的选择权及其价值，从而丧失许多宝贵的投资机会，这时就需要引入实物期权估值法。根据实物期权的定义可知，实物期权除了考虑现金流的时间价值外，还充分考虑了项目投资的时间价值和管理柔性价值以及减少不确定性信息带来的价值，更完整地对投资项目的整体价值进行科学评价。表 7.3 对实物期权的具体内容进行了分类。

表 7.3 实物期权的分类

延迟期权	决策者拥有有价值的资产，等待市场机会的出现以更好地利用
分段投资期权	将投资分为多个阶段，每个阶段根据已有信息决定是否继续投资
改变营运规模期权	根据外界环境的变化（变好或变坏）收缩或扩大投资规模，或暂时中止又重新启动
放弃期权	在不利情况下，永久放弃项目的营运，变现设备和资产
转换期权	决策者根据市场需求改变产出类型或者在产出不变的情况下改变投入
增长期权	早期投资是跟进投资的先决条件，给未来增长机会
复合期权	是指相互影响的多个实物期权的组合（Trigeorgis, 1996）

实物期权估值模型可分为离散时间模型和连续时间模型两大类。离散时间模型包括二叉树模型、三叉树模型等。连续时间模型包括公式类估值模型，如 Black-Scholes 模型、随机微分方程、蒙特卡洛模拟等。

这里我们选择其中比较基础的、被广泛接受的 Black-Scholes 期权定价模型进行简要介绍。该模型具体假定条件为：（1）股票价格服从对数正态分布；（2）股票投资回报的波动性在期权有效期内固定不变；（3）存在一个固定不变的无风险利率投资人能够按无风险利率任意的借入或贷出资金；（4）期权有效期内无红利，或者红利数额已知。

其基本公式为

$$C = SN(d_1) - Xe^{-rT}N(d_2)$$

$$d_1 = \frac{[\ln(\frac{S}{X}) + (r+\sigma^2/2)T]}{\sigma\sqrt{T}}$$

$$d_2 = d_1 - \sigma\sqrt{T}$$

S 表示期权标的资产的当前价值，由项目投资产生的净现金流贴现到预测初期得到；X 表示标的资产的行使价值，即项目的投资额；T 表示期权执行日到预测初期的时间，即成长期权的有效期；r 为无风险利率；σ 为标的资产收益波动率；N 为标准正态分布累计概率分布函数。

虽然 Black-Scholes 期权定价模型的假设条件比较苛刻，很难在现实市场中找到完全符合的应用对象，存在诸多弊端，但其在实际中仍然得到广泛的应用。主要是因为该模型使用较方便，只需要知道标的资产现值、执行价格、期权有效期、无风险利率和标的资产价格波动率五个变量，就可以得到期权的价值，同时，精简的变量在一定程度上可以保证输入数据的准确性，减少误差。后期在 B-S 模型的基础上，投资者在实际运用中可增加一些扩展模型来克服原模型的部分缺陷,通过交易技巧和经验来克服该模型的定价偏差问题,或者通过对参数进行适当的估计与调整最终得到更合理的结果,不断完善该模型的应用。

4. 账面价值评估法

对于投资者来说,最直接的价值评估方式就是账面价值评估法,利用资产负债表来进行评估,以财产的账面价值为标准来对清算财产作价,是历史价值减去折旧以后的价值。最简单的做法就是直接加总公司所有发行在外的证券的账面价值,但由于通货膨胀、技术进步导致的提前贬值、组织资本的存在等,其资产的账面价值与市场实际价值间存在差异,影响了账面价值法评估的准确程度。

因此,在实际应用中,投资者不会简单地进行加减运算,而是要对账面价值法进行适当的调整。一种方法是重置成本法,即通过价格指数调整的重置成本取代资产的账面净值;另一种方法是清算价值法,即假定将资产直接变卖所获的资产价值代替资产的账面净值。

总而言之,账面价值法作为一种静态的估价标准,即使通过调整,也很难判断调整后的账面价值是否准确地反映了市场价格,同时进行的价值调整并未考虑表外资产的价值,存在表外资产被忽略的情况,所以只能是确定目标企业价值的参照指标,并不能完全依赖于此。

7.3.3 IPO 后的额外选择

创业企业成功挺过了艰苦的前两个阶段,在符合相关条款之后就可以选择进行上市了,这也是另一种面向大众的融资方式。在对一些成熟期临近上市的创业企业或者已经上市的企业进行估值时,除了可以利用之前提到的一些估值方法外,还可以利用公司价值比较的相对估值法,如市盈率法、市净率法、EV/EBITDA 等。

1. 市场比较法

市场比较法,又称市场法,是一种直接比较法,在实践中被广泛应用。投资者可以通过恰当的市场调查,选择若干与评估对象相同或相似的以交易资产作为参照物,确定比较因素后,与评估对象进行对比分析、差异调整,最后从参照物以交易价格修正得出评估对象的评估价值。其涉及价值指标 V 与可观测变量 x,可表示成如下公式:

$$\frac{V_a}{x_a} = \frac{V_b}{x_b}$$

这种直接比较的方法,通常需要先计算出可观测变量,比如公司净利润,一般会选用近期出售的或容易估计价值的公司作为参照物。因为公司价值在于为投资者提供投资回报,所以直接反映现金支付的财务指标(如盈利和现金流量)以及间接反映盈利能力的指标(如销售收入和账面价值等)均可以考虑作为 x 的选择。总体来说,这些指标都是在某些口径下的收入指标。

值得注意的是,市场比较法的使用前提是:

(1)有一个成熟、公平、活跃的资产市场;

(2)公开市场上存在可比较资产,且这些资产在一般情况下存在合理的市场价格。

市场比较法应用最为广泛的是 P/E 市盈率和 P/B 市净率,此外还有企业价值法、净利润成长率法、价格营收比例法等。如果针对即将上市的创业企业，由于无法直接获得企业自身的股票价格、每股收益、每股净资产等相关信息，在综合各类影响因素后，比较广泛适用的方法是找到一个决定待评估企业的股权价值（或者公司价值）最为关键的因素，例如净利润、销售收入、净资产、EBITDA等，通过分析与待评估企业在业务、规模、风险相似的上市公司的股权价值（或者公司价值）与该因素的关系，得到相应的估值乘数，例如市盈率（P/E）、市净率（P/B）、市销率（P/S）、EV/EBITDA。通过得到相应的估值乘数乘以相应的因素即可得到待评估企业的股权价值（或者公司价值）。而对于已经成熟的创业企业我们就可以依据从公司获得的一些信息直接进行估值，具体方法介绍如下。

第一，市盈率法。

$$市盈率(P/E) = \frac{普通股每股市价(P)}{普通股每股收益(E)}$$

市盈率（price to earnings ratio，即 P/E ratio），又称"股价收益比率"，指在一个考察期内（通常为12个月的时间），股票的价格和每股收益的比率。其本质上体现的是一个投资回收期的概念：假设企业的每股盈利都归股东所有，并全部分红，经过多少年可以通过股息收回全部的投资。

投资者通常利用该指标评估某股票的投资价值，或者在不同公司的股票之间进行比较。一般认为，市盈率越低，投资回收期越短；若一家公司股票的市盈率过高，那么该股票的价格具有泡沫，价值可能被高估；在成熟市场上通常将15倍的市盈率作为投资的安全区。

具体而言，市盈率估值方法适用于盈利相对稳定、周期性较弱的行业，如公共服务业等。

其优点是，市盈率将股票价格与当前公司盈利状况联系在一起，信息比较容易搜集，计算也比较方便，能够反映公司的风险和成长性。

其缺点是，上市公司的经营状况是动态变化的，市盈率指标只能说明上市公司以前年度的情况，对未来进行预测，仅凭市盈率来判断具有一定的风险性。当每股收益价值为负值时市盈率没有意义。与此同时，经济周期会引起公司收益的波动从而引起市盈率的变动，因此市盈率不大适合周期性强的企业。同样，市场上许多高于股市平均市盈率的股票也是无法用市盈率来估值的。

第二，PEG指标。

$$PEG = \frac{P/E}{企业年盈利增长率 \times 100}$$

PEG指标（市盈率相对盈利增长比率），是用公司的市盈率除以公司的盈利增长速度，是彼得林奇发明的一个股票估值指标，其弥补了对企业动态成长性估计的不足。在投资者选股的时候要选市盈率较低，增长速度较高的企业，这些企业有一个典型特点就是PEG会非常低。

该指标的使用方法非常简单，1是一个临界点，如果PEG<1则表示股价被低估，是买进信号；如果PEG>1则表明股价可能被高估。

值得注意的是，该指标不能单独使用，需要结合其他指标共同使用。通常，那些成长型股票都会高于1，甚至在2以上，投资者也愿意给予其高估值。另外，这个指标本身也具有缺陷，即没有对 P/E 进行区分。不同行业类型、不同规模的公司在市场上的 P/E 是不一样的，同样的盈利增长率可能却对应完全不一样的 P/E，这是 PEG 没有涉及的。

第三，市净率法。

$$市净率(P/B)=\frac{普通股每股市价(P)}{每股净资产(B)}$$

股票的股价净值比（Price-to-Book Ratio，P/B 或 PBR）又名市账率，指的是每股股价与每股净资产的比率。市净率可以用于投资分析，一般来说市净率较低的股票，投资价值较高；反之，则投资价值较低。但在判断投资价值时还要考虑当时的市场环境以及公司经营情况、盈利能力等因素。

与市盈率相反，市净率法比较适合周期性强、拥有大量固定资产并且账面价值相对较为稳定的行业，如钢铁业、航空业，或者流动资产比例高的行业，如银行业、保险业等。但是市净率不适用于账面价值的重置成本变动较快的公司和固定资产较少、商誉或知识财产权占比较多的行业。

其优点是，每股净资产相对稳定和直观。而针对每股价值收益为负值的企业，或者非持续经营的企业，此方法仍然适用。

其缺点是，资产难以准确计算，特别是对品牌价值、人力资源价值等无形价值的确定，考虑到现实社会的通货膨胀和技术进步，用市净率法估值时账面价值与市场价值可能存在很大的背离。

【案例链接】

投资者 M 在 2014 年 1 月 16 日以 44.15 元/股的价格买入 A 股票 1 000 股，其还搜集了以下信息：

A 股票 2013 年的每股净资产为 4.68 元

A 股票的理论市净率为 6.5 倍

那么在不考虑交易成本的情况下，投资者 M 的投资行为是否正确。

A 股票实际市净率 PB=44.15÷4.68=9.51＞理论市净率（6.5）

所以投资者 M 的投资行为从市净率角度上看是不明智的。

第四，EV/EBITDA 指标。

$$EV=股票市值+（总负债-总现金）=股票市值+净负债$$

$$EBITDA=营业利益[①]+折旧+摊销$$

EV/EBITDA 倍数即企业价值（enterprise value，EV）与息税折旧前利润（EBITDA）的比值，又称企业价值倍数，是一种被广泛使用的公司估值指标。

EV/EBITDA 和市盈率等相对估值法指标的用法一样，其倍数相对于行业平均水平或

---

① 营业利益＝毛利－营业费用－管理费用（不包括财务费用）。

历史水平较高通常说明企业价值被高估；反之，则说明企业价值被低估，不同行业或板块有不同的估值（倍数）水平。

EV/EBITDA估值方法一般适用于商誉价值极高、资本密集或准垄断的收购型企业，这样的企业往往由于大量折旧摊销而压低了账面利润。EV/EBITDA还适用于净利润亏损，但毛利、营业利益并不亏损的企业。

其优点是，适用范围更广泛。首先，由于不受所得税率差异的影响，不同国家和市场的上市公司估值更具有可比性；其次，由于不包含财务费用，因此不受企业融资政策的影响，公司对资本结构的改变不会影响估值，同样有利于比较不同公司估值水平；再次，在排除折旧摊销等非现金成本的影响下，可以更准确地反映公司价值；最后，EBITDA指标中不包括投资收益、营业外收支等其他收益项目，真正体现了企业主营业务的运营绩效。

其缺点是，首先，和市盈率法比较起来，EV/EBITDA方法要略复杂，包括对债权价值以及长期投资价值的单独估计；其次，EBITDA中没有考虑到税收因素，如果两个公司之间的税收政策差异很大，其估值结果就会失真；最后，EV/EBITDA更适用于单一业务或子公司较少的公司估值，如果业务或合并子公司数量众多，在复杂调整下，也会降低其估值准确性。

第五，其他相对估值法。

除了上述四种相对估值法以外，还有适用于NASDAQ市场上市公司的市销率、成长性较高的净利润成长率法和适用于营业收入稳定行业的价格营收比例法等。

如果针对已经上市的创业企业，我们可选择的估值方式就会增加，可以运用和股权有关的一些模型进行估值，具体如下。

2. 股权自由现金流模型（free cash flow to equity，FCFE）

该方法同样也是针对非常成熟已经上市的创业企业，我们可以获得其相应的股票市场的信息。

其基本公式为

$$FCFE = FCFF - 利息费用 \times (1-t_c) + 净负债的增加$$

$$V = \sum_{t=1}^{\infty} \frac{FCFE_t}{(1+r)^t}$$

其中V为公司的内在价值，$FCFE_t$为未来第t年预期股权自由现金流量，r为投资者要求的收益率或股本成本。

股权自由现金流模型与公司自由现金流模型的不同之处在于它的计算涉及税后利息费用以及新发行或重购债务的现金流（即偿还本金的现金流出减去发行新债获得的现金流入）。

【案例链接】

M公司2014年有5亿股票流通在外，每股市场价值是20元，2014年每股收益2元，每股股利1.5元。当时公司的资本性支出与折旧的比率在长期内不会发生变化，折旧是2.0亿元，资本性支出是2.2亿元，营运资本追加额为0.8亿元；该公司债务为20亿元，公司计划保持负债比率不变；公司处于稳定增长阶段，年增长率为5%，其股票的β值为0.8，当时的风险溢价为 4%，国库券利率是 6%。请利用股权自由现金流量模型对 M 公司每股股票进行估值。

由题目可知，每股收益为 2 元，每股股利为 1.5 元
每股折旧 = 2.0÷5=0.4（元）
每股资本性支出 = 2.2÷5=0.44（元）
每股营运资本追加额 = 0.2（元）
负债比率 = 25÷（25+5×20）×100%=20%
股权资本成本 k=6%+0.8×4%=9.2%
股权自由现金流 = 2-（1-20%）×（0.44-0.4）-（1-20%）×0.2=1.808（元）
每股价值 = 1.808×（1+5%）÷（9.2%-5%）=45.2（元）

3. 股利贴现模型（Dividend Discount Model，DDM）

股利贴现模型是通过贴现未来股利从而计算出股票的现值，即如果投资者永远持有这个股票，那么他逐年从公司中获得的股利的贴现值就是这个股票的价值。针对成熟的已经上市的创业企业，即存在股票相关数据的企业，这个方法也可以用来对其进行估值。

基本公式为

$$V=\sum_{t=1}^{\infty}\frac{D_t}{(1+r)^t}$$

其中 V 为每股股票的内在价值，D_t 是第 t 年每股股票股利的期望值，r 是股票的期望收益率或贴现率（discount rate）。公式表明，股票的内在价值是其逐年期望股利的现值之和。

根据增长率的不同假定，股利贴现模型可以分为以下几种。

（1）零增长模型（即股利增长率为 0，未来各期股利按固定数额发放），

$$V=\frac{D_0}{r}$$

其中 V 为公司价值，D_0 为当期股利，r 为投资者要求的投资回报率或资本成本。

（2）不变增长模型（即股利按照固定的增长率 g 增长）[①]，

$$V=\frac{D_1}{r-g}$$

（3）非固定增长模型（二段、三段或多段增长模型），

$$V=\sum_{t=1}^{\infty}\frac{D_t}{(1+r)^t}+\frac{V_t}{(1+r)^t}$$

其中，$V_t=\dfrac{D_{t+1}}{r_t-g_t}$

其中 V_t 表示第 t 期期末股票价值，r_t 表示第 t 期以后股票投资必要收益率，g_t 表示第 t

---

① 注意此处的 $D_1=D_0(1+g)$ 为下一期的股利，而非当期股利。

期以后股利稳定增长率。

【案例链接】

X 公司目前拥有一种新型高科技产品,预计在未来三年内,销售以每年 40% 的速度增长,其股利将以每年 12% 的速度增长,此后预计股利增长率为 10%。如果股东的必要收益率为 15%,公司最近发放的现金股利为每股 1.5 元,那么 Y 公司的股票价值是多少?

我们可以将这个题目分为两部分,前三年的高速增长阶段和第四年以后的固定增长阶段,两个阶段的股票价值计算如下:

$$V_{高速增长} = \frac{1.5 \times 1.12}{1+15\%} + \frac{1.5 \times (1.12)^2}{(1+15\%)^2} + \frac{1.5 \times (1.12)^3}{(1+15\%)^3}$$

$$= 1.46 + 1.42 + 1.39 = 4.27 (元)$$

$$V_{固定增长} = \frac{1.5 \times (1.12)^3 \times 1.1}{15\% - 10\%} \times \frac{1}{(1+15\%)^3} = 30.48 (元)$$

因此,X 公司的普通股价值为 34.75 元(4.27+30.48)。

该模型适用于经营比较稳定、有长期发放股息历史的成熟型公司。但由于其以有效市场为前提,r 值具有主观性及不确定性,未考虑非流通股的存在等因素,其适用范围比较有限。

根据以上介绍的创业企业在不同时期适用的估值方法,我们可进行总结,如图 7.2 所示。

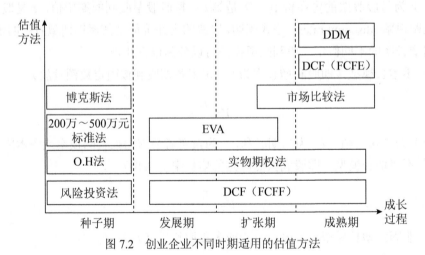

图 7.2 创业企业不同时期适用的估值方法

4. "拍脑袋"估值

华兴资本董事总经理杜永波曾说过,对创业公司的估值是有艺术性的,甚至有"拍脑袋"决定的成分。"估值赌的是未来,有很多的不确定性,谁都看不清楚","从投资人的角度讲,对这个事有多少信心,值多少钱,中间要给自己留多少的安全边际都是个性化的,这也是为什么对于同样的案子,有的投资人觉得特别牛,有的根本不相信价值的存在"。从他的话语中,我们不难发现,在对创业企业投资中掺杂了很多投资者的主观判断。对创业企业而言,即便投资者对企业本身有足够的认识,对行业发展有足够的把握,对于财务金融理论有足够的应用能力等,但多种多样的不确定性决定了最精准的估值也只能是对企业真实价值的无限接近,而这种接近其实也是很困难的。

所以在一些创业企业初期进行的天使投资,由于可获得的数据很少,无法进行准确的估值,有很大一部分因素是根据创业者的人品、能力、与投资者的契合度等相关因素进行判断的,存在"拍脑袋"的成分。而在创业企业逐步走入正轨后,利用财务金融数据和我们之前介绍的一些方法,就可以将这些不确定性不断缩小,增加投资者和创业者对企业的认识和把控。

7.3.4 估值方法的行业适用范围

上面介绍的创业企业的估值方法是针对企业成长的不同时期进行分类的,那么针对不同的行业,我们选择什么样的估值方法更合适呢?或者说,结合不同的行业特征和盈利模式,如何划分不同估值方法的适用范围呢?表7.4对不同估值方法的适用范围进行了总结。

表7.4 不同估值方法的适用范围一览表

估值方法	适用范围	行业举例
PE法	主业及盈利相对稳定、周期性较弱	公共服务业
PEG法	成长性较高	高科技企业(TMT)、生物医药、网络软件开发业
PB法	(1)周期性较强(拥有大量固定资产并且账面价值相对稳定) (2)流动资产比例较高 (3)ST、PT绩差及重组型企业	(1)钢铁业、航空业、航运业 (2)银行业、保险业
PS法	微利性	商业零售行业
EV/EBITDA法	经营注重稳定性	运营业(高速公路运输、电信运营业)
DCF(FCFE/FCFF)	通过对公司自由现金流成长率的调整与设定,周期性较强或非周期行业均适用	公用事业,电信业
实物期权估值法	业务模式不成熟、收入不稳定的新兴行业	TMT

资料来源:中国银行证券研究所。

【知识链接】　　　　互联网企业估值方法举例

(1)情景化收益现值法。该方法由麦肯锡公司提出,包括"情景化"和"现值法"两个部分。现值法就是我们所提到的绝对估值法,在此基础上,麦肯锡引入了情景概念。在不同的假设中依次得到乐观场景、中观场景和悲观场景,分别赋予权重,得到最后的结果。

(2)市值用户比较法。互联网公司的估值在很大程度上与用户相关,市值与用户(独立用户、注册用户、收费用户、页面浏览)的比值可以用来揭示企业的价值,这是为互联网公司量身定做的评估方法,可以体现互联网公司的客户价值、流量价值等,但不同企业的用户价值差别较大,可比性较差。

7.4 中后期各轮融资估值分析要点

企业发展一般分为四个阶段：种子期、发展期、扩张期以及成熟期，整个成长过程中的融资方式也有不同，主要分为：天使投资、创业投资、私募股权投资以及首次公开募股（IPO）。

首先，在种子期或者启动期的创业企业通常以其团队的启动资金进行运营，一般不会进行融资，当然也会存在一些优质项目吸引知名天使投资人的情况。这是创业企业艰难的起步期，需要为融资作好各方面的准备。

当企业进入发展期后，就会陆续引入天使投资，但在通常情况下金额不会太多，主要用于扩展业务、提升团队水平等，这也是企业发展的主要阶段。

在企业发展到了扩展期后，其融资方式就会引入创业投资、私募资金以及优先股等。创业投资，也就是我们习惯说的VC，投资对象多为初创中小型企业，且多为高新技术企业，投资期限要3~5年以上，投资方式一般为股权投资，通常占被投资企业股权30%左右，但不要求控股权，也不需要任何担保或抵押。私募股权投资，也就是我们所熟悉的PE，投资数额一般较大，属于机构投资，可以推动非上市企业价值增长，最终投资者可以通过上市、并购、股权置换、管理层回购等方式出售持股套现退出。

原开信创投董事总经理曾之杰在接受《21世纪经济报道》记者专访时曾说，2016年股权投资行业出现了一个奇特现象，就是中早期投资遇冷，大量创投资金扎堆中后期项目，即股权投资前冷后热。根据相关数据显示，今年上半年共有1 394家国内企业获得股权融资，其中披露融资额度的1 243家企业共获得3 540.96亿元资金，尽管股权投资案例总数同比减少4.7%，但投资总额同比大涨85.9%。

在中后期各轮投资和估值如此广泛的市场背景下，创业企业的资金相对来说没有特别紧缺，投资者在这个阶段要注意哪些其他的问题呢？本节主要从以下几点来分析。

1. 建立科学规范的投资企业内部治理结构

创业投资家在中后期需要有意识地推动其内部治理结构的完善，培育创业企业对规范化管理的意识。例如，明确股东大会、董事会、监事会及经营管理层的权利与义务，建立合理的企业制度并以此制约投资者与经营者的行为，运用现代企业管理方式与手段进行规范化的管理。

2. 在投资协议中增加对创业投资的特别保护条款，进行严格的法律约束

在创业企业融资初期，由于内部制度不完善等因素，在投资协议中可能会缺少对创业投资的相关约束条款。所以就如前面所说的那样，在投资项目增资或者其他事件发生时，应当抓住这个机会作为谈判的条件，以此加入新的约束条件，加强对投资项目的监控力度。

3. 不断更新对创业企业的估值

随着企业的不断发展，在市场环境、科技发展、技术进步、生活方式和消费观念转变等因素的影响下，投资企业的一些固定资产和无形资产会逐渐发生改变，如商誉增加等，这些因素都需要被重新估值，才能有利于双方对企业整体有一个更为直观的把握。

4. 加强财务管理

首先,要做好投资前期的财务评价工作。创业投资家需要综合之前的财务信息考虑决定是否继续追加投资,尤其是在 IPO 之前这一工作更为关键。同时,在投资合同中也应设计财务管理相关的条款。这些必要的法律文件可以从制度上保证创业投资家对所投资企业的管理权和监控权,从而更好地保证了投资者最终的收益权。

与此同时,创业者要注意哪些问题呢?其实在创业者和投资者进行估值博弈的过程中,很多注意要点都是相对的。例如,对于控制欲较强的投资者,创业者就要想办法保护自己的股权和控制权,如果你在自己的企业连话语权都没有,那你也只是为他人作嫁衣罢了。同样,也要注意财务管理和企业内部治理问题,结合企业的发展不断对企业进行重新估值,确保创业者能较好地把握创业企业的整体情况。除此以外,还有一点需要创业者注意,那就是要为下一轮融资做好准备。

当创业者面对联合投资等众多投资者时,如果其中的一位投资者拒绝参与下一轮的投资,受到其他投资者的惩罚,例如,"优先认购权",这些行为会对普通股股东(即创业者)和企业治理带来很多连带伤害。在这个时候,创业者就应该坚持一些保护性条款,预防下一轮融资中出现投资者不跟进的情况时自身受到损失。

本章小结

投资风险与收益作为一对矛盾统一体,不同的投资者在选择投资项目时根据自身的风险偏好会作出不同的决策。与此同时,风险与收益也是创业企业估值中十分重要的两项基础指标,在不同的阶段如何选择合适的估值方式进行企业价值评估成为了创业投资家关注的重点。根据本章所介绍的绝对估值法(DCF/DDM,经济增加值法等)和企业价值比较的相对估值法(市盈率法、市净率法、EV/EBITDA 等)以及基础的账面价值法和后期发展的期权价值评估法,不同的方法有各自的优缺点和适用的行业范围。在通常情况下,投资者会运用多种估值方式,综合各种指标来进行估值,以此来获得较为可靠的企业价值评估。结合中后期各轮融资估值要点,掌握合适的创业企业估值方式,并综合考虑内部外部多种相关因素对于投资者作出理智的投资决策至关重要。

感悟与思考

1. 投资风险和收益之间的具体关系如何?
2. 不同企业估值方法的利弊和适用范围是什么?在企业的不同发展阶段创业投资者应该如何选择合适的估值方式呢?
3. 在中后期的各轮融资估值中,投资者和创业企业家分别需要注意哪些事项呢?

关键词

估值、NPV(net present value)、有限认股权、IPO(首次公开发行)、期望收益

第8章 创业投资协议

【本章导读】

创业投资协议是外部投资者开始尽职调查前的关键一步,本章以创业投资协议的具体条款为主,希望通过阅读可以对以下内容进行掌握、了解:

1. 理解创业投资协议的内容和功能;
2. 理解、掌握一些重要的条款内容;
3. 了解创业投资协议条款的法律适应性。

【情景引入】

争议和博弈是创业投资协议永恒的话题,2016年丁香园CTO冯大辉事件正是体现这一话题的一个典型案例。冯大辉于2010年加入丁香园,于2016年离职,离职后想要获取入职时被承诺的期权权益,但丁香园拒绝了冯大辉的期权行权要求,转而对期权进行回购,由于双方就回购价未达成一致而产生了纠纷。从员工期权的机制来看,如果持有期权员工在行权期内满足行权要求,即可以约定价格买入企业股票。但实际情况中企业会设置一些条件去限制行权的发生,而这些限制条件以及在实际过程中条件的触发则是双方争议或者博弈的来源。

8.1 创业投资协议概述

创业投资是创业者和投资方共同致力于创业企业的成长、发展而进行的投资活动,其间双方目标一致、行动一致,目的是实现创业企业的价值增值。但现实远非这样理想,投资者提防着创业者套取资金、盲目经营而损害自身利益,而创业者又担心投资者过于涉入经营管理,与自己的初衷相悖,双方由此会产生一系列的博弈,而创业投资协议的设定不仅仅是为了防止双方的利益受损,更是为了使双方回归初始的目的,即为了共同服务创业企业而努力。

8.1.1 创业投资协议概念

创业投资协议不是指以此为名的某一份合同,而是创业投资双方的一系列合同安排,也是投资者与创业者之间分配创业企业控制权、分享创业企业收益的权利义务关系。

在实际操作中,由于以股权基金为主体的创业投资方本身的性质差异、创业企业指定的资本运作载体不同、不同时期我国创业企业相关法律、法规差异等原因,不同的创业投资行为会采用不同的交易结构,因而产生不同的法律文件来约束和规范交易双方的权利义务关系。因此,创业投资协议概念本身并不存在一个精确划一的外延,只是泛指一系列用于约定投资方和企业家之间权利义务关系的合同形式。

8.1.2 创业投资协议的框架

一般来说，创业投资双方从开始谈判到最终签订法律合同是一个漫长的过程。首先，创业投资家认可并接受创业企业家的商业计划书，在进一步接触后确定进入尽职调查阶段。完成尽职调查后，双方开始就在投资中的权利义务关系展开初步谈判。在这一阶段，双方关注的焦点是由创业投资家提出的投资条款清单（term sheet），这也是日后继续谈判的基础。其主要用于说明创业企业的估值、分割的份额等问题，并达成原则性一致，包括在最终的投资协议中关于财务和法律方面的关键性条款，对双方在谈判过程中施加的必要约束，如禁止在交易结束前与第三方进行接触。一般来说，在创业投资家发出投资条款清单后，双方将处于一种前契约状态关系，简单来说就是双方没有应履行的义务，但是对于创业企业家因自身过失导致谈判破裂而无法继续的情况，有义务赔偿创业投资家相应的损失。最终落实投资条款清单意向的一系列法律文件包括股票购买协议（stock purchase agreement）、股东协议（stockholder agreement）和雇员协议（employment agreement）等重要的法律文件。

其中，股票购买协议是指创业投资家和创业企业家就创业投资家向创业企业提供投资，而创业企业向其发行股票或以其他投资工具作为对价而达成的协议。股东协议是指创业企业与创业投资家及创业企业家就创业企业的控制权和股份转让所达成的协议。雇员协议是指创业企业与核心员工就其雇用的条件所达成的协议。该部分内容如图8.1所示。

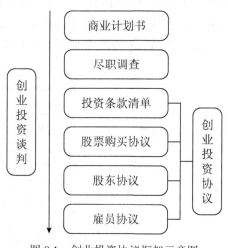

图 8.1 创业投资协议框架示意图

8.1.3 创业投资协议的载体——融资工具

融资是所有企业在设立和运作的过程中都无法避免的问题，而作为融资对价，企业需要向投资者发行证明持有者对企业享有权利的证券，主要包括反映债权债务关系的债权证券（debt securities）和反映股权关系的权益证券（equity securities）。创业企业作为初创型公司，目前主要以股权融资作为融资方式，所以在这里我们主要介绍权益类证券。

公司发行的权益类证券主要分为普通股和以优先股为主的特别股。普通股是最基本的股票形式，而优先股是用于鼓励投资而被创造出来对公司享有特别权利的股份。

1. 普通股与优先股

普通股是指在公司的经营管理和盈利及财产的分配上享有普通权利的股份，代表满足所有债权偿付要求及优先股东的收益权与求偿权要求后对企业盈利和剩余财产的索取权，它是构成公司资本的基础，是股票的一种基本形式，也是发行量最大，最为重要的股票。优先股相对于普通股来说，是指在分取股息和公司剩余资产方面拥有优先权的股票。

优先股与普通股的基本区别在于以下几点：首先，在股息分配中，优先股的次序在普通股之前，即在优先股股息未分配之前，普通股不得分配；其次，在公司剩余资产分配中，优先股股东有权首先收回股金，普通股股东只能在优先股股东分取后公司仍有剩余资产的情况下才能分取其余额；最后，优先股股东一般不出席股东会议，不拥有普通股股东所拥有的决议权和选举权，但在特殊条件下可以。

优先股根据不同的标准可以分为以下几种：（1）累积性优先股和非累积性优先股。累积的内在要求是指公司在经营状况不佳，盈利不足以分配股息时，其未发股息可以累积下来，直至经营状况转好时再付清；（2）参与优先股和非参与优先股，参与的内在要求是指优先股股东不仅可以分得固定股息率的股息，还可以与普通股股东一起参与剩余利润的分配；（3）可转换优先股和不可转换优先股，可转换的内在要求是指优先股股东可以在规定的条件下将优先股转换为普通股或公司债券；（4）可赎回优先股和不可赎回优先股，可赎回的内在要求是指公司按规定在优先股发行一定时间后可按一定价格进行回购。除了以上四种分类，优先股还有调息优先股、担保优先股等。具体分类可见图8.2。

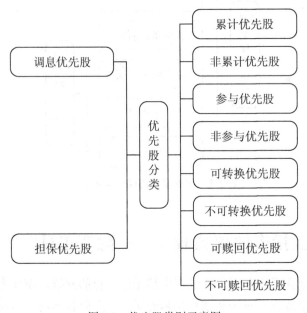

图 8.2　优先股类别示意图

2. 优先股与创业企业

创业企业在选择融资工具时往往倾向于优先股，有一项实证研究表明，在美国95%的创业融资采用了可转换优先股作为工具，而另有研究表明，只有大约10%的公众公司[①]发行可转换优先股。由此可见，优先股的优点在创业企业中得到了最充分的展现。

优先股之所以被广泛运用于创业融资，是由于其对创业融资双方利益目标不一致问题的有效解决。信息不对称是创业企业家与创业投资者之间面临的主要难题，创业投资者无法像创业企业家一样掌握创业企业的经营情况、财务信息等信息。为掌握创业企业真实情况，创业投资家往往希望掌握企业控制权，从而影响企业运作。但是多数创业企业家对此并不认同，认为投资者并非该领域专家，盲目地参与决策会影响商业决策的判断和时机。因此，创业企业家们也希望通过让渡部分收益来换取对创业企业的控制权。优先股的功能恰好缓解了这一矛盾。相比债券，优先股既可以满足创业企业对于资金的需求，又可以使创业企业的控制权掌握在创业企业家手中。对于创业投资家来说，优先股优先分配收益的特点保证了投资者的资金安全，并且通过董事会席位和一票否决权等保护性条款在关键时候可以介入创业企业的管理决策。

8.2 投资条款清单概述

8.2.1 投资条款清单的作用

创业企业家在寻求创业投资时，会与有意向的创业投资家或创业投资公司就重要事项进行谈判，谈判的主要事项以投资条款清单的形式呈现。投资条款清单的谈判是创业投资过程中非常重要的一步，这既是创业投资家与创业企业家之间谈判、博弈的核心内容，也是日后签订协议的基础。投资条款清单的形式并非单一固定，从简单的非正式信件到非常详细的备忘录皆可。

投资条款清单不仅是签订协议的基础，也能够加快双方谈判的进程。对许多技术性创业企业家来说，在面对首次创业投资谈判中需要了解大量专业知识。而相反，创业投资家不仅对该领域经验丰富更对需要谈判的协议条款非常熟悉，使其在谈判中优势明显。而投资条款清单通过明确标准投资条件从而缩小了双方因知识背景和职业经历的差距。

8.2.2 投资条款清单的内容

投资条款清单涵盖的事项很广，但并非全部内容都会出现在每一个创业投资过程中，在实践操作中创业投资家与创业企业家会根据实际情况选择合适的条款进行谈判。

---

① 这里的公众公司是区别于创业企业的公司，是指已经成长稳定的公司。

通常来说，一份完整的投资协议包括：定义与解释、投资金额及比例（估值条款）、陈述与保证、业绩承诺（对赌条款）、领售权、跟售权、反稀释条款、回购条款、知情权和检查权、经营管理（委派董事）、股权激励安排、股份制改制、上市、优先清算权、保密条款、通知条款、费用承担、违约和赔偿、适用法律及争议解决、其他事项。其中，定义与解释、陈述与保证、保密和通知条款等属于通用性条款，具有固定格式。费用承担、违约赔偿、适用法律及争议解决属于一般性条款，而如估值条款、反稀释条款、对赌条款、领售权、跟售权、回购条款、知情权和检查权、委派董事、优先清算权等则属于投资者权利保护条款，是投资协议中的实质性条款。

投资条款一般不会具有上述所有条款，特别是实质性条款部分，通常都是其中的一部分，随投资双方的谈判结果而增减。针对投资协议功能的描述，这里将实质性部分条款再划分为经济性条款和控制性条款，该划分虽然不能将所有实质性条款都涵盖进去，但却能更好地理解各条款的背后的用意。以上分类及各类条款展示在图 8.3 中。

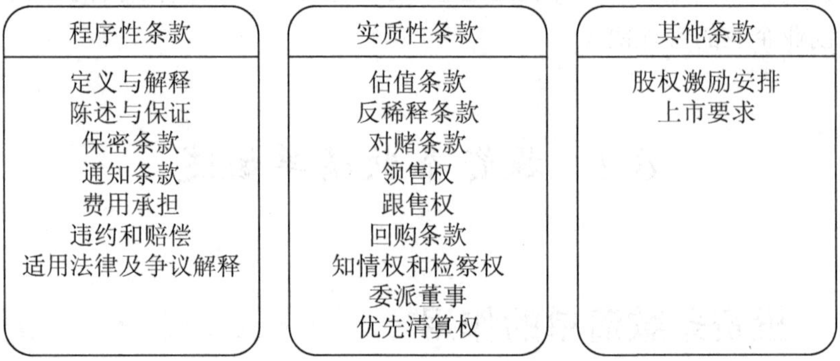

程序性条款	实质性条款	其他条款
定义与解释 陈述与保证 保密条款 通知条款 费用承担 违约和赔偿 适用法律及争议解释	估值条款 反稀释条款 对赌条款 领售权 跟售权 回购条款 知情权和检察权 委派董事 优先清算权	股权激励安排 上市要求

图 8.3　条款分类示意图

8.3　重点条款解读

8.3.1　经济性条款的内容和解释

以资金安全和投资回报为目的的经济性条款，具体内容如下。

1. 估值条款（Valuation Clause）

创业投资双方的估值条款是投资方对创业企业的价值估计，通常包括融资的估值、投资额及双方的股权比例等内容。估值条款中常常成为双方谈判焦点的主要有两点，一是所谓的估值是投资前估值还是投资后估值，如创业企业融资 500 万元，投资前估值 2 000 万元，则相应的投资比例为 20%，如果投资后估值 2 000 万元，则相应的投资比例为 25%；二是员工期权是否包括在投资估值中，如果员工期权包括在投资估值中，则该部分由创业者团队分担，即投资比例为 20% 的话，企业预留 10% 的员工期权，则创业者团队的比例为70%。如果员工期权不包括在投资估值中，则投资人占20%，创业者团队占80%，之后按同比例稀释挤出10%的员工期权，则投资人比例稀释为18%，创业者团队比例稀释为72%。

2. 反稀释条款（Anti-dilution Clause）

创业投资者对创业企业进行投资时，通常是购买企业的某类优先股（A、B、C等系列），该部分优先股在约定条件下可以按约定的转换价格转换成普通股，而防止创业投资者的原始股份贬值，投资方通常会在协议中加入反稀释条款。

反稀释条款一般分成两类：其一是在股权结构上防止股份价值被稀释；其二是在后续融资过程中防止股份价值被稀释。

（1）结构性反稀释条款：转换权和优先购买权。转换权：A系列优先股股东可以在任何时候将其股份转换成普通股，初始转换比例为1∶1，此比例在发生股份红利、股份分拆、股份合并及类似事件以及"防稀释条款"中规定的情况时做相应调整。举例来说，优先股按照2美元/股的价格发行给投资人，初始转换价格为2美元/股。后公司决定按照每1股拆分为4股的方式进行股份拆分，则新的转换价格调整成0.5美元/股，对应每1股优先股可以转为普通股。

优先购买权：当企业进行后续融资时，初始轮投资者有权选择继续投资获得至少与其当前股权比例相应数量的新股，以使其在企业中的股权比例不会因为后续融资的新股发行而降低。另外，优先购买权也可能包括当前股东的股份转让，投资人拥有按比例优先受让的权利。

（2）降价融资的反稀释条款：完全棘轮条款和加权平均条款。该情况是为避免创业投资人在创业企业中的投资比例在后续融资中被降低或因后续融资价格更低而导致自身的股权遭受贬值的情况而制定的条款。为保护创业投资者资本的价值，投资方与创业企业约定，创业企业若在后续的融资中以更低的价格进行融资，那么原先的投资者有权免费获得股份或者以约定价格购买其股份以确保自身的股权不会出现贬值，保障自身在创业企业中的地位。反稀释条款一般是一个公式，其决定了优先股转换成普通股的数量。若后续融资价格与初始时相同，则初始购买价格即为转换价格，也就是说优先股可以按1∶1转换为普通股。若后续融资价格低于初始融资价格，那么转换价格也会随之降低，优先股可以转换成更多的普通股，对于创业者来说其普通股股份将被稀释更多。

完全棘轮条款是指若后续融资的价格较先前更低，那么原先投资者购买的股份按照较低的新发行价重新计算，也就是说原先的投资者有权免费获得因价差而损失的股份数，从而使其原有股份摊薄至与后续购买者同样的价格。棘轮条款有效地保护了原先投资者的利益。

加权平均条款：完全棘轮条款由于其对投资者的避险作用而十分流行，但由于其过于偏向投资方而逐渐被加权平均条款替代。在加权平均条款下，如果后续发行的股份价格低于A轮的转换价格，那么新的转换价格就会降低为A轮转换价格和后续融资发行价格的加权平均值，即给A系列优先股重新确定转换价格时不仅要考虑低价发行的股份价格，还要考虑其权重（发行的股份数量）。该种方式对于创业者来说较为公平。其计算公式如下：

$$NCP = CP \cdot \frac{OS+SNS}{OS+NS} = \frac{(CP \cdot OS)+IC}{OS+NS}$$

NCP = A 系列优先股的调整后新转换价格

CP = A 系列优先股在后续融资前的实际转换价格

OS = 后续融资前完全稀释时的股份数量或已发行优先股转换后的股份数量

NS = 后续融资实际发行的股份数

SNS = 后续融资额应该能购买的股份（假定按当时实际转化价格发行）

IC = 后续融资现金额（不包括从后续认股权和期权执行中收到的资金）

【知识链接】

- 加权平均条款的细分

加权平均条款有两种细分形式，即广义加权平均和狭义加权平均，两者区别在于公式中 OS 及其数量的定义。广义加权平均条款按照完全稀释方式定义，包括已发行的普通股、优先股可转换成的普通股、可以通过执行期权、认股权、有价证券等获得普通股数量，计算时将后续融资前所有发行在外的普通股（完全稀释时）认为是按当时转换价格发行。狭义加权平均条款只计算已发行的可转换优先股能够转换的普通股数量，不计算普通股和其他可转换证券。

广义加权平均时，完全稀释的股份数量很重要，创业者要确认跟投资者的定义是一致的。相对而言，狭义加权平均方式对投资者更为有利，公式中不把普通股、期权及可转换证券计算在内，因此会使转换价格降低更多，导致在转换成普通股时，投资人获得的股份数量更多。表 8.1 中对加权平均条款的具体内容进行了举例。

表 8.1 加权平均条款举例

融资阶段 条款内容	B 轮融资前	B 轮融资后	
		广义加权平均　狭义加权平均 B 轮融资前已发行普通股 200 万股，已发行期权 40 万股，A 系列优先股 200 万股，则广义加权平均定已发行股份为 440 万股，狭义加权平均为 200 万股。	完全棘轮
转换价格	1 元	$\frac{(1\times 440)+150}{440+200}=0.922$ $\frac{(1\times 200)+150}{200+200}=0.875$	0.75 元
转换成普通股数量	200 万股	$\frac{200}{0.922}=219.92$ 万股 $\frac{200}{0.875}=228.57$ 万股	$\frac{200}{0.75}=266.7$ 万股

● 反稀释条款举例

假设某公司向创始人发行了 200 万股普通股，向员工发行了 40 万股普通股的期权，A 轮融资时以 1 元的价格给 VC 发行了 200 万股 A 系列优先股，共融资 200 万元。B 轮融资时，以 0.75 元的价格发行了 200 万股 B 系列优先股，共融资 150 万元。表 8.1 给出广义加权平均、狭义加权平均和完全棘轮下的转换价格，并给出在各转换价格下 200 万股 A 系列优先股可转换成普通股的数量。

不同类型的条款对于投资双方都是极为不同的，表 8.2 对于三种类型的条款内容及其偏向进行了简单的描述。

表 8.2　反稀释条款的三种类型

利益导向	条款类型	条款内容
对投资者更有利	完全棘轮	若企业后发行新股份的价格低于初始轮对应优先股转换价格，则初始轮优先股转换价格调至新股份的发行价格
相对中立	广义加权平均	若企业后发行新股份的价格低于初始轮对应优先股转换价格，则初始轮优先股转换价格将按照广义加权平均的方式进行调整
对创业者更有利	无反稀释条款	无

（3）创业者谈判应注意点：①设定只有在本轮融资后某个时间段之内实行低价融资，防稀释条款才处于触发期。②尝试要求在公司达到设定经营目标时，设定限制反稀释条款的触发条件，乃至废除反稀释条款。③明确反稀释条款的执行办法，尽量选择以加权平均法作为补偿的价格条款。

3. 对赌协议（Valuation Adjustment Mechanism）

对赌协议又称为估值调整协议，是指创业投资机构在与创业企业达成投资协议时，双方就未来的不确定性做出约定，若达到约定条件则创业投资机构可行使某一权利，若未达到约定条件则创业企业行使另一种权利。所以，对赌协议也具有期权的特征。对赌协议的内容主要由触发条件和股权调整数量两部分。触发条件是指在约定中关于企业未来发展的预期，具体可以是各种内容，如企业的销售量、增长率、管理层的稳定性或者上市时间等。但不管是哪种情况，都是对企业价值增长和稳定发展的要求，会直接影响企业股权价值。而股权调整数量则是条件触发的后续内容，具体的调整数量则是根据具体的约定做出的。对赌协议条款纷繁复杂，需要从各种实际案例中提取归纳从而了解其内容，以下以蒙牛和永乐两个案例来说明对赌协议触发与执行。

谈判应注意点：

（1）对业绩的要求是财务数据量化之后的结果，所以当创业者预期的结果非常乐观时就必须对其财务指标保持谨慎态度；

（2）需要在对赌协议中设定业绩浮动，即约定业绩的下调幅度，有助于控制对赌协议的触发；

（3）考虑加入双向对赌，即当企业未来的业绩达到要求时的融资方奖励。创业企业未来的价值才是投资者最为关注的地方,所以双向对赌既是对创业者的激励也是对投资者的保障。

【案例链接】

- 蒙牛与摩根士丹利等(双赢)

1999年1月,牛根生创立了"蒙牛乳业有限公司",公司注册资本100万元。2001年年底摩根士丹利等机构与其接触的时候,蒙牛乳业公司成立尚不足三年,是一个比较典型的创业型企业。

为了使预期增值的目标能够兑现,摩根士丹利等投资者与蒙牛管理层签署了基于业绩增长的对赌协议。双方约定,从2003—2006年,蒙牛乳业的复合年增长率不低于50%。若达不到,公司管理层将输给摩根士丹利约6000万~7000万股的上市公司股份;如果业绩增长达到目标,摩根士丹利等机构就要拿出自己的相应股份奖励给蒙牛管理层。

2004年6月,蒙牛业绩增长达到预期目标。摩根士丹利等机构"可换股文据"的期权价值得以兑现,换股时蒙牛乳业股票价格达到6港元以上;给予蒙牛乳业管理层的股份奖励也都得以兑现。摩根士丹利等机构投资者投资于蒙牛乳业的业绩对赌,让各方都成为赢家。

- 永乐家电与摩根士丹利和鼎晖(双输)

2004年家电连锁市场进入了"市场份额第一位、盈利能力第二位"的竞争格局,未上市的永乐电器为了实现市场扩张开始寻求私募股权基金支持。经过反复的洽谈,永乐家电最终于2005年1月获得摩根士丹利及鼎晖的5 000万美元联合投资。其中,摩根士丹利投资4 300万美元,占股23.53%;鼎晖投资700万美元,占股3.83%。

而这次融资,让永乐创始人陈晓与包括摩根士丹利及鼎晖在内的资本方签下了一纸"对赌协议",规定了永乐电器2007年至少要完成6.75亿元的净利润指标,赌注是永乐电器的股权或者相应的折价金额。

在获得融资后,陈晓明显加快了在全国扩张的步伐,并于2005年10月完成IPO。但在上市之后,永乐电器却由于跨地域扩张的问题发展不顺,最终经营业绩下滑,最终导致对赌协议的失败。

为何在引入外部投资者后的蒙牛和永乐,在面对相似的财务业绩的对赌时,其结果有这么大的不同?在这两个案例中,我们认为创业者和企业管理层除了需要有对自身企业发展的准确把握之外,更需要对企业所处的整个行业有充分的把握。

对于蒙牛来说,2004年的乳品行业正处于市场需求不断增长的时期,牛奶作为生活必需品的观念正开始深入民心,使其拥有较为宽松的市场环境。而永乐签署对赌协议的2005年,家电市场刚完成一轮一线城市的扩张,主要市场已经被国美、苏宁和永乐自身瓜分完毕,市场也已经趋于饱和,此时继续发展的压力无疑是巨大的。

在自身核心竞争力的分析上,两者管理者的把握也存在差异。对于蒙牛,其虽然面临着伊利和光明两个竞争对手,但其积极在内蒙古建立大量奶源基地,同时主打保质期较长的UTH奶,解决了当时乳品行业棘手的奶源和运输问题,一举建立了自身的核心竞争力。

相比之下，家电行业除了企业能力之外受到影响更大的是市场环境的变化。对于家电行业来说，在不断变化的市场环境下，其核心竞争力一般来自资金，但这却是永乐所不具备的，相比于更早上市的国美和苏宁，永乐虽然及时得到私募基金的融资，但最终还是无法赶超竞争对手，导致了最后的失败。

综合两个案例可以得出，虽然蒙牛与永乐面临同样的对赌压力，但最终决定两者不同命运的却是两者所处的市场环境。蒙牛恰好处于一个快速扩张的局面，再凭借自身建立的竞争优势成功拿下了对赌协议；而永乐面临的却是一个充分竞争的市场和如狼似虎的竞争者，即使管理层兢兢业业也未必能取得最后的胜利。

而以资金退出为目的的经济性条款，具体内容如下。

1. 清算优先条款（Liquidation Preference）

绝大部分创业投资者都采用"可转换优先股"的投资工具，而清算优先权是可转换优先股拥有的最重要的一个特性。清算优先权是创业投资协议中非常重要的一个条款，其决定了创业企业日后财富的分配，而该条款也是创业投资者为保障自身的收益，控制风险设定的条款。

首先需要明确"清算"的内涵。引起清算的事件称作清算事件，只有出现清算事件，清算优先权才能被激活。清算事件对于创业者来说可能是件坏事，但对创业投资者而言，清算事件就是"资产变现事件"。清算事件一般包括：大额股权出让、公司合并、被收购，或者公司部分或全部资产被出售、转让、租赁或作其他处置。清算优先权一般由两部分构成：清算优先回报（股权）和参与分配权（债权）。根据参与分配权的不同类型可将清算优先权分为：不参与分配优先清算权、完全参与分配优先清算权和附上限参与分配优先清算权。

（1）不参与分配优先清算权。当企业发生清算事件时，优先股股东有权优先于普通股股东获得每股数倍于初始价格的回报以及宣布但尚未发放的股利。

① 当企业的清算价值低于约定的优先清算回报金额，投资方拿走全部的清算资金。

② 当企业的清算价值乘以 VC 转股之后持有的股份比例的结果高于优先清算回报，投资方将优先股转换为普通股，跟普通股股东一起按比例分配。

③ 当企业的清算价值介于上述两者之间时，投资方拿走约定的优先清算回报。

（2）完全参与分配优先清算权。当企业发生清算事件时，优先股股东有权优先于普通股股东获得每股数倍于初始价格的回报以及宣布但尚未发放的股利，并且对于剩余清算资产由普通股股东和优先股股东按比例再次进行分配。

① 当企业的清算价值低于约定的优先清算回报金额，投资方拿走全部的清算资金。

② 当企业的清算价值高于约定的优先清算回报金额，投资方先拿走优先清算回报部分，再将其优先股转换为普通股，与普通股股东一起按比例分配剩余的清算价值。

（3）附上限参与分配优先清算权。优先股股东一旦其获得的回报达到数倍于初始购买价格以及宣布但尚未发放的股利，将停止参与分配。之后，剩余的资产将由普通股股东按比例分配。

① 当企业的清算价值低于约定的优先清算回报金额，投资方拿走全部的清算资金。

② 当企业的清算价值乘以 VC 转股之后持有的股份比例的结果高于优先清算回报，投

资方将优先股转换为普通股,跟普通股股东一起按比例分配。

③ 当企业的清算价值介于上述两者之间时,投资方先拿走约定的优先清算回报,然后将其优先股转换为普通股,与普通股股东一起按比例分配剩余的清算价值,但是,如果其分配的清算价值加上之前拿走的优先清算回报达到约定的上限时,投资方不能再继续分配剩余的清算价值。

(4) 关于优先清算权需要注意以下几点:

① 优先清算权的行使一般在企业清算价值较小时发生,起到保护投资方利益的作用。而在企业运作良好的情况下,投资方更愿意转换成普通股进行获利。

② 企业与投资方的争议一般出现在清算价值介于某一区间的时候。

③ 对于投资方来说,其为了防止创业者获得融资之后立刻关闭企业从而套取资金的情况,一般会要求高于一倍的优先清算权,保证创业者在企业发展到清算价值大于优先清算权之前不会关闭企业。

(5) 创业者谈判应注意点:

① 投资者在公司法界定的清算情况外,会希望将诸如所有股东将公司全部股权或公司控股权转让的并购交易,以及公司把绝大部分资产或者知识产权转让的资产处置交易等事件视同为清算事件。创业者在此时要界定清楚清算事件的范围,或者在谈判时将清算事件缩小化,限于公司法意义下的清算。

② 尽量与投资者协商将投资者的回报率设定在合理的范围内,否则当创业公司出现清算事件时,不仅创始人颗粒无收,还会因使用个人资产补偿投资人而导致倾家荡产。

2. 拖带权条款(Drag Along Right)

拖带权条款,也称为"强卖权""强制随售权""带领权""领售权"等,是指当投资方出售其持有创业企业的股份时,创业企业的其他股东也需要约定出售其股份,并且保证以相同的价格、条款等条件出售。拖带权条款的设置本意是投资方在创业企业正常退出困难时为自己准备的退出方式。拖带权是谈判形成的权利,而不是法定权利。

拖带权条款应当是消极行使的,是在迫不得已的情况下行使的,在投资的期限已到,其他退出无路(同等收益下)的情况下行使的,不应当是积极主动行使的。因为行使拖带权意味着保护了投资方的利益而损害了其他人的利益。虽然拖带权条款的设置是为了保护投资方利益,但在某些情况下也容易发生道德风险,损害创业者的利益。以FilmLoop和ComVentures的案例就能很好地说明这一点。

【案例链接】

这是美国一家名叫FilmLoop的IT公司遭遇私募股权投资者ComVentures滥用拖带权的案例。投资者ComVentures在FilmLoop公司具有较高的股份比例,并同时拥有拖带权,使得ComVentures有能力单方面迫使其他投资人和公司创始人出售公司。由于ComVentures提出让他们投资的另一家公司Fabrik低价收购FilmLoop。同时,由于优先清偿权(Liquidation Preference Right)的存在,FilmLoop在被出售之后,其创始人和所有员工几乎在一无所获的情况下被扫地出门,一夜之间,他们不再有股票,不再有工作，不再有公司，也不再有任何银行存款。而这一切的罪魁祸首就是缺乏必要商业道德的ComVentures公司，以及FilmLoop当初轻易接受的拖带权条款。

创业者谈判应注意点：

（1）拖带权的触发条件为只有达到一定股权比例的投资方提出行使拖带权时才能付诸实施，所以对该比例的约定越高触发拖带权的概率越低，即对创业企业越有利。

（2）投资方签约拖带权条款的意图之一在于可以在不经董事会同意直接实施拖带权，所以创业企业在谈判时应争取加入董事会同意条款，对投资方施以限制，使拖带权条款实施的可能性降低。

（3）创业企业为避免投资方滥用拖带权，应尽可能与其约定需经过较长时间才能行使，从而给企业留出充足的发展时间。而且，尽可能约定拖带权的行使价格，不至于被过低贱卖。

3. 回购权条款（Repurchase Agreement）

回购权条款是当企业无法按期上市、经营不善，甚至无法吸引其他并购时，投资方资金安全退出的解决途径。在上述情况下，投资方有权要求企业按约定价格回购投资方所持有的股份。但是这一条款一般很难实行，因为当企业经营惨淡时一般也没有足够资金进行回购，所以在实践中该条款鲜有实施。

创业者谈判应注意点：

（1）触发回购有一定的条件，对条件的设置相对宽泛些，易于控制触发。

（2）创业者需要对企业未来的发展有清晰的认识，若未来没有上市计划需事先和投资者说明。

（3）若以是否上市作为触发条件，则对上市的路径设定宽泛些，对上市国家和地区不做过多限制。

4. 跟随权条款（Tag Along Rights）

跟随权条款，也称为"随售权""参售权"，是指权利人（一般为少数股股东）有权按照其出资比例参与到其他股东（一般为原始股东、多数股股东）拟出售的交易中。跟随权与拖带权相对应，二者发起的情景不同。拖带权是当投资方资金无法顺利退出时可强制要求另一方一起出售股权，一般是投资方主动行使以保护其利益。而跟随权是投资方在原始股东进行出售股权时要求进行同等条件跟随出售的权利。通常情况下前者是企业处于前景黯淡时，而后者是在企业有较好的出售机会的时候。

8.3.2 控制性条款的内容和解释

董事会条款（Board Matters）

"创业天堂"硅谷有着这么一句话"好的董事会不一定能成就好公司，但一个糟糕的董事会一定能毁掉公司"。一个合适的董事会应该能够保持投资方、企业和创业者之间的控制平衡，从而为企业创造更多的利润。

对于创业企业来说，引入初始外部资金时组建董事会的重要性甚至超过了对企业的估值,因为估值只是一时的状态,而董事会的控制权却会影响企业很长时间,甚至决定企业未来的走向。

根据我国《公司法》规定,有限责任公司董事会成员至少 3 人,而股份有限公司至少 5 人。通常来说,董事会席位的设置为单数,有利于决策的通过。对于 A 轮融资的企业,在考虑董事会的效率以及后续扩容后的席位增设下,一般认为理想的董事会人数为 3～5 人。

董事会应反映出企业的所有权构成。董事会代表企业的所有者,为其挑选合格的 CEO。通常创业企业完成 A 轮融资后以创业者为主的普通股股东还掌握大部分的股份,投资者只是小股东,则此时的董事会席位需根据该情况做出分配。如普通股股东持有企业约 60% 的股份,而投资者持有余下 40%,那么董事会可以由 3 个普通股股东和 2 个投资方股东组成。

除了董事席位的构成,董事会条款的另一个重要内容是董事一票否决权的设置。一票否决权通常体现为股东协议中的保护性条款,目的是保护投资人作为小股东,防止其利益受到大股东侵害。

创业者谈判应注意点:

创业者需要尤其关注一票否决权涉及的范围,尽可能限制一票否决权的适用范围。通常,按照公司法的框架分为由股东会决策的公司最重大事项和由董事会决策的公司日常重大事项,前者包括章程、股权结构变更、公司的合并、分立、解散等事项;后者包括终止或变更公司主业,高管任免,预算外交易(如对外投资),非常规借贷或发债,子公司股权或权益处置等。

8.4　创业投资协议的法律适应性

创业投资协议及其条款起源于国外,但在引入国内的过程中由于法律体系的不同而产生了许多适应性问题。无论是创业投资家还是创业企业家,在谈判、签订创业投资协议时都应该严谨地理解相关的法律效力,而不至于在日后矛盾爆发诉诸法律时纠缠不清。鉴于法律问题的严谨性和复杂性,该小节只是简要说明部分重要条款在法律适应性方面的大致情况,便创业投资家和创业企业家对于创业投资协议的基本法律适应性问题有所了解。

8.4.1　对赌条款的本土化问题

在实践环节中,由于对赌条款对股权结构稳定产生的影响导致我国监管部门对于对赌条款不予认可,从而使其失去法律效应。如若涉及外资股权基金,由对赌条款导致的股权转让无法得到监管部门的批准,因而失效。

在《公司法》条款中,对赌条款因显失公平而被认定为在法律上无效,即由于对赌条款的履行会给另一方产生重大损失,所以当事人一方有权请求法院或仲裁机构变更或者撤销,由此法院可能以显失公平而认定对赌条款无效。

8.4.2 回购条款的本土化问题

《公司法》的相关规定使得只有在股份公司减少公司注册资本的情况下，才可由目标公司回购投资者的股份。但是股份公司减少注册资本需经由股东大会决议或者政府机关批准，所以在实践中也是困难重重。

根据《最高人民法院关于审理联营合同纠纷案件若干问题的解答》，回购条款被认定为"保底条款"而在法律上视为无效。企业联营中的"保底条款"被认为违背联营活动中盈亏共负、风险共担的原则而损害其他方利益，因此被认定为无效。

8.4.3 优先清算条款的本土化问题

优先清算权的行使由于目标公司的性质不同而产生差异。在《公司法》规定下，公司在进行清算时，必须按出资比例分配财产，股东之间不能约定其他的分配比例，因而投资者的优先清算权不可行。

但是目标公司为中外合资企业或者中外合作企业，则优先清算权在《中外合资经营企业法实施条例》中被认可。其中第94条规定："合营企业以其全部资产对其债务承担责任。合营企业清偿债务后的剩余财产按照合营各方的出资比例进行分配，但合营企业协议、合同、章程另有规定的除外。"

因此，在国内合资公司或者独资公司的情况下，创业投资者的优先清算权是被法律所禁止的。而在中外合资企业或者中外合作企业的情况下，其却是被法律所许可的。

条款的本土化带来的法律程序性和实践操作中的不适应是创业投资者和创业企业家需要明确的，因为谈判桌上的博弈成果如果得不到法律的保护也会沦为一张废纸。

本章小结

当创业者与外部投资者的合作意向统一之后，外部投资者便会准备一份投资协议要求对方签署，这份协议便是创业投资协议。创业投资协议是对于日后双方在合作过程中的一系列权利义务的界定，行为准则的规范，是良好合作的合同基础。由于创业者在初始融资后一般仍为大股东，而投资方则为小股东，为了保障外部投资者的资金收益，于是制定条款进行保护。但是创业者也需要对这些条款有清楚的理解，否则遭受损害的将是自己的利益。本章主要讲述了创业投资协议的框架内容，并对一些重要条款进行了解释说明。

感悟与思考

1. 创业者如何在创业投资协议中保护自己？
2. 创业者如何平衡投资者与自身双方的利益？

关键词

创业投资协议、投资条款、优先股、法律适应性

第9章 创业企业的管理与增值

【本章导读】

本章结合中国创业投资的发展历程,聚焦于创业投资的投后管理与增值。投后团队,作为许多创业投资机构的独立部门,不仅能把控风险与增强企业软实力,同时对于企业的未来投资布局以及投资逻辑的检验都有着不可忽视的作用。学习本章后,读者应该了解:

1. 创业投资的影响因素;
2. 创业投资的增值方法;
3. 投后管理阶段的侧重点。

9.1 创业投资"婚后生活"影响因素

很多人都说创业投资如同结婚一样,在蜜月期之后,剩下的就是好好一起过日子。在之后的三到十年中,并不是说创业投资者每天都要与创业者联系,但却需要维系一个和谐而稳定的关系。按创业投资行业的老话"三分选项目,七分靠管理",足以说明投后管理的重要性。Gorman 和 Sahlman 的研究表明,创业投资家在投资后参与管理活动上,大约需要花费 60% 的时间。[①] 同时因投资阶段,持有股份数量,投资行业以及被投公司的运行状况等因素不同而使得创业投资投后管理的方式和程度也有差异。

1. 投资阶段

根据创业公司所处的发展阶段不同,创业投资后管理的方式和参与程度有所不同。在创业企业的早期阶段如种子期,由于创业者一般缺乏创业管理的经验,管理班子不健全,各种关系网络,特别是市场网络尚未建立起来,这时创业投资家的积极介入对创业企业的成功非常关键。此外,创业者在企业开始创办的阶段常常会遇到各种挫折或障碍,创业投资家的介入不仅给创业者提供了商业上的支持,而且还能够给他们情感上的支持。随着创业企业的发展壮大,增值服务的方式和内容随之发生变化,创业投资家介入的程度可能没有早期那么深,且多提供战略管理方面的帮助。

2. 持股比例

一般来说,持股比例越大,参与的程度越深,选择的方式越多,所承担的企业各方面的风险也会越大。若股份很少,则可能只需参与股东大会行使股东权力即可;若股份多,则可能需要参与董事会、监事会,甚至派员出任总经理(或副总经理)、财务部经理等,参与程度也大大加深。

---

① Michael, Gorman, William, A, Sahlman. What do venture capitalists'do?[J]. Journal of Business Venturing, 1989(4): 231-248.

3. 投资行业

根据所投资的行业性质不同,创业投资后管理的方式和介入程度不同。一般而言,对于高新技术企业,由于其不确定性较大,创业投资家的介入方式较深;而对于非高新技术企业,介入程度可以相对浅一些。此外,创业投资家往往选择自己较熟悉的行业进行投资,这样可利用自身优势对创业企业提供增值服务。

4. 被投公司运行状况

一般而言,在创业企业运行正常时,创业投资家介入的程度可以浅一些;而在创业企业面临困境,出现经营困难时,创业投资家往往会挺身而出,积极支持创业企业。新企业可能遭遇诸如未能如期生产出产品、大客户撤回合同、关键人物突然辞职等困境。创业投资家这时仍应要有耐心,提供支持帮助企业渡过难关。若创业投资家解决危机的各种措施都无济于事,则其应尽早退出,以免造成更大的损失。

总之,创业投资家应根据自身的特征和战略,结合实际情况,决定管理介入程度和方式。创业投资家不仅仅作为被投公司的资金提供者,更是其成长伙伴。

9.2 创业企业的治理结构难题

在创业企业的成长过程中总会遇上各种各样的问题,而其中非常重要的一大问题则是创业企业的治理结构。随着企业的壮大,管理层需要的能力也会有所差异,在发展过程中管理层难免会发生冲突,因此管理团队的分工也需要更加明确。

9.2.1 管理层更迭问题

作为一家接受了创业资本投资的创业公司,它从开始的一个想法到设计出一个成形的产品,又到拥有几个客户的小公司,再到发展成为大型的成长型企业,在这个过程中,创业公司的需求将会不断发生变化。因此,对于创业企业的管理层而言,最困难的问题之一是如何应对这些变化。创业管理层必须意识到,如果其在创业之初选择了引入创业资本,那么随着公司的发展壮大,他们个人在公司的角色和定位也将很可能发生变化。哥伦比亚大学商学院的 Noam Wasserman 把这种现象称为"成功悖论"(paradox of success),他评论道,为了筹集尽可能多的资金,创业者常把自己置于资本提供者的支配之下,而这也就增大了将来更换 CEO 的可能性。

2003 年,组织变革领域的专家 Dennis Jaffe 和 Pascal Levensohn 指出,在一个企业商业化的早期阶段,即一个公司从研发阶段发展演变为拥有消费用户的真正商业企业时,最有可能更换 CEO。而这对于创业者来说,通常也是很难接受的。在公司商业化早期更换 CEO,对创业者而言是一种创业资本的背叛。然而,在许多创业投资家眼中,高管更迭几乎已经成为被投企业命运的一部分。通常,一个创业者可能具有很多方面的特质,但若其不具备战略思维,不能将自己的才能有效地运用到以销售为导向的工作中去,则其注定会被淘汰。

因此，创业投资家和创业者在企业成长壮大过程中的沟通显得非常重要。首先，创业投资家要和创业者开诚布公地讨论其存在的优势与劣势，持续地评估 CEO 的表现，并且与创始 CEO 建立一种超越管理变化的关系，开创一种双赢的局面。其次，为了使得未来 CEO 更替真正发生时能够保持公司的平稳运行，董事会应要求 CEO 定期进行报告，在组建之初就应给 CEO 设定目标值和期望值并进行定期考核。若一旦决定更换 CEO，董事会就应做出明确表态，积极雇员、顾客、投资者以及其他股东进行交流，既要说明原 CEO 的重要功绩又应对将要招募的新 CEO 技能以及经验有一个简要的介绍。而在 CEO 更换结束后，无论原 CEO 是否在公司留职，继任 CEO 都不应该公开谴责前任管理者所作的错误决定，而应着眼于公司的未来，探讨公司的愿景、价值、目标、战略以及计划等。

9.2.2　董事会冲突

由于董事会冲突而夭折的创业公司较多，其典型案例为中国团购公司 24 券。24 券是由著名 PE 公司 KKR 曾经的投资经理杜一楠创立的，其拥有麻省理工学院（MIT）电子工程学士、硕士、经济学学士，哈佛大学 MBA 等学位。24 券的投资方包括马来西亚成功集团、新加坡 Vickers Venture Partner 等机构，前后注资超过 1 亿美元。然而在不到 4 年的时间内，这位天才级别的人创立的 24 券为何倒闭了呢？

最主要的问题就是管理层和创业投资家利益分配上的矛盾。在团购泡沫破灭之后，24 券欠了供应商一亿多。投资人派驻代表作为 COO 进入公司。在缩减规模后，在部分城市已经可以实现盈利。但在投资方打算继续注资时，24 券内部管理层与派驻代表发生了矛盾，互发内部邮件痛斥对方。后者指责 CEO 涉嫌"私吞"200 万元公司财务并"跑路"美国。而实际的诱因是资方在新的注资条件中要求 CEO 把股份稀释到个位数，这引起了创始人的不满。

创始人杜一楠拥有良好的背景，因此在资本圈融资并不难，但是其管理能力欠佳并缺乏经验。而该创业公司的创业投资家是新加坡财团，其管理比较细致，风格也比较细腻，这与创始人的做派和风格相冲突。最后，才激发创业投资家和创业者之间致命的矛盾。

1. 初创企业的董事会冲突

在企业董事会中，创业投资家和其他董事的利益总是存在着不一致。通常情况下，在种子阶段注资的创业投资家，其见证了企业管理团队从组建到成长至今的整个过程，因此其已经与这个团队建立起了良好的友谊和充分的信任，并且他们非常希望能继续维持与企业 CEO 的这种关系。然而，之后加入董事会的独立董事和股东以及后期加入的投资人与先行者时常抱有不一样的目的，他们通常会更倾向于获取短期利益，而不会从更深层面去为企业着想。

2. CEO 更换中的董事会冲突

在 CEO 更换的过程中最常见的问题就是 CEO 和创业投资家对于董事会内部最普遍矛

盾的看法存在差异。如图 9.1 所示，创业投资家把"个人性格"（personality）看作董事和 CEO 之间矛盾的最主要原因，占比 27%，其次是"退出方式"（exit strategy），占比"22%"，然而"公司价值评估"（valuation）（24%）和"日常开销约束"（burn rate）（22%）是 CEO 认为最主要的两个矛盾。

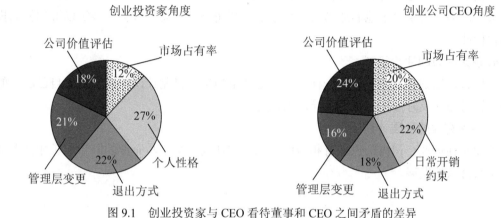

图 9.1 创业投资家与 CEO 看待董事和 CEO 之间矛盾的差异

数据来源：Dow Jones VentureOne/NVCA.

"公司价值评估"必然导致管理层和创业资本之间产生矛盾，因为管理层持有的是普通股，创业投资家持有的是优先股，而普通股的受偿顺序次于优先股。"日常开销约束"则其实是同一问题的另一种表现。因为每一家公司都只有限的资源，所以创业投资家投入的每一美元都会稀释创业者管理层的利益，管理层必须承受巨大的压力，在双方商定的资本和时间约束下，开发出性能良好的产品或者服务。创业投资家想投入最少的资金以拥有尽可能多的股份；管理层也想拥有尽可能多的股份，同时还能用创业资本的资助来实现产品的开发。

因此，创业企业中身为创业投资家的董事必须更多地参与到企业长远发展战略的制定中来，并且在董事会内外加强相互之间的沟通，以期取得更好的合作成果。

9.2.3 中层管理团队失败的问题

伴随着创业公司从种子期向成熟期的逐步成长，创业者需要关注的问题也会有所差别，管理团队所需的人才也将会不同。因此，创业公司除了最初的创业团队，还需要分工更加明确的中层管理团队的加入来更好地实现日常运营，而中层管理团队失败的原因通常如下。

1. 缺乏明确的工作职责

创业者通常习惯于非明确的工作职责，享受与团队成员一起工作的状态。然而中层管理团队则不一样，每位经理的工作职责十分明确，并且需要针对某个领域的专才。

2. 缺乏有效的选择过程

创业公司在不同的成长阶段需要不同的人才，因此选择的标准也将有所不同。中层管理团队不能因为某人一直处于某个职位就忽略了可能更适合该职位的其他员工。

3. 缺乏对于管理团队的激励

创业公司的成长很大程度上取决于管理团队的好坏。因此，如何最大程度的激励管理团队将是企业成功的关键。创始团队的成员通常积极程度最高，因为他们通常是将自己与公司"捆绑"在一起，占有公司很大一部分的股权。而中层管理团队的成员通常会相对缺乏积极性，因此需要给予他们适当的股权激励、利润分享计划或者补偿金等以增加他们投入的积极性。

4. 缺乏有效的评价机制

中层管理团队和创业团队不一样，需要更严格的奖惩机制让团队成员清楚自己所处的状态，针对错误及时修正，表现优异，则及时奖励。

5. 缺乏有效的发展计划

即便是在创业公司内部也应有相应的员工培训计划。员工与企业的同步成长才能保证公司未来持久的发展。

9.3 创业企业的财务管理难题

创业企业成长过程中的另一个重要问题是创业企业的财务管理。作为一家企业，盈利水平与现金流状况都是创业者与创业投资家关注的焦点，也是评价一家创业公司管理水平最直观的方式。通常一家企业的财务问题主要有以下两个方面。

9.3.1 内部控制

每个创业企业都有创业计划与未来财务预测，但在实际运营过程中，成本与销量的实际数据可能与最初的预测并不一样，这时则需要调整现有资金（如增加资金投入）来为实际运营过程提供帮助。创业投资家都应对现金流的变化保持敏感，从这些数据的变化中察觉公司的资源配置过程。

创业企业的财务内部控制与成熟企业相比会更加困难，主要原因是人员较少，分工不明、职责不清、业务交叉过多、随意性大，事后缺乏必要的监督，这些时常导致会计信息失真，很可能给企业造成重大损失。因此，创业者一定要找到公司内部控制的薄弱环节，有针对性的解决实质性漏洞。一个比较好的解决方案就是增加事后监督环节，每个季度对企业进行一次仔细的审计，明确自身的资金流向。全年进行四次这样的审计，能够帮助创业者更好地配置公司的资源。

9.3.2 投资不足

创业企业一般拥有专业技术并负少量债务。其资金的主要来源是创业者与创业投资家。

此阶段的企业组织结构简单，创业者一般集投资者、生产经营者、管理者于一身，管理体制一般采取集权治理模式，委托代理问题不明显。企业投入多、产出少，盈利能力较低，现金流转不顺，自由现金流量甚至为负。但初创时期的企业一般拥有新发明或新技术，这些新发明或新技术转化而成的新产品又孕育着新的市场机遇，因此，投资项目具有高风险、高收益的特点。由于资金的制约，在此阶段企业一般不会出现投资过度的现象，主要的问题是投资不足。

在企业初创期，由于融资困难产生的投资不足，可以通过减少信息不对称进行缓解。企业应积极向市场上的创业资本传达高收益投资项目的详细信息，拓宽信息渠道，使市场上的创业投资家能有效地将高回报的投资项目与其他企业的劣质项目区别开来，增强自身项目对创业投资家的吸引力，从而提高企业融资能力。虽然初创企业向银行普通融资较难，但通畅的信息可以让银行准确地把握贷款的风险，通过签订合适的贷款合同减少企业违约风险，也在一定程度上提高了企业取得贷款的成功率。

9.4 创业企业的"过日子守则"

在企业成长的过程中，对于创业者而言，关键是如何与创业投资家和谐而愉快地共享"婚后生活"。为了规范其日常行为，创业企业需要养成制定"成长记录"的好习惯。同时，创业投资家的董事会席位、公司治理、人力资源、战略建议等监控活动都将会使创业企业永葆活力。在创业企业不同的发展阶段，创业投资家也会有不同的侧重点。

9.4.1 创业企业的"成长记录"

目前，学界与业界对于创业投资的管理介入方式还未形成一致的定义。Barney 等创业投资家认为对被投企业提供的帮助可以分为两类：一类是经营管理建议，包括提供有效的财务建议、合理化的经营建议、管理建议等；另一类是运营帮助，包括为被投资企业介绍客户、供应商，帮助被投资企业招聘员工等。Dotzler 发现创业投资家的管理参与活动包括融资顾问、战略建议、招募高层管理者、充当 CEO 智囊团、组织和激励体系建设、管理层业绩反馈、选择其他专业服务（如法律等），与其他公司的战略联系、营销、工程技术咨询等多个方面。Knockaert 等将创业投资后管理活动分为监控活动和增值活动两部分，其中，创业投资家的监控活动包括监控财务状况、市场营销状况、股权变动、CEO 的报酬、追加借款等；增值活动包括制订战略计划，充当管理团队的参谋，招募 CEO 或 CFO 等高层管理人员，招募新员工，联系潜在客户，组建有效运行的董事会、运作管理等。综上所述，我们可以将记录创业企业成长的具体方式总结如下：

1. 法律文档

法律文档可谓是创业投资家的"圣经"，为创业投资的各个环节都提供了准确的记录。同时，公司所包含的所有期权、员工持股计划、专利、特权等原件复印件也会包含其中。

2. 通信文档

创业投资家与创业团队对应联系人的联系方式都应包含其中。同时与每位联系人的交流记录也应按时间顺序附加在内。

3. 月度报告

创业公司的月度报告主要是由两部分组成：一部分是公司每月的财务报表；另一部分则是创业公司的发展汇报、重大进展与发展"瓶颈"。

4. 财务记录文档

除了公司每月的财务报表以及年度审计报告、纳税申报单、销量快报、财务预测等资料也都包含其中。

5. 董事会议文档

在该文档中，应记录每次董事会议的相应内容，此举可帮助创业者对公司的重大进展有更好的把握。

6. 跟踪文档

该文档是创业投资家对创业公司过往各方面表现的一个综合评价与客观预测，综合公司的历史数据与财务运营情况，可判断公司业务是否能如期进行。

在创业投资家进行各种增值服务之前，可以结合宏观国际形势、国内形势，中观行业发展以及竞争势态、微观的用户需求和痛点，来选择优质的投资项目进行协商交易，同时创业投资家还可以通过联合投资来降低和分散风险、扩大投资范围、增加交易机会以及提供更加优质的增值服务。

9.4.2 创业企业的"青春宝典"

在投后管理阶段，创业投资家会通过各种增值服务使得创业企业永葆青春。而实现增值的主要来源是创业投资家（机构）自身的声誉。Hsu 发现创业投资声誉是创业投资家一项重要的无形资产，它是创业投资机构与市场上其他参与者长期交易和重复博弈的结果，是缓解信息不对称的重要机制。对于创业投资家增值服务的分类，龙勇和王陆鸽将其分为治理结构和网络资源两个类别；[①]Knockaert 等人通过探索性因子分析将增值服务分为战略上的支持、网络资源上的支持、运作上的支持和人力资源管理上的支持几方面；Metrick 则将监控活动简单总结为董事会席位、公司治理、人力资源、资源引荐、战略建议五个方面。以下分析将参照 Metrick 的分类方式，对五种监控活动进行简单总结。

1. 董事会席位

在董事会占有一席之地是创业投资人主要的监控手段。作为董事会成员，创业投资人有权参与和影响公司的行为，例如是否需要融资，是否接受收购要约，是否要进行重要的策略性交易以及是否聘用或解雇某位高级管理层成员等。而董事会席位问题也往往是谈判

---

① 龙勇，王陆鸽. 风险投资的非资本增值服务与技术创新绩效的关系研究 [J]. 科技进步与对策，2010（13）：13—16.

中颇具争议的部分，创业投资人（机构）通常想要更多的董事会席位，而创业企业却往往不愿受太多的控制。在早期的几轮投资中，主导投资方很自然能获得一个席位，联合投资中的其他公司通常也能得到席位。但到了晚期投资阶段，投资人获得董事会席位变得相对困难，有些创业投资人只能获得董事会观察权而不享有投票权。同时，如果作为创业企业的董事，创业投资人需要花不少时间参与董事会的工作。

在实际情况中，虽然不是硬性要求，但许多企业会约定俗成地将董事会成员数量保持在奇数。同时在第二轮融资后，在董事会中再增设一位独立董事。无论是对于创业者还是创业投资家而言，董事会席位对于管理层更迭以及董事会冲突问题的解决而言都显得至关重要。对于创业企业创始人而言，如果随着公司的发展无法把控普通股的投票结果，之后就可能彻底失去对公司发展方向的话语权甚至被董事会除名，所以公司创始人往往会在公司 CEO 之外再为创始人添加一个董事会席位。这样，即便 CEO 职务被免除，创始人也可以继续担任董事会成员。而对于创业投资家而言，每一轮融资的领投者都会任命一名董事会新成员，如果无法成为董事会成员，也要成为"观察员"，尤其是高投资额的领投者（后期融资轮）或者早期融资额的投资者（投资金额相对较小）。

2. 公司治理

公司治理规则决定了股东和管理层之间的权利分配。近年来，有很多学术研究的问题则是公司治理规则和公司业绩之间的关系。设立公司治理规则最好的时期是当公司规模尚小且还未上市之时，创业投资人在这一过程中将起到显著作用。Hochberg 研究上市公司的第一批公开文件，分析了创业投资如何影响各种公司治理规则。研究发现，创业投资支持的公司其特征如下：

（1）在上市之前少有非常卓越的会计数据；
（2）更有可能拥有独立董事以及董事会的专门委员会；
（3）更可能将董事长与 CEO 的角色区分开来。

对于创业公司而言，只有在公司起步初期规模尚小之时将公司治理的结构搭建好，公司才能长远健康的发展。

3. 人力资源

创业投资家也会花很大一部分时间来处理其投资组合公司的人力资源问题。这要求创业投资家能够正确评估管理者的能力，同时能找到新的管理者来代替表现不好的前任。Hellmann 和 Puri 比较了有创业投资支持和无创业投资支持的硅谷创业公司的人力资源情况。[①] 结果显示，创业投资的支持能够让公司更快招募到高级管理层（如市场部副总裁），更快采纳股票期权计划，同时公司 CEO 的替换率更高，而被替代的 CEO 通常继续留在公司担任其他职位。这表明创业投资人希望保留创始 CEO 的作用，但同时又希望寻求更有经验的 CEO 来经营大型公司。还有一个值得关注的结论是，CEO 的更替通常发生在公司融资较长时间之后，暗示融资和 CEO 更替是两个独立事件。

---

① Thomas Hellmann, ManjuPuri. Venture Capital and the Professionalization of Start-Up Firms: Empirical Evidence [J]. Journal of Finance, 2002, 57（1）: 169—197.

对于创业投资家而言，投资早期项目尤其看重人力资源、抑或是团队的价值。随着项目后期的累计，创业投资家在企业间发挥协同效应的同时，也可能提供人力资源挖掘、人才举荐等方面的帮助。

4. 资源引荐

创业投资家通常能利用自己的高声誉吸引新的合作伙伴，如下游顾客以及上游供应商。KPCB 奉行"经连会"（Keiretsu）原则且是这种方法主要的倡导者。学术研究对于创业投资引荐资源的功效仍处于起步阶段，但是根据 Lindsey 的研究，创业投资家确实有在其投资组合公司之间进行"穿针引线"。因此，潜在的被投创业企业也应该关心该创业投资人投资组合中其他公司的水平，因为这些公司未来很可能也会成为自己的合作伙伴。

5. 战略建议

创业投资家作为 CEO 的顾问，通常有机会参与战略制定的过程。但是这个机会必须谨慎的利用，因为创业投资者很难在所有领域都给出战略性建议，往往是专注于个别领域。但是对于整个公司来说，若能让专注于本行业的创业投资家以专家身份参与到战略决策中去，必将会收获极大的收益。

9.4.3 创业企业的"阶段练习曲"

声誉高的创业投资人（机构）在创业企业不同的发展阶段为其提供恰当的增值服务。在种子期，声誉高的创业投资人可能帮助企业聘任高管、建立战略联盟等；在发展期和扩张期，投资人可以帮助企业获取更多的资金或者增加流动性，例如引进专业的投资银行或者促进并购双方的沟通；在企业上市（成熟期）后，创业投资人还可以帮助企业规范其投融资行为。[①]

1. 阶段一（种子期）

（1）建团队、搭班子，合理化股权架构。处于种子期的创业企业往往团队配置不完善，股权架构也不够合理。在这个阶段，与其说是投资项目，不如说是投资创始人或者核心团队。同时，对于早期项目，人的因素起着至关重要的作用。有的创业投资机构为此甚至设立专门的人员招聘部门，长期为所投创业企业物色合适的人选。

（2）商业模式梳理。不同领域的商业模式梳理不尽相同。例如，处在天使轮或者 Pre-A 轮阶段的电信、媒体、科技公司，前期要能抓住核心业务，快速迭代，并且不断调整业务方向和模型。一旦发展到 A 轮，产品形态和模式需要基本稳定，这时则更注重产品的完备和稳定，包括稳定度、完善度、安全性等方面。创业投资家早期应协助创业企业探讨更合理、更有发展空间的商业模式，减少企业的试错成本。

（3）融资对接。对于早期的项目而言，融资几乎是在企业自身还没有良好造血能力的情况下，保证企业资金链稳定、持续发展的必要支撑。但一般而言，创业公司早期由于

---

① 吴超鹏，吴世农，程静雅，王璐. 风险投资对上市公司投融资行为影响的实证研究[J]. 经济研究，2012（1）：105—121.

缺乏合理的财务分配,而且没有很好的变现渠道,因资金链的断裂极有可能直接毁掉一个项目。对于能够"造血"的企业来说,前期的资本介入仍然对缩短产品的周期、完善产品十分有利。

在国内的创业投资机构种子期的投后管理中,真格基金与IDG的投后管理都相对比较系统。真格基金涵盖人员招聘、PR品牌、资本对接、财务、法务顾问等。对于已经投资的项目,按照季度为周期进行跟进,通过横向、纵向对比,分层对接。IDG则以内部月度推荐的形式建立核心人才库,据IDG的相关负责人介绍,现在全国每月有超过500次的技术、产品及用户界面、用户体验方面的高质量候选人匹配。这种类似于猎头的工作只是IDG投后服务中的一部分,其余还包括资源开拓、公关活动、创业指导等。

2. 阶段二（发展期、扩张期）

（1）盈利模式—变现渠道。在这个阶段中的创业企业,创业投资机构的投后部门一方面协助企业完善商业模式,但更多值得深究的是变现渠道的打通,即盈利模式的梳理和开发。到了创业企业的发展期与扩张期,合理的盈利模式会为企业带来更多的流量和现金流,开始大规模启动"造血"功能。例如,到了B轮的TMT公司,在规模上已经具有一定的优势,着力点要转变成扩展性和性能效率,以及细节处理和变现渠道。

（2）战略融资。对于这个阶段中的创业企业,融资不仅是找资金,更多是搜寻符合企业文化、契合企业未来战略的创业投资机构,这样不仅能够给企业带来资金上的帮助,而且可以带来资源上的补充和支持。在这一阶段中,投后部门要更加深入地了解企业未来发展战略和规划,并对当前符合企业文化属性的资方进行梳理,然后再牵线进行资本对接,角色有点类似于专业的财务分析师（financial analyst, FA）。在资本对接过程中,不断解决资方的质疑,梳理企业未来的发展方向。

3. 阶段三（成熟期）

（1）战略布局。处在这一阶段中的创业企业往往具备较成熟的商业模式,也有很好的盈利增长点。在这一阶段中,投后部门需要协助项目方进行有效地战略布局,例如业务并购、完善产业链,为上市做好准备。

（2）战略融资或并购。吸纳中小型企业、并购补充企业短板成为这个阶段中的创业企业发展的重点。必要的战略融资与并购会成为这轮跟进投资机构应该实时关注的重点。

创业投资家为创业企业创作的"阶段练习曲"每一阶段的重点都不一样。种子期的创业企业像新生的婴儿一样,未来有着无限的可能性,此时更注重的是哺育和关怀,例如帮助种子轮的企业建团队、提供财务法律顾问等。发展期和扩张期的创业企业基本可以自理,该阶段中投资者应更加侧重精神上的熏陶和培养,防止走弯路。到了成熟期的创业企业就如同二十多岁的青年,性格思想都比较稳定,那么这时则要更注重对企业大方向的把控与未来的规划。

本章小结

创业投资家不仅作为被投公司的资金提供者,更是其成长的伙伴,为公司的各发展阶段提供增值服务。双方关系建立的基础是信任,只有相互信任之后才能够互相帮助,共同向同一目标努力。公司如何能更快、更好的成长是创业投资家与创业者共同的目标。在创业企业成长的过程中，创业企业主要会遇到两大难题：治理结构难题以及财务管理难题。为了使创业企业与创业投资家和谐而愉快地共享"婚后生活"，创业企业需要遵守一系列的"过日子守则"。同时，创业投资家对于创业企业各个阶段增值服务的侧重点也应有所不同。

感悟与思考

1. 创业投资家如何更好地实现管理增值服务？
2. 创业企业各个阶段投后管理的侧重点有何不同？

关 键 词

公司治理结构、董事会、内部控制、投资不足、公司治理、商业模式

第10章 创业投资的退出

【本章导读】

创业投资的退出,是创业投资家的最终目标。当公司发展到一定程度,创业投资家希望在正确时机将公司卖出以此来获得收益。本章结合中国特有的金融生态环境,详述了创业投资的退出途径与收益分析。学习本章后,读者需要了解:

1. 创业投资的退出途径;
2. 多种退出途经的比较分析;
3. "新三板"。

10.1 创业投资的"友好分手模式"

事实上,创业投资家与创业者的"婚后关系"非常复杂。一方面,创业者会认为创业投资家与他们相比,付出的不多却分走了那么多收益;另一方面,创业投资家也经常对创业者感到失望,认为如果是他们自己来经营这家公司情况将会好得多。创业投资家的最终目的是现金退出(cash out),两者的分歧终将导致"婚姻破裂,友好分手"。

根据本书之前所说的"风险与收益成正比",创业投资家会希望自己的资金取得更高的收益,进而和他们所承担的风险相匹配。创业投资的"分手方式"主要有三种:公开上市、并购市场以及清算或破产。

10.1.1 公开上市退出模式

公开上市退出是指创业企业通过培育后,在符合公开上市标准(IPO)的情况下,经过必备程序在证券市场挂牌交易实现股权转让的退出方式。公开上市的场所,可以是主板市场(主要是符合主板市场标准的企业),也可以是二板市场(包括各种形式的为成长型中小企业提供金融服务的市场,如美国的 NASQAQ 市场和英国的 AIM 市场)。公开上市退出方式的增值潜力巨大,是创业投资的首选模式。

从发达国家的实践经历来看,创业资本的 IPO 退出机制是一个以交易市场为核心的诸多因素组成的综合体协调运行的结果。据统计,美国私募股权投资通过 IPO 退出比例在 15% 左右,而以并购退出的比例维持在 80% 以上。IPO 退出机制主要包括退出基础与退出操作技术两个方面。

1. 证券市场运行机制的构建(退出的基础)

创业投资退出的市场机制首先需要一个市场体系,整个市场体系是由市场级次结构、市场主体组成的综合体。在市场体系构建的基础上,通过市场功能定位、运行规则以及市场运行监管等各个方面的建设和完善，进而建立起创业投资退出的市场机制。

2. 投资者的退出运作（退出操作技术）

创业投资者在投资之前，就应该制定一个可行的退出战略，确定合理的退出方式和退出操作规划。在创业公司发展到一定程度之后，依据IPO的操作程序，通过高效运作，成功地实现以IPO方式的退出。

中国市场有供境内企业进行IPO的交易所，但传统意义上创业资金投资的企业通常会以海外上市的方式实现退出。中国企业时常采用"红筹"模式来实现海外上市，根据这一模式，境内企业在开曼群岛或英属维京群岛设立一个壳公司，然后将境内企业的股权转入该壳公司，这样创业投资家可以投资于股份可自由交易的离岸控股公司而无须应对投资境内公司的风险。

10.1.2 并购市场退出模式

企业间的并购行为是企业发展不平衡以及企业战略实施的必然结果。根据创业投资退出的出售对象（购买主体），创业投资的退出方式可分为两大类。

1. 协议回购

协议回购是指按照创业投资协议的规定，在投资期满后，由被投企业购回创业投资家的所持有的公司股票。这种投资方式降低了投资者的风险，保障了创业投资至少可以收回协议回购价格的收益，因而许多创业投资机构都选择这种方式。同时，对于创业企业而言，当企业在创业资本的帮助下取得较大的发展之后，企业家通过回购企业的股权，可以重新得到已壮大企业的所有权和控制权。协议回购的另一种方式是管理者收购（MBO）。即创业企业的管理者与创业投资家发生分歧，或者投资协议中与创业企业管理者约定的条款发生时，创业企业管理者通过杠杆方式收购创业投资家的股权。近年来，在美国，创业企业从创业投资家手中回购股权的方式发展很快，从企业数量来看，它已经成为创业投资主要的退出渠道。但是，从实现的投资收益角度看，回购方式远远比不上IPO。

创业企业或创业企业管理者购买创业投资机构所持股份的支付方式可以采取现金、票据等形式，也可以通过建立一个员工持股基金（ESOT），来买断创业投资机构拥有的股份。所谓员工持股基金类似于养老基金和利润分成计划，它通过公司捐助的资金而建立，唯一的区别在于它买的不是其他上市公司的股份而是本公司的股份。员工的持股基金可以从公司的税前收入中划拨，或在预测公司未来划拨款的基础上从银行筹措。股份回购还可以通过"卖股期权"以及"买股期权"来实现。卖股期权是赋予创业投资家的一项期权，要求创业企业管理者或者创业企业以预先商定的形式购买其手中持有的股票。与此对应，买股期权则是赋予创业企业管理者或创业企业的一项期权，让其以相同或类似的形式购买创业投资家手中的股票。

2. 企业购并

当创业企业难以达到IPO条件时，创业投资家可以在私人权益市场上出售其所拥有的企业股份。从事创业公司并购的主体大致有两类：一类是对创业企业有兴趣的一般公司；

另一类是其他的创业投资公司。一般公司并购创业企业，或是为了获取相关领域的技术，或是为企业转型而着力开拓新行业。一家创业投资机构将其拥有的创业企业股权转移给另一家创业投资机构的方式，则被称为二次出售。通过企业购并，创业企业的产权实现转移，原来的投资得到流动。企业购并是创业投资家退出的一种主要方式。近年来我国创业企业并购的数量快速上升，2016 年我国并购市场中披露金额的案例数量达 6 938 起，披露并购金额共达 5 573.7 亿美元。在美国，通过企业并购实现的创业投资退出占总数的 30% 以上，超过 IPO 方式的数量，但是，企业并购方式的收益率要比 IPO 低得多，仅相当于 IPO 方式收益率的 20% 左右。

10.1.3 清算或破产模式

清算也是创业投资家退出企业的一种方式。清算主要涉及两种情况，一是创业企业解散时的清算，主要是由于创业企业解散条款的出现，或者是在股东同意解散以及法律要求解散等情况下进行的清算；二是在经营困难甚至资不抵债的情况下的破产保护清算。创业投资的高风险也正是体现在高比例的投资失败上，越是处于早期阶段的创业投资，失败的比例越高。在公司经营状况不好且难以扭转的情况下，解散或破产并且进行清算可能是最好的止损方式。

10.2 中国创业投资"分手"情况

10.2.1 中国多层次资本市场

在中国，间接金融的体量过于庞大，占社会总融资额的 80% 左右，而直接金融的发展较为缓慢，2002 年之后才逐步开始，目前其规模也只占到社会总融资的 20% 左右。20 世纪 90 年代至今，我国资本市场已发展为由场内市场和场外市场两部分构成的格局。如图 10.1 所示，场内市场的主板、中小板、创业板（俗称二板）、全国中小企业股份转让系统（俗称新三板）以及区域性股权转让市场等共同组成了我国多层次的资本市场体系。针对不同类型的企业提供所需的金融服务，这无疑使多层次的资本市场大大地提高了金融市场的运作效率。随着互联网金融的出现，其对现有金融结构的发展和细化也起到了极大的促进作用。

1. 主板

主板市场是指传统意义上的证券市场，是一个国家或地区证券发行、上市及交易的主要场所。它是资本市场中最重要的组成部分，在很大程度上能够反映经济发展的状况，有"国民经济晴雨表"之称。中国的主板市场包括成立于 1990 年 12 月的深交所与上交所，而美国全美证券交易所（AMEX）即为美国的主板市场。

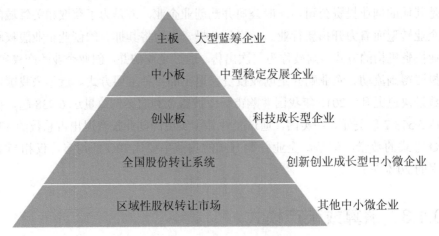

图 10.1 中国多层次资本市场

2. 中小板

中小板,即中小企业板,是指流通盘大约 1 亿元以下的创业板块,是相对于主板市场而言的,有些企业的条件达不到主板市场的要求,所以只能在中小板市场中上市。中小板的建立是构筑多层次资本市场的重要举措,也是创业板的前奏。2004 年 5 月,经国务院批准,中国证监会批复同意深圳证券交易所在主板市场内设立中小企业板块。

3. 创业板

创业板是指专为暂时无法在主板上市的创业型企业、中小企业和高科技企业等,需要进行融资和发展的企业提供融资途径和成长空间的证券交易市场,是对主板市场的重要补充,在资本市场有着重要的位置。美国的纳斯达克市场即为世界著名的创业板市场,中国创业板于 2009 年 10 月 23 日在深圳证券交易所开板,具有划时代的意义。

4. 全国股份转让系统(俗称"新三板"市场)

三板市场起源于 2001 年"股权代办转让系统",最早承接两网公司[即全国证券交易自动报价系统(STAQ 系统)和中国证券交易系统有限公司(NET 系统)]和退市公司,称为"旧三板"。2006 年,中关村科技园区非上市股份公司进入代办转让系统进行股份报价转让,称为"新三板"。新三板与旧三板最大的不同是对配对成交设置 30% 的幅度,超过此幅度则要公开买卖双方信息。2012 年,经国务院批准,决定扩大非上市股份公司股份转让试点,首批扩大试点新增上海张江高新技术产业开发区、武汉东湖新技术产业开发区和天津滨海高新区。2013 年 12 月 31 日起股转系统面向全国接收企业挂牌申请。2014 年做市商制度正式上线实施。随着新三板市场的逐步完善,我国逐步形成由主板、创业板、场外柜台交易网络和产权市场在内的多层次资本市场体系。

5. 区域性股权转让市场(俗称"四板市场")

在我国多层次资本市场场外市场中,除了"新三板",另外非常重要的则是区域性股权转让市场。区域性股权交易市场是为特定区域内的企业提供股权、债券的转让和融资服务的私募市场,是我国多层次资本市场体系中必不可少的部分。对于促进企业,特别是中小型企业股权交易和融资,鼓励科技创新和激活民间资本,加强对实体经济薄弱环节的支持,具有积极作用。

如表 10.1 与图 10.2 所示,截至 2016 年 12 月 31 日,我国新三板市场挂牌企业总数为 10 163 家,数量远远超过创业板以及中小板。此外,当前新三板的平均市盈率较创业板和中小板的市盈率较低,主要是因为新三板市场的流动性较差,企业估值较低。

表 10.1 我国新三板、创业板、中小板市场概况

年份	新三板			创业板			中小板		
	挂牌公司数/家	总市值/亿元	平均市盈率/倍	挂牌公司数	总市值/亿元	平均市盈率/倍	挂牌公司数	总市值/亿元	平均市盈率/倍
2012	200	336.10	20.69	355	8 731.20	32.01	701	28 804.03	25.42
2013	356	553.06	21.44	355	15 091.98	55.21	701	37 163.74	34.07
2014	1 572	4 591.42	35.27	406	21 850.95	64.51	732	51 058.20	41.06
2015	5 129	24 584.42	47.23	492	55 916.25	109.01	776	10 3950.47	68.06
2016	10 163	40 558.11	28.71	570	52 254.50	73.21	822	98 113.97	50.35

数据来源:深圳交易所。

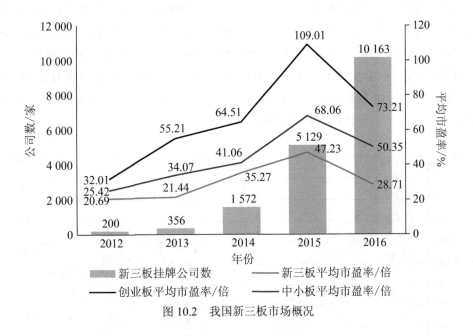

图 10.2 我国新三板市场概况

10.2.2 我国创业投资"分手"情况统计

如图 10.3 所示,2016 上半年我国共发生 1 107 笔创业投资退出交易,其中新三板挂

牌成为最主要的退出方式，期间共计发生 945 笔，占比高达 85.31%；IPO 和并购退出分别排名第二和第三，分别发生 70 笔和 53 笔，剔除新三板挂牌退出后，2016 上半年共发生 162 笔退出事件。

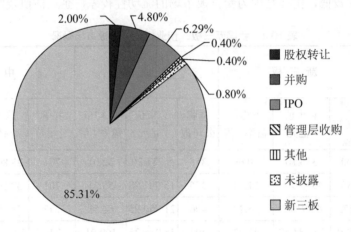

图 10.3　2016 年上半年中国创业投资市场退出情况

1. IPO

回顾历史，我国 A 股共有 8 次暂停 IPO。第八次 IPO 暂停是自 2012 年 11 月开始至 2013 年 12 月结束，该期间监管层开展了史上最严的 IPO 公司财务大检查，IPO 实质处于暂停状态。如图 10.4～图 10.6 所示，第八次 IPO 暂停导致中企全球资本市场 IPO 规模在 2013 年到达最低谷，其中境内资本市场 IPO 规模为零，香港资本市场 IPO 规模较 2012 年相比却有所上升。由于受到上半年全球 IPO 遇冷影响，2016 年全球中企 IPO 较 2015 年稍有回落：全年共计 345 家中企完成 IPO，在数量上较 2015 年下降 4.17%；募资规模 3 200.84 亿元，与上一年相比下降 10.05%。

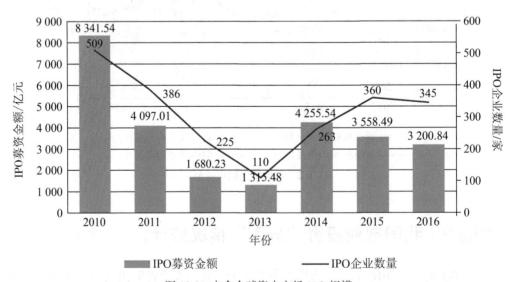

图 10.4　中企全球资本市场 IPO 规模

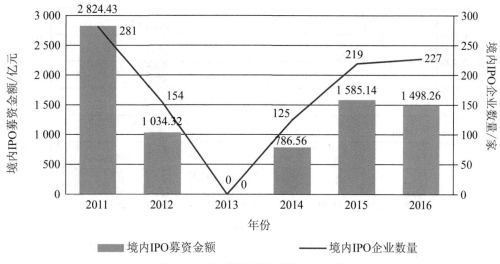

图 10.5 中企境内资本市场 IPO 规模

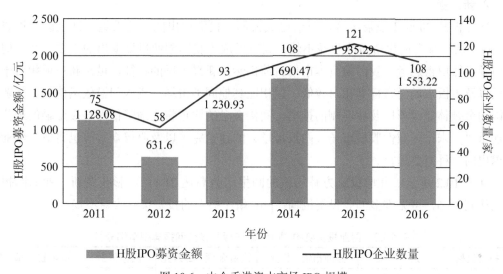

图 10.6 中企香港资本市场 IPO 规模

从收益角度而言，如图 10.7 所示，2008—2016 年，我国 IPO 平均退出回报倍数在 2009 年达到峰值，之后由于 A 股 IPO 在 2013 年暂停逾一年，导致 IPO 平均退出回报倍数仅为 3.02。根据 CVSource 投中数据终端显示，2014 年共 195 家创业投资机构通过企业上市实现退出，退出金额 5 999.12 亿元，与 2013 年全年相比增长 1 391.1%（扣除阿里巴巴集团上市退出金额 4 223.7 亿元后，同比增长 341.29%），平均退出回报率 7.8 倍。2016 年平均退出回报率为 2.45 倍，较 2015 年上涨 18.2%；其中共 164 家具有 VC 或 PE 背景的中企实现上市，共 511 家 VC 或 PE 机构基金实现退出，合计账面退出回报 1 565.99 亿元，与 2015 年相比上升 75.04%。

图 10.7　VC 或 PE 机构 IPO 退出账面回报情况

2. 新三板

新三板从 2006 年发展至今，目前已成为创业投资退出的重要渠道，许多创业投资机构"pre-新三板"的投资策略收益不赖。新三板成为我国创业投资退出的重要途径，但一些问题仍然值得思考。我国的资本市场目前仍然是新兴市场的特征，虽然新三板相对于创业板以及主板市场而言标准相对较低，但相比其他同类市场，进入门槛依然偏高。伴随着我国的金融体制改革以及注册制的推出，间接金融的比重将逐渐降低而直接金融的地位将愈加重要，未来区域性股权市场（四板市场）的建设完善以及股权众筹等也将成为创业投资退出的一种重要途径。

如表 10.2 所示，九鼎投资方林科技的回报倍数高达 21.1，红杉投资新产业的回报倍数也达到 15.5，可见许多创业投资机构"pre-新三板"的投资策略收益不赖。

表 10.2　创业投资机构"pre-新三板"投资回报典型案例分析

投资机构	企　业	当前市值/亿元	投资金额/百万元	回报倍数	年化收益率/%
红杉	新产业	74.2	1095.00	15.5	107
达晨创投	凯立德	57.4	11.00	13.2	71
达晨创投	四维传媒	14.1	85.17	3.98	151
中科招商	云南路桥	25.0	4.50	10.3	61
九鼎投资	威门药业	16.9	47.05	10.9	86
九鼎投资	方林科技	13.4	3.53	21.1	210
同伟创业	兰亭科技	9.6	10.00	4.0	32

（资料来源：www.PEdata.cn，交易数据时间点为 2015.03.27。）

3. 企业购并

如图 10.8，图 10.9 所示，在 2013 年 IPO 暂停的情况下，并购市场得到了迅猛的发展。2014 年，并购市场延续了 2013 年的火热。跨境并购，"上市公司 +PE（私募股权投资）"

等新形式使得并购市场更加丰富多元。而 2016 年上半年，我国跨境并购交易金额增长了近三倍达到 1 340 亿美元，超过前两年中企海外并购交易金额的总和。

图 10.8　中国并购市场宣布交易趋势图

图 10.9　中国并购市场完成交易趋势图

如图 10.10 所示，2009—2015 年，我国并购退出倍数呈现波浪形增长。随着 IPO 开闸以及 2015 年上半年 A 股的大幅增长，2015 年我国并购退出整体规模回到 2013 年水平。根据 CVSource 投中数据终端显示，2015 年在已完成的并购交易中机构退出案例 311 起，合计获得账面退出回报金额为 50.9 亿美元，平均退出回报倍数为 5.92 倍。较高的退出回报倍数主要是由于借壳上市后，机构顺利获利退出。

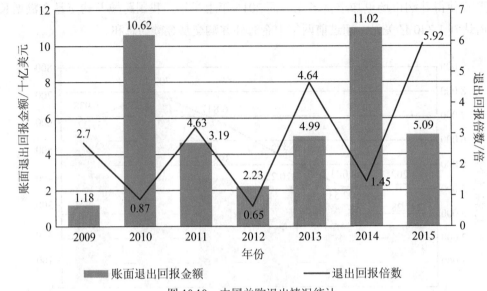

图 10.10 中国并购退出情况统计

根据投中 2015 年度中国创业投资榜，中国最佳回报创业投资基金为达晨创投。达晨创投共管理 16 期基金，管理基金总规模超过 170 亿元，投资企业 320 家，成功退出 75 家，其中 49 家企业上市，26 家企业通过企业并购或回购退出。同时，已有 47 家企业在新三板挂牌，有 26 家企业完成 IPO 预披露等待证监会审核。表 10.3 列出达晨创投部分退出事件。其中达晨于 2015 年 5 月通过并购退出的广州华工百川科技有限公司，投资回报率高达 50.7 倍。

表 10.3 达晨创投部分退出事件

退出时间	企业	退出方式	行业	金额/万美元	回报率/倍
2015.11.16	北京华夏电通科技股份有限公司	并购	应用软件	2 500	0.34
2015.06.10	多喜爱家纺股份有限公司	首次公开募股	纺织行业	387	2.31
2015.06.10	多喜爱家纺股份有限公司	首次公开募股	纺织行业	145	2.31
2015.05.14	广州华工百川科技有限公司	并购	机械设备	22	50.7
2015.04.22	广州航新航空科技股份有限公司	首次公开募股	机械设备	813	0.62
2015.02.17	广西博世科环保科技股份有限公司	首次公开募股	污染监测与治理	293	2.83
2015.01.29	浙江华友钴业股份有限公司	首次公开募股	化工原料	364	0.26
2015.01.29	浙江华友钴业股份有限公司	首次公开募股	化工原料	523	0.35
2014.10.15	广东百合蓝色火焰文化传媒有限公司	并购	广告制作与代理	307	0.92
2014.04.29	山东福尔有限公司	并购	化工原料	319	0.36
2013.06.27	深圳和而泰智能控制股份有限公司	并购	制造业	99	13.67

（备注：深圳市达晨创业投资有限公司旗下管理了包括达晨创业、达晨财信在内的多家不同基金和子机构，因此上表中存在同一时点多笔交易情况。）

10.2.3 我国独具特色的创投之路

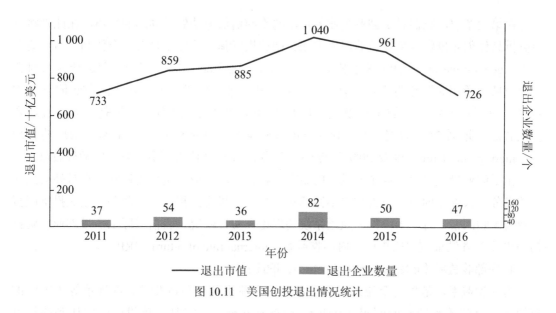

图 10.11 美国创投退出情况统计

如图 10.11 所示，美国的创业投资经历了五十多年风雨，逐步形成了较为完善的退出机制。相比中国创投市场，美国创投市场在净资本持有量市场上经验更加丰富。但是，中国在 2008 年金融危机之后创投市场规模发展更为迅速。金融危机后，并购退出取代 IPO 退出成为美国创业投资家的主要退出选择，而伴随着我国多层次资本市场的构建，IPO 退出（包括创业板、新三板等）成为我国创业投资家的主要退出选择。

1. 我国创投起步晚，早期资本市场相对封闭

相比美国创投五十余年的风风雨雨，我国的创业投资只有二十多年的历史，从 20 世纪 90 年代才开始发展，虽然发展迅速，但与美国等发达国家相比仍有一定的差距。然而也正是因为中国资本市场相对封闭，金融危机期间中国经济受到的影响比美国小，因此，2008 年中国创投的数量比美国多 5.6 倍。

2. 伴随着多层次资本市场的构建，我国创投退出途径更加多元化

随着新三板的推出与完善，我国创投的退出途径更加多元化。新三板相对于主板而言门槛较低，创业板则吸引了众多小型受创投支持的公司上市。但是我国的并购退出与美国相比则差距很大，主要原因是境内法人股交易受限，以非上市或自然人收购为主，这也进而增大了交易难度。

3. 从运行机制上看，还需创建更健康的外部环境

美国于 1982 年出台中小企业法来促进大型企业对于中小企业技术创新的支持，借鉴于此，我国也可以为创投退出提供良好的法制环境，如制定《创业投资法》《并购法》，修订《公司法》，还可以构建综合化的市场监督体系，在监管主体的选择上，除证监会外，还可引入监管中介对交易市场进行市场化监管。

10.3 我国创业投资基金"退出收益"的评估方法

在第七章中,我们对于创业企业各阶段的不同估值方法做了详尽的介绍,在此则将重点分析具体创业投资基金收益的评估方法。创业投资基金往往都是有限合伙制,由普通合伙人(general partner,GP)和有限合伙人(limited partner,LP)组成,普通合伙人对合伙企业债务承担无限连带责任,有限合伙人以其认缴的出资额为限对合伙企业债务承担责任。而创业投资基金的运作模式一般是"LP 出钱,GP 出力",获取收益后普通合伙人普遍是遵循 2/20 收费结构(two and twenty fee structure)——也就是 2% 的管理费(management fee)以及 20% 的额外收益费,有限合伙人则取得剩余的额外收益。

由于创业投资是对创业企业进行的私有股权投资,创业投资机构通常没有对外信息披露的义务,大部分创业投资机构也不愿意对外公布其投资回报率,因此关于创业投资回报率及其影响因素,目前国内外还缺乏系统的理论和实证研究。目前国际上衡量创业投资机构(基金)业绩最重要的指标是内部收益率(internal rate of return,IRR)。

1. 内部收益率(internal rate of return,IRR)

内部收益率,是指资金流入现值总额与资金流出现值总额相等、净现值等于零时的折现率,反映的是现金的回报(cash-on-cash returns)。它是一项投资渴望达到的报酬率,该指标越大越好。同时也可以理解为项目操作过程中抗风险能力或项目投资收益能承受的货币贬值。一般情况下,内部收益率大于等于基准收益率时,该项目是可行的。从 1995—2010 年(2010 年以后的基金还在投资期),我国总共有 1 033 支创业投资基金完成募集,16 年中只有 7 年的 IRR 中位数是两位数,16 年的 9 年里,即使是表现最好的前 1/4 基金,IRR 的年化回报率也不到 20%。

$$NPV = 未来总收益现金流的现值 - 投资额现值$$
$$= \sum_{t=1}^{T} \frac{C_t}{(1+r)^t} - C_0$$

式中,NPV:基金的净现值;

C_t:t 时期的现金流;

C_0:初始投资成本;

r:折现率;

T:投资期限。

【案例链接】

隔壁老王打算投资煎饼店老张 30 万元,帮助他开个煎饼旗舰店,煎饼店老张承诺投资后第一年返还隔壁老王 10 万元,第二年返还隔壁老王 11 万元,第三年返还隔壁老王 12 万元,若隔壁老王的要求回报率(投资成本)为 5%,隔壁老王是否应该投资给老张呢?

(1)步骤 1:初始投资成本 C_0

初始 30 万的投资成本 $C_0 = 30$

（2）步骤2：现金流入现值（PV）

第1年收回10万元的现值（C_1）= $\dfrac{10}{(1+\text{IRR})^1}$

第2年收回11万元的现值（C_2）= $\dfrac{11}{(1+\text{IRR})^2}$

第3年收回12万元的现值（C_3）= $\dfrac{12}{(1+\text{IRR})^3}$

步骤3：令NPV=0，则

$$0 = \frac{10}{(1+\text{IRR})^1} + \frac{11}{(1+\text{IRR})^2} + \frac{12}{(1+\text{IRR})^3} - 30$$

计算得，IRR = 4.775% < 5%，因此，不应投资给老张。

2. 基金的回报倍数（total value to paid-in capital，TVPI）

基金的回报倍数，是指有限合伙人（LP）的基金收益金额与原始投资额的比率。在美国硅谷成熟的创投体系中，如果一支基金能长期持续在十年之内为有限合伙人（LP）获得三倍的回报，那么它就绝对是一线基金了。

$$\text{TVPI} = \frac{\text{NAV+Total Distribution}}{\text{Paid-in Capital}}$$

式中，TVPI：基金的回报倍数；

NAV：净资产价值；

Total Distribution：收益分发数；

Paid-in Capital：投入资本。

3. 收益分发率（distribution to paid-in capital，DPI）

收益分发率，是指有限合伙人（LP）已收回的分发收益与已实缴的投入资本的比率。2011—2014年，普通的媒体创投基金DPI基本为0，因为该类基金的前四年，即使NAV很高，也没有公司上市或者并购，就无法向有限合伙人输送利益回报。正如《从零到一》的作者Peter Thiel管理的基金，投资于Facebook，Yammer，SolarCity以及Airbnb等独角兽级别的公司却很少分发收益，所以有限合伙人的NPI总是很高但DPI却很低。

$$\text{DPI} = \frac{\text{Total Distribution}}{\text{Paid-in Capital}}$$

式中，DPI：收益分发率；

Total Distribution：收益分发数；

Paid-in Capital：投入资本。

4. 项目年平均回报率

对于很多早期投资基金（如天使基金），基于现金回报的内部收益率（IRR）并不适用，因此需要用其他方式来衡量。Mason 和 Harrison 简单地采用每个退出样本项目的年平均资本回报率来衡量创业投资回报率。[①] 对于创业投资项目，投资规模（Invt）越大，风险可能越大，而且占有创业投资机构的资金也越多，这相应限制了创业投资机构分散风险的能力，进而影响了资金投资回报率。同时，创业投资与其他一般投资不同，创业投资机构除了投入资金外，有效的投后管理也是非常重要的一部分。但随着持有时间（Dura）的延长，创业投资机构为创业企业提供增值服务的边际能力会相应减弱。所以，当投资期超过一定时间后，创业投资的回报率可能会越低[②]。

$$TReturn = \frac{Invt}{Invt \cdot Dura}$$

式中，TReturn：项目的投资收益；

　　　Invt：总投资额；

　　　Dura：投资周期。

表 10.4 对创业投资基金收益的分析方法进行了总结。

表 10.4　创业投资基金收益分析方法

创业投资回报率	内部收益率（IRR）	基金的回报倍数（TVPI）	收益分发率（DPI）	项目年平均回报率（TReturn）
指标含义	指资金流入现值总额与资金流出现值总额相等、净现值等于零时的折现率	指有限合伙人（LP）的基金收益金额与原始投资额的比率	指有限合伙人（LP）已收回的分发收益与已实缴（capital call）的投入资本的比率	以每个退出样本项目（deal-by-deal）的年平均资本回报率来衡量创业投资回报率
指标评价	最主要的业绩指标，反映的是包含了资金时间价值的现金的回报，投资渴望达到的报酬率	基金成立初期，IRR 波动较大，TVPI 可能更有参考价值。但 TVPI 仅仅是账面倍数，还可能受二级市场走高等因素影响	在 TVPI 相同的两个基金中，DPI 更高者则通常更受青睐，代表了其能真正拿回手中的钱	TReturn 用于对很多早期投资基金（如天使基金）投资回报率的计算方式，但最初用于学术研究中

IRR 是国际通行的衡量私募和创业投资基金的最主要的业绩指标。但是 IRR 对基金现金流的时间敏感性很高，在一些时点上可能会被放大。比如，一些快进快出的项目，其 IRR 可能达到百分之几百，但实际倍数只有一点几倍。又比如，某些私募债策略，因为债权的回报周期短，IRR 可以达到 20% 左右，但实际倍数可能只有 1.3～1.5 倍。因此，普通合伙人往往需要在投资期内将已实现退出的资金进行回收和再投资，以提高基金的倍数。

---

① Colin，M，Mason，Richard，T，Harrison. Is it worth it? The rates of return from informal venture capital investments[J]. Journal of Business Venturing，2002（17）：211-236.

② Douglas J Cumming，Jeffrey G MacIntosh，A cross-country comparison of full and partial venture capital exits[J]. Journal of Banking & Finance，2003，27（3）：511-548.

因此，有限合伙人评估创业投资基金业绩时往往会同时评估 IRR 和 TVPI，尤其在基金成立初期的几年，IRR 波动较大，TVPI 可能更有参考价值。但由于 IRR 相对于 TVPI 而言，包含了资金的时间价值，因此更为全面地反映了有限合伙人所得的回报。而在 TVPI 相同的两个基金，DPI 更高者则通常会更受青睐，因为对于有限合伙人来说，TVPI 仅仅是账面倍数，还可能受二级市场走高，后续融资估值过高或者预期过于乐观等因素影响。

本章小结

投资者的目标是通过项目的最终退出所得到的现金回报。因此，"婚姻破裂，友好分手"通常是创业投资的必然结果。而创业投资"友好分手"的方式主要有三种：公开上市、并购以及清算或破产。结合我国多层次资本市场结构，"新三板"是最具中国特色也是近年来发展最迅速的一种方式，但公开上市的平均退出回报率最高。此外，目前国内还缺乏针对创业投资基金收益的系统理论和实证研究，在业界最常用的指标还是内部收益率（IRR）。

感悟与思考

1. 各种投资退出方式有何优缺点？
2. 我国创业投资"分手方式"有何偏好？

关键词

首次公开上市、协议回购、多层次资本市场、主板、创业板、新三板、内部收益率

第11章 中国创业金融：回顾与展望

【本章导读】

本章将回顾中国创业金融过去二十多年的发展历程，对"互联网+"时代下创业金融所面临的变化和挑战进行分析，总结中国创业金融发展内在的"变与不变"，并结合当下全球经济与创业金融发展的新形势、新变化，展望中国创业金融未来十年的发展趋势。学习本章后，读者应当了解：

1. 中国创业金融发展历程与现状；
2. P2P网络借贷和股权众筹；
3. 创业金融发展的本质与初心；
4. 中国创业金融未来可能的机遇与挑战。

11.1 中国创业金融发展概述

11.1.1 中国经济社会发展：新常态、新经济、新金融

狄更斯的《双城记》中有一句话最为经典——这是最好的时代，也是最坏的时代。用这句话来形容当下的中国真是再合适不过。

改革开放三十多年来，中国经济实现了跨越式发展，年均GDP增速保持在10%左右的超高速水平，并逐渐成长为超越日本的世界第二大经济体。然而随着经济体量和规模的不断扩大，也迎来了一系列客观存在、不可避免的现实问题。一方面长期的超高速增长客观上难以为继（见图11.1），经济增长动力和活力有待提高，经济结构面临挑战；另一方

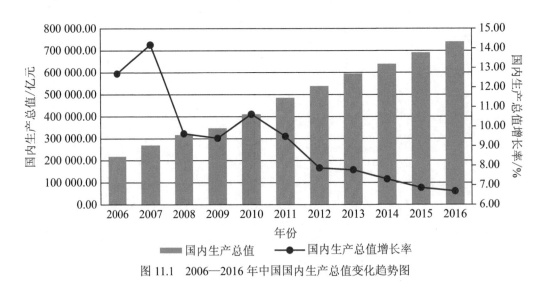

图11.1 2006—2016年中国国内生产总值变化趋势图

面随之可能带来的失业率高涨、财富向外转移以及公共财政压力等问题也给政府和整个社会带来了不小的挑战。

2014年5月,习近平总书记在考察河南的行程中第一次提到了"新常态",习总书记说:"中国发展仍处于重要战略机遇期,我们要增强信心,从当前中国经济发展的阶段性特征出发,适应新常态,保持战略上的平常心态。"这是中国领导人首次以"新常态"描述新周期中的中国经济。"新常态"的提出,不仅意味着我国经济增速从高速增长转入中高速增长的新常态,也意味着中国的经济结构面临调整,进入持续优化转型升级从而实现再平衡的新常态。这对于中国经济增长和调控方式的转变提出了新的要求。过去经济的增长主要依靠要素推动,大量资本和人力的投入推动了农业、工业乃至第三产业的快速发展,而随着资本的大量聚集和其对经济的增长效用逐渐减弱,改革创新将成为经济增长动力的新常态机制。此外,进入经济新常态后,中央政府提出了"宏观政策要稳、微观政策要活、社会政策要托底"的总体调控思路,这意味着"大刀阔斧一手抓"的时代已经过去,大规模经济刺激政策已经不再适应当今的社会经济发展需要了,更多的要在稳定宏观调控的基础上实现精准灵活的微观政策发力,抓住经济社会活动中的主要矛盾,寻找突破点,在"三农"问题、小微企业问题等重点领域和关键环节实现"快、准、狠"的发展。

在此背景下,创新性知识逐渐在知识中占据主导地位,产业结构不断优化转型,创意产业逐渐成为社会发展的龙头产业,信息技术革命和制度创新不断引导经济深化发展,这种社会经济呈现出的智慧经济新形态就是我们所说的"新经济"。李克强总理曾解读说,"新经济"不仅涵盖了"互联网+"、物联网、电子商务等新兴产业和业态,也包括新型农业和工业的发展,像工业制造中的智能制造、大规模定制化生产,农村家庭农场、股份合作制等一些有利于产业健康发展的多样化形态。任何国家的传统产能发展到一定的阶段,都会出现弱化的现象,这是经济发展的必然规律,在英、美这样的发达国家都有先例。而如何发挥新动能的作用、挖掘新动能的潜力,从而将传统产能与新产能的提升改造结合起来,实现更为高效的产业结构改革才是我们思考的关键。在发展"新经济"的过程中,大中型企业起到了重要的作用,小微型企业也可以大有作为。小微型企业的发展,不仅可以调动全民的创造力和积极性,形成良好的创新环境,更可以激发和深化企业的科技创新力和活力,为中国经济的发展注入新鲜血液。

由于新技术尤其是网络信息技术在经济发展浪潮中所起到的突出作用,对经济增长发展、经济结构以及经济运行规则的变革发挥了重大的影响,"新经济"也被称为"信息经济""网络经济"等。

反观历史,我们可以看到,很多重大技术革命的发生都对经济的发展和变革起到了推动作用。而"新经济"的"新"则体现在其第一次促进了大批高科技中小企业的诞生和发展,融资方式的创新和变革从金融角度为这些高科技中小企业提供了发展的助力,新兴的创业资本投资在其中也起到了重要的作用。而政府制度的完善和体制的变革创新,也为这种技术引导下的"智慧经济"繁荣创造了条件。

在经济发展"新常态"的背景下,传统金融行业的发展增速也逐渐放缓。数据显示,2011年以来,中国传统商业银行实现净利润收入的增幅明显减缓,不良贷款余额总量也呈现缓慢上升的趋势。在"新经济"模式转型过程中,商业银行作为传统的企业融资主要渠道之一,也面临着新一轮的风险和挑战,如图11.2所示,商业银行近年来的净利润连续下降,不良贷款情况日益严峻。在新兴产业异军突起和传统产业不断转型升级的当下,科技创新与产业制度变革成为中国经济发展新的重要动力,与此同时,也需要新的金融模式和技术,也就是"新金融"的支持和助力。

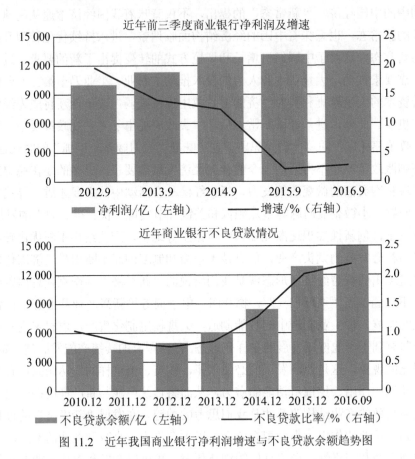

图11.2　近年我国商业银行净利润增速与不良贷款余额趋势图

(资料来源:《中国银行业发展趋势报告2017》。)

"新金融"的"新"体现在其不断实现了金融要素的市场化、金融主体的多元化以及金融产品的快速迭代,并在互联网技术和信息技术的推动下,实现了金融业最底层"基因模式"的迅速突变。"新金融"一方面,寻求突破传统金融的地域限制,打破地缘空间的阻隔,从而有效地降低金融资源分配的区域间不均衡的问题;另一方面,通过减少金融中间环节、完善投融资结构,为企业和个人开辟便捷、通畅的投融资渠道,从而在实现高效资源配置的同时也进一步分散了市场风险。近年来,国内快速发展的互联网金融就是"新金融"的主要模式之一,互联网金融作为一种新兴的金融业态,以"开放、平等、协作、分享"的姿态降低了金融服务的门槛,扩大了金融服务的范围,提高了金融服务的效率,从而进一步倒逼传统金融行业的转型、变革和创新。

同样,本书中我们谈论的创业金融,其变革与发展也为中国新常态下的金融行业注入了新鲜的血液,也为一大批新兴产业的发展和高新技术的实现贡献了大量的资金和巨大的能量。

11.1.2 中国创业投资行业发展历程与现状

中国的创业投资行业的发展始于20世纪80年代中期,1985年,中共中央发布了《关于科学技术体制改革的决定》,明确指出:"对于变化迅速、风险较大的高科技开发工作,可以设立创业投资给予支持",这一文件不仅为创业投资的发展奠定了政策上的保证,也指明了创业投资支持的对象是具有高风险的高科技技术企业。同年,财政部与国家科学技术委员会共同出资成立了中国第一家创业投资公司——中国新技术创业投资公司。在当时,创业投资更多地被看成是一种政府的财政支持方式,主要是为了给技术进步科技创新提供有利条件,从而调动科研人员的积极性。当时,各级地方政府都纷纷参与到国家的高科技发展计划中去,出资建立了大批创业投资公司,在一定程度上增加了高科技初创企业的数量,但是对于技术的创新和发展贡献并不明显。1988年,全国创业投资仅占科技资金筹集额的3.7%,占财政科技拨款的7.8%,创业投资规模仍然很小且财政资金仍然是支持创业投资发展的主要资金来源。

到了20世纪90年代初期,中国国内对创业投资的看法发生了一些转变,越来越多的人将创业投资看作是一种支持高科技新兴产业发展的商业行为。1998年,有"中国创业投资之父"之称的成思危提交了《关于尽快发展我国风险投资事业的提案》——也就是后来被称为引发高科技产业新浪潮的"政协1号提案",终于使创业投资受到了科技、金融和企业界的高度关注,一批新的创业投资机构成立,大量的民间资本开始进入。

2001年,中国加入WTO,伴随着经济全球化的浪潮和政策刺激,在互联网泡沫波浪迭起、世界创业投资遭受重创的时候,中国的创业投资却开启了自己的时代,2001年更被中国的创业投资家们看作是中国创投的元年。

一方面,以IDG为代表的美元基金逐渐崭露头角,越来越多的国际知名创业投资公司开始组建自己的中国区团队,而最早嗅到大陆市场机会的香港、台湾的投资机构也开始纷纷抢占大陆市场。另一方面,本土创业投资机构也进入了井喷时期,深创投作为本土创业投资机构的代表,也迎来了一个"黄金时期"。

但紧接着的2002年,刚出生在摇篮里的中国创业投资就迎来了史上最为残酷的资本寒冬,创业板未能如期开放使得创业投资的退出渠道被打断,缺乏退出渠道的创业投资一下子失去了吸引力,大批的本土创业投资机构在这一年里纷纷倒闭,有的机构放弃创业投资而选择去炒股或参与融资租赁。而外资创业投资机构则相对比较活跃,在互联网泡沫破灭之后,外资创业投资机构开始物色"物美价廉"的互联网公司,而其在日后也获得了丰厚的回报。

2004年开始,中国创业投资进入了一个回暖发展的时期,深圳中小企业板在万众期待中正式登场,也为创业企业的公开市场发行和创业投资资本的退出创造了机会,一批符合条件的成长型中小企业获得了上市融资的机会,从而推动了创业投资行业的回暖发展。

2005年，《合伙企业法》正式修订，有限合伙企业形式的确立也为有限合伙制创业投资公司基金的设立提供了依据。2007年，财政部和国家税务总局又发文提出了对创业投资的税收优惠政策，表明了国家和政府对于发展创业投资市场的支持和鼓励。到2005年7月，创业投资机构支持的创业企业已有8家在深圳中小企业板上市，19家在美国NASDAQ上市，15家在香港创业板上市，可谓业绩可嘉。而到2007年年底，中国的创业投资机构已经超过360家，管理资金超过人民币660亿元，超过以色列成为仅次于美国的世界第二大创业投资市场。

2008年，金融危机席卷全球，也让正处于上升阶段的中国创业投资再次受到重创。股市的低迷也使新股发行速度降低乃至停滞。2008年中国企业境内外上市数量比2007年减少了129家，总融资额减少了79%。创业投资家们也开始反思，将目光从TMT等投资热门行业转移到一些新能源、新型医疗、教育科技等受经济波动较小、未来发展前景较好的新兴行业。

2009年，期待已久的创业板正式推出，这意味着国内创业投资的退出渠道被进一步打通，创业投资活动也随着经济的逐步回暖而迎来了新的发展。首批在创业板上市的28家创业企业背后是20家不同的创业投资公司，它们在这28家创业公司中共投入了人民币近7亿元，而上市之后取得了平均5.76倍的高额回报。人民币基金开始成为国内创业投资的主流，越来越多的外资创业投资机构在世界经济低迷、美元基金退出受阻的背景下纷纷设立人民币基金，国内创业投资迎来了大发展。表11.1总结了中国创业金融发展所经历的几个阶段。

表11.1 中国创业投资发展阶段概述

时 间 段	发 展 概 况
1986—1992年	中国创业投资的洪荒时代，政府主导
1993—1997年	创业投资理念初步孕育，参与度上升
1998—2000年	第一波互联网概念下的非理性投资热潮
2001—2003年	互联网泡沫破灭带来资本寒冬
2004—2007年	中国创业投资回暖发展，逐步走向繁荣
2008—2009年	金融危机引发创业投资的停顿和思考
2009年之后	创业板启动，中国创业投资市场不断发展与成熟

直到今日，中国的创业投资仍在经济的起起伏伏中摸爬滚打，不断前进。沈南鹏、徐新、朱立南这些创业投资家甚至成为了我们生活中一个个熟悉的名字，越来越多的中国人开始慢慢了解创业投资行业，并试着参与到创业投资行业的建设与发展中来。也有越来越多的年轻人怀抱着创业的梦想，期待着创业投资家的伯乐识马。中国的创业投资虽然起步较晚，但是已经成为中国经济发展中至关重要的一部分。没有创业投资的支持，阿里巴巴、百度、携程等这些改变我们生活方式、让现代人赖以生活的公司都不会存在。创业投资看似渺小、普通，却以一个支点的力量，成为了撬动整个中国乃至全世界经济发展的杠杆。

如图 11.3 所示，2016 年，中国大陆共发生创业投资事件 3 440 起，合计金额约 1 254.4 亿元。与 2015 年基本持平，小幅下降。其中联合投资的比例大大提高了，占到总投资数量的 32.65%。

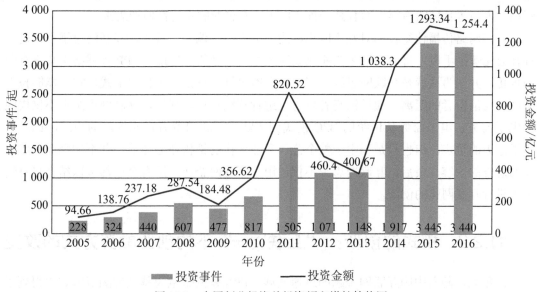

图 11.3　中国创业投资总投资额和增长趋势图

对于创业者和创业企业来说，今天的中国，在何处创业、选择哪个行业进行创业似乎都不是最重要的，地域的限制、行业的偏见等都在慢慢淡化，而真正需要的或许是一颗激情火热的创业之心和一种不断学习、不断创新、不畏艰难、敢于突破、将理想付诸实践的创业精神。

11.2　"互联网 +" 背景下的创业金融

新的时代孕育着新的变化，而互联网的发展与演变正是这个时代最为显著的特征。互联网发展至今，已不再只是一个复制再复制的过程，它更重要的是一种创新精神。

互联网"变"的特征将其紧紧地与创新创业的本质联系在了一起，可以说正是在这个互联网时代下，创业才发挥出了其应有的色彩。

随着互联网的普及与发展，网络使得地理界线被逐渐打破，从而使得全球各地的人们可以更加紧密的联系，将各自的创意汇聚在一起，形成创新创业的全球化。互联网的去中心化特征使得更多的人得以接触到更多的资源。此外，互联网使得创新创业回归其本质，更多的可能性来自年轻人的智慧与天赋，使其不必为了资金而踌躇不前。最后，互联网时代对于商业模式的推动作用也是无与伦比的。总之，互联网时代的创业金融应该是多元化、扁平化和生活化的结合。

11.2.1 思维的转变：互联网思维的众说纷纭

笔者认为互联网思维是指在移动互联网、大数据、云计算等科技不断发展的背景下，对市场、用户、产品以及整个商业生态进行重新审视的思考方式。互联网思维不仅是技术、营销、电商等具体的内容，而且是一种适用于所有企业的系统性商业思维。

一些网络传播使得我们对互联网思维的理解产生了偏差。首先，互联网思维不仅是一种社会化营销手段。目前，许多企业热衷通过微博、微信、论坛、APP等网络工具进行营销宣传，并认为这就是互联网思维。但是互联网思维不只是一种呈现形式，它还能够拉近生产者与消费者的距离，通过消费者自身去进行营销宣传。其次，互联网思维也不仅局限于电子商务。电子商务从传统的B2C模式到团购模式和消费者定制等新的模式，已经发生了巨大的进步，但也只是局限于整个公司商业运作的销售业务环节，并不能全面涵盖互联网思维的内容。最后，互联网思维不仅适用于互联网企业，所有企业都可以结合自身情况去进行互联网化的创新。

11.2.2 模式的创新："互联网+"下的创业融资方式的改变

近年来，随着中国互联网金融的迅速发展，以互联网金融为基础的融资方式也得到了不断地创新，其中以P2P（peer to peer）网络借贷和股权众筹为代表的互联网金融业态逐渐成为创业融资活动的新方式。

1. P2P 网络借贷

P2P网络借贷是互联网金融较早出现的业态之一，是互联网与金融行业交叉后产生的积极适应国内新经济格局的产物。在创业融资中P2P网络借贷主要作为创业者的债务融资渠道被广泛关注，其低门槛、低渠道成本的特点为创业者的初期资金需求提供了一个比传统创业融资更为低廉和灵活的融资方式。此外，创业投资对于P2P网络借贷业态本身的发展也起到了推动作用，大量创业投资资金不断进入这个新兴领域，也为其注入了活力。

其实，P2P模式本身是一种个体间通过网络平台进行小额资金借贷的方式，凭借其"小额、快速"等灵活性上的优势成为创业融资的一种有效途径，但相对于传统创业投资其仍有局限。

网络借贷资金限额较小，无法满足创业企业的后续资金需求。2016年8月25日，为规范网络借贷行业的发展，国家颁布了《网络借贷信息中介机构业务活动管理暂行办法》，其中第十七条规定网络借贷金额以小额为主[①]。初创企业一般在经过天使轮融资后，初步

---

① 《网络借贷信息中介机构业务活动管理暂行办法》规定同一自然人在同一网络借贷信息中介机构平台的借款额上限不超过人民币20万元；同一法人或其他组织在同一网络借贷信息中介机构平台的借款额上限不超过人民币100万元；同一自然人在不同网络借贷信息中介机构平台借款总额不超过人民币100万元；同一法人或其他组织在不同网络借贷信息中介机构平台借款总额不超过人民币500万元。

形成了自己的盈利模式，并产生了一定的盈利，为了进一步扩张，此时企业融资金融动辄上千万甚至上亿，以小额为主的网络借贷无法满足。

债权融资在融资结构中的地位决定了网络借贷只能成为一种辅助性融资方式。在初创阶段，相比于股权融资，创业企业的债权融资将会面临更大的财务风险、融资风险和公司治理方面的问题。

2. 股权众筹

众筹融资是创业企业融资方式的另一大突破。在2015年的《政府工作报告》中，股权众筹作为多层次资本市场的组成部分出现，成为国家应对互联网新兴企业和中小型初创企业融资难题的解决方式之一。作为权益类融资，股权众筹相较于P2P网络借贷在创业融资中更具有代表性。

众筹是指项目发起人通过互联网向投资人发布创意并以实物、服务或股权等作为回报的资金募集方式。在互联网金融背景下，这种融资模式的作用主要体现在拉近了投融资双方的距离，去掉了冗余的中间环节，有效利用闲散社会资金支持创新创业项目，对"大众创业，万众创新"战略具有重要意义。

其中股权众筹是指投资者通过出资入股企业，而企业以股权为交换获得资金的众筹方式。股权众筹在融资的同时也是一种"融智"的手段，创业企业家在融资的过程中也会接触到投资者进一步提供的人脉资源和管理经验，为创业企业家提供最有力的支持。

整个股权众筹的融资过程中共涉及四类参与者。首先，是项目融资人，一般是指创业企业家。创业者拥有先进的技术、优秀的创意或者新颖的商业模式，但是缺乏必要的支持资金、人脉和管理经验。其次，是公众投资人，一般是指不特定的大众投资者。公众投资人一般拥有闲散资金，在众筹平台上寻找感兴趣的项目进行投资，但是其本身并不具有类似专业投资机构的专业知识。再次，是股权众筹平台，是指连接融资方和投资方的中介平台。平台通过一定条件筛选出合格的投、融资方，一方面为融资人提供财务审核、技术咨询、公司治理等支持服务；另一方面为双方提供交易撮合，维护投资人权益。最后，是资金托管方，是指为了避免股权众筹平台使用投资人资金，委托第三方托管其资金，向融资人分期提供项目资金，目前国内股权众筹在此部分比较薄弱。股权众筹主要有两种模式。

（1）无领投股权众筹模式。图11.4是无领投模式的具体流程，从中我们发现，在无领投股权众筹模式中，项目融资方是整个流程的发起点，其提供项目的有关信息包括基本情况、筹资金额、融资期限、股权比例等基本交易信息，交由众筹平台进行审核。在审核过程中，平台根据提交的材料首先进行核实，确认无误后对于详细内容再进行筛选审核，只有通过了严格的审核后才能将项目进行发布。当审核通过后，平台将项目及项目信息发布在股权众筹融资平台上，而大众投资人通过平台提供的信息进行选择。对于展开的项目众筹有一个规定的期限，在期限内匹配成功则进入到项目的正式运行阶段，否则表示该融资失败，项目终止。最后，当项目融资成功并顺利运行后，其按约定的方式将受益回馈给投资人。

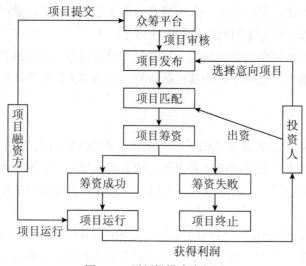

图 11.4 无领投模式流程图

（2）"领投 + 跟投"股权众筹模式。无领投股权众筹模式的缺点在于该模式只解决了创业企业初期的资金问题，而对于创业初始的管理工作并无太大帮助。即使创业者可以咨询股权众筹平台，但是其专业程度仍然有限，而领投人模式则相对更好地完善了这一缺陷。

在股权众筹平台审核、筛选完融资项目后便开始领投人的确定。领投人一般拥有丰富的投资经验和投后管理能力，其在股权众筹模式中发挥了类似于专业投资机构的作用。一方面提供资金换取创业企业股份；另一方面凭借自身的专业性为被投创业企业提供人脉资源、发展建议、管理经验服务于创业企业，保证其持续稳定的后续发展。与领投人相比，跟投人的概念更接近于无领投模式下的大众投资者，该部分跟投人无权参与到企业项目的运作过程中，只是扮演了资金提供者的角色，待项目完成后换取收益。

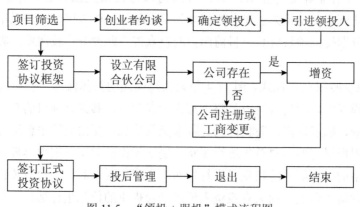

图 11.5 "领投 + 跟投"模式流程图

从图 11.5 中可知，由于领投人的出现，在领投人和跟头人之间需要成立独立的合伙企业入股被投企业。其中领投人与跟投人也需要就被投企业的估值、出让股份比例、董事会席位、公司治理等方面与被投方做出约定，并签订相关投资协议。最后通过 VC 介入、企业并购、管理层回购、IPO 等方式进行退出。

【知识链接】　　股权众筹机制总结及其与传统融资的区别

股权众筹是最近几年才逐渐开始出现的一种融资模式，也一直处于不断尝试和探索的过程中。各个股权众筹平台只有在不断变化的环境中调整发展，才能推动股权众筹的良性发展。对于股权众筹来说，其成功与否最重要的是以下三大机制的建立和完善。

- 估值市场化机制

股权众筹的估值不同于传统估值。在传统估值下，创业企业的价值是由市场来决定的，而在股权众筹下则必须在项目启动之前有一个明确的估值。这是一个微妙的过程，若得出合理的估值则会使项目成功的可能性更大，而若准确性不佳不仅会使投融资双方的沟通陷入困境，更会打消大众投资者参与的积极性。

荷兰式询价被认为是一种解决方式。如，一个创业者想要融资 100 万元，投资者 A 按照 2 000 万元的估值认投 20 万元，投资者 B 按照 1 500 万元估值认投 20 万元，而投资者 C 按照 1 000 万元估值认投 20 万元，这三种认投方式都得到了投资者的认可，因此该项目的估值就按照最低估值 1 000 万元来计算。这种方式有利于在估值及融资方中间找到一个平衡点。

- 领投人激励机制

在"领投+跟投"模式中，由于领投人担负着投后管理的工作，所以其参与的积极性对于项目企业来说十分重要，而合理有效的激励方式无疑是关键的一环。如何分配领投人、跟投人和股权众筹平台三方的利益是整个模式运作的关键。

其中，以大家投股权众筹平台为例，其对于领投人的激励方案为：领投人分享有限合伙企业退出投资收益比例为 15%；大家投平台分享有限合伙企业退出投资收益比例为 5%；有限合伙企业投资管理收益提取比例为 20%。

- 退出机制

股东想要退出众筹项目一般有股份转让、企业回购、企业并购和 IPO 等方式，但由于股权众筹本身的募集资金和人数的限制导致其上市的可能性很小，而其余通道机制也存在不完善的地方。此外，由于投资者属于普通大众，其不同于专业投资机构的特点也使得大众投资者往往不愿意经历漫长的退出过程。因此，一个机制完善而又迅速的退出方式是目前股权众筹领域急需解决的问题。

股权众筹式融资在与传统创业融资相比时体现出了其独特的优势，因而得以成为创业企业在融资过程中不可忽视的一个选择。与天使投资和创业投资相同，股权众筹融资也极大程度地满足了创业企业的资金需求，但其在行业偏好、介入阶段、控制权和企业附加值等方面都有着不同程度的差异。

第一，相比于天使投资和创业投资，股权众筹融资的行业偏好更为多样。传统创业融资对于科技行业有着更为集中的关注，包括新能源、新材料和互联网金融等行业。而股权众筹不仅限于此，经常涉及"大众化"项目，包括连锁店、实体店等。第二，股权众筹融资一般在创业企业发展的初期便进行资金注入，而创业投资可能需要创业企业有相对更成熟的商业构想和一定的现金流后才进行投资。第三，股权众筹融资对于创业企业的控制较小，其中以"领投+跟投"模式为例，其中领投人代表着所有跟投人的利益，但不会干涉创业企业的决策。第四，股权众筹在为创业企业增加附加值方面也有独特的作用。其通过网络众筹平台，能够更广泛的为创业企业聚集资源，提高创业成功率，同时跟投人也可以作为产品的潜在消费者。可将以上内容概括至表 11.2 中。

表 11.2 股权众筹融资与传统融资比较

融资分类 特点	股权众筹	天使投资	创业投资
行业偏好	不限于科技行业，还包括传统行业	偏好于科技、新能源、新材料和互联网金融行业	偏好于高科技行业以及高成长性行业
介入阶段	创业初期	创业初期	创业成长阶段
控制权	不参与实际管理，跟投人提供建议	很少参与决策	在董事会中一般拥有一票否决权
企业附加值	领投人提供专业管理服务；跟投人是产品的潜在消费者；资本支持	资本支持	资本支持；专业化管理团队支持

（资料来源：骆金成. 创业企业股权众筹融资研究 [D]. 安徽大学，2016.）

11.3 中国创业金融的变与不变：不忘初心，方得始终

回顾过去，中国创业金融行业似乎仍是一个"初长成"的稚嫩少年，而展望未来，中国作为"世界上最具有吸引力的市场"，前方的道路有无尽的可能性，期待中国的创业金融人不断去探索、开拓、创造、改变。

一些创业投资家把 2000 年称为是创业投资的元年，也是人民币基金的元年，很多现在活跃在创业金融市场上的创业投资公司，比如深创投、达晨创投、同创伟业等都是在 2000 年左右创立的。十多年过去了，中国的创业金融从蹒跚学步到大踏步向前，走过弯路，经历过挫折，但也迎来了黎明。

11.3.1 时间在变，专业与价值的追求不变

不知道有多少人还记得 2001 年第一届中国创业投资年度论坛。当世界范围内互联网泡沫尚未消散，全球创业投资市场正在遭受一场重创时，中国的创业投资却如同一颗新星冉冉升起。阚治东、冯涛、朱立南、徐新、赵军等人，很多直到今天都还活跃在创业投资的舞台上。在十多年的发展过程中，中国创业金融行业经历了 2005 年的美元基金"入侵"、2007 年的有限合伙方式的正式落地、2011 年的全民 PE、2012 年的行业市场低迷等。2016 年，我们看到了中国创业企业在海外上市，互联网模式的更新换代，新三板、创业板市场

的活跃以及资源与管理的不断更新。

【知识链接】　　　　2001年，那些风华正茂的创业金融人

- 阚治东：深圳创新科技投资公司总裁

1999年，阚治东创立了深圳市创新科技投资有限公司，并担任总裁。在深创投期间，他主导投资的项目有34家在国内外证券交易所上市。对于中国本土创投而言，阚治东可算是行业领袖人物，是众多财富神话的缔造者，他提出的一系列创业投资管理模式被后来者所借鉴。

- 朱立南：联想投资公司总裁

朱立南1989年加入联想集团，筹建深圳联想电脑有限公司并任总经理，而后在1993年选择离开联想自己创业。1997年朱立南返回联想集团，并于2001年创立联想投资有限公司并担任总裁，负责联想投资业务。作为总裁，朱立南负责公司整体战略的制定并带领团队实施既定投资战略，同时负责公司的全面管理。在他的领导下，联想投资成为日后本土最具代表性的投资机构。联想创始人柳传志曾评价朱立南是一个"思维缜密，遇事冷静，非常适合做创业投资业务"的领军人物。

- 徐新：霸菱投资（亚洲）公司合伙人

2001年，徐新作为霸菱投资（亚洲）公司合伙人开始在创投圈崭露头角。1999年，徐新相信丁磊能把公司做大，向网易公司注入500万美元风险投资，当2000年互联网泡沫到来时，网易股价下跌，没有在网易上市时退出套现的徐新经历了其人生中最艰难的时刻。不过，她顶住压力，于2004年最终套现，为股东们带来了800%的收益。作为一位女性创业投资人，徐新表现出了女性领导者身上所特有的耐心，而上天似乎也十分青睐这位有耐心的女人，2005年，徐新离开霸菱投资，创办今日资本，也在不断地投资中证明了她锐利的眼光和实力。

时间匆匆，当我们回望这些昔日的拓荒者的时候，总会有无限的感慨。然而，对于创业投资活动和创业金融来说，以专业和价值为根本导向的投资追求从未改变。

创业投资，与我们常常谈论的"炒股"不同，是着眼于比一级资本市场更早期的投资。这就要求创业投资的本质是追求专业与价值，只有通过专业的管理和企业内在价值的真正提高，才能获得成功和收益。在这样的逻辑下，创业投资家的追求从来不是投机，也不是靠运气，而是脚踏实地学习、研究、管理，以价值投资为最初的本心，以专业投资为职业的底线。面对创业投资家，创业者需展现最真实的自我，不能只靠一时的激情去打动坐在谈判桌对面的投资者。

时间在变，市场在变，但是专业与价值的追求始终不变。同创伟业的丁宝玉曾说过："有人曾问我创业投资现在还能不能做了，我说你不用再提商业模式这个问题，在相当长的时间里我们没有看到商业模式和创业投资存在矛盾，不仅如此，我还认为创业投资是最好的行业之一。"

11.3.2 规模在变，风险与管理的要求不变

21世纪初期，创业金融还处在一个看似十分低迷的形势下。对于创业投资公司来说，第一批资金往往是最难募集的。创业投资基金和私募股权基金的规模相比还存在不小的差距。

随着时代的发展，中国的创业投资规模不断扩大，创业投资基金管理的资本总额也稳步上升，从2006年的不足1 000亿元，发展到2015年接近7 000亿元，在不到十年的时间里，实现了迅猛的增长。

截至2016年9月底，中国基金业协会已登记创业投资基金管理机构1 200多家，创业投资基金1 900多支，实缴规模3 500亿元。与2015年年末相比，创业投资基金数量增幅36%、实缴规模增幅45%①。如图11.6所示，在2016前11月中，中外创投机构共新募集606支可投资于中国大陆的基金，已经超过2015全年基金募资总数；其中募资规模已知的511支基金的新增资本量达到了3 443.54亿元，是2015年全年募资总额的1.73倍。2016前11月基金平均募资规模为6.74亿元，平均募集金额也达到历史最高点。

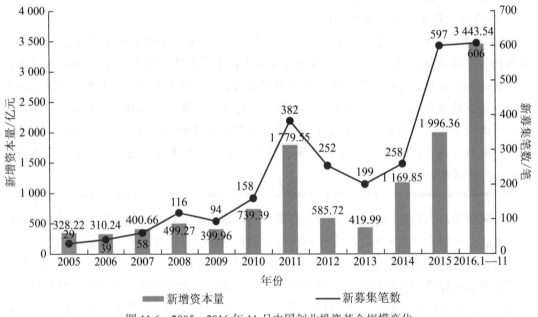

图11.6 2005—2016年11月中国创业投资基金规模变化

与投资机构数量和基金规模一同成长的，是一批最初受到创业资金支持的创业企业。据NEA中国的创业投资家蒋晓冬描述，2004年年初，他作为投资方去参观腾讯，那是在腾讯上市前的半年，那天正好下雨，大家上楼开会乘坐的电梯是一个货梯，还漏着水。所有人聚集在一个特别小的像厂房一样的会议室里，20个人全都站着。转眼之间，腾讯已成为一个市值超过300亿美元的大公司了，成为互联网行业BAT三大巨头之一。

---

① 数据来源：第四届中国创业投资行业峰会。

无论是在那个行业起步资金难筹的时代，还是在创业投资蓬勃发展的当下，无论是创业投资行业本身，还是中国经济的整体发展，都面临着极大的不确定性。

风险的控制与管理的加强，在任何时代都是创业金融人必须重视和警觉的。对一创业投资家来说，不论自己管理着多少资产，都必须保留"如履薄冰"的心态，将小心谨慎作为自始至终的态度。一招损而全盘输，创业投资是技术也是艺术，来不得半点马虎。

在资金越聚集的时候，在行业越火热的时候，在创业者越来越多的时候，就越需要对风险进行严格防控，更需要对创业公司进行全面管理。二十多年来，创业投资家在创业投资活动中作为枢纽和稳压器的角色一直没变，市场对于风险和管理的要求也一直没变。这也正是维持创业投资与创业金融行业发展的重要支持和保障。

11.3.3 "风口"在变，创新与发展的方向不变

关心创业金融的人、想要在创业投资活动中"赚一把"的人常常会问："创业投资的下个风口在哪？"一般来说，被提问的人都是微笑不语，提问的人也得不到答案。我们常常笑谈，风来了，猪也能吹到天上去，好像是只要趁着好时机到热点的行业领域去走一遭，好的坏的都能赚个盆满钵盈。

纵观全球，20 世纪 80 年代的 PC 革命，将美国硅谷从 20 世纪 70 年代的低迷中拉了出来，并催生了英特尔、苹果和微软等公司。20 世纪 90 年代，随着 PC 销售放缓，创业投资公司随之把资金投入风险更低、技术含量也更低的零售领域。此后，万维网的出现使创业投资又满血复活，1995—2000 年，创业投资公司的投资总金额接近 2 000 亿美元，帮助超过 1 000 家公司实现上市，其中包括亚马逊和雅虎等互联网行业的巨头。在互联网泡沫破裂后，创业投资不再一味紧盯着互联网公司，一些创业投资公司开始把资金投入清洁能源和纳米科技领域，这也使其错过了由 Facebook 引导的社交网络潮。2007 年，苹果手机（iPhone）催生出的移动互联网狂潮开始席卷全球。目前，除了一些昙花一现的手机游戏外，新发布的智能手机应用已经很难再吸引大量用户的眼球了。云计算领域的格局也已经基本形成，人们的目光逐渐转向 VR、AR 等智能科技领域。

创业投资的发展史上经历过太多所谓的"风口"，人们眼中的"风口"一直在变，而真正能够获得成功的项目，与其在不在"风口"没有太大的关系。因为一个真正的好项目，自身能长出翅膀，在没有风的时候也可以飞起来，在有风的时候则可以顺势更好地翱翔。

"风口"在变，但真正的创业投资家从不在"风口"中行走。只有真正从技术和模式上实现创新，并且能够适应中国社会发展实际，为经济建设和人民生活水平提高做出贡献的有价值的创业项目，才是中国创业投资家一直寻求的目标。

11.3.4 政策在变，资本与生态的力量不变

如图 11.7 和 11.8 所示，2015 年，中国有政府支持背景的创业投资基金总计筹集资金

约人民币1.5万亿元，短短一年内管理资金总量猛增，达到了2.2万亿元。这一资金规模位居世界首位，接近全球其他创投公司全年筹集到的资金总量的五倍。在这些政府引导基金中，地方和中央政府机构也扮演了重要的角色。目前，全国范围内累积共有此类基金780家，设立形式也十分多样，设立主体由省级单位逐渐延伸至地市级甚至区县级单位。其中省级政府引导基金的规模最大，226支基金规模总额达到9 980亿人民币，而设立数量最多的则是地市级政府设立的引导基金，共有417支基金，总规模达8 243亿。由于此类基金正在进行各种实验和尝试，所以其并无固定的管理模式，资金绝大部分都来自政府税收收入和国家支持的贷款。

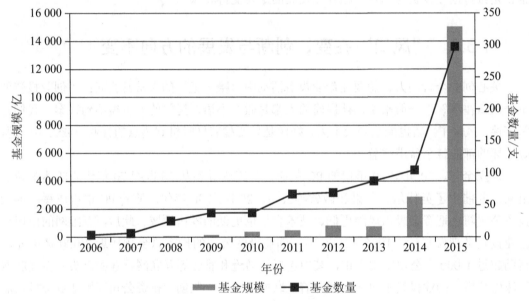

图11.7　2006—2015年我国政府引导基金设立情况比较

（数据来源：清科私募通。）

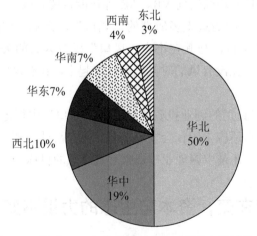

图11.8　截至2015年年底我国政府引导基金地域分布

目前，我国正致力于通过创新科技和减少对重工业的依赖来促进整体经济的发展，这些投入政府引导基金中的资金已成为促进创新创业发展和社会经济科技进步不可忽视的力量。

自20世纪90年代创业金融萌芽以来，中国政府在创业金融的发展过程中就发挥着十分重要的作用，从财政补贴到引导基金，政府参与创业投资活动的方式也越来越多样化，如图11.9所示。20世纪90年代，政府资本在创业投资活动中的过分主导，在一定程度上抑制了创业金融行业的市场化发展，而随着创业投资机构的逐步成长以及国际化环境的日益开放，政府也在逐渐转型，从更加多维度、市场化、深层次的角度参与到创业投资活动中来，实现对国家战略行业和重点行业的支持。自2014年以来，中国政府在全国范围内设立的高科技初创企业孵化器数量就高达1 600个。

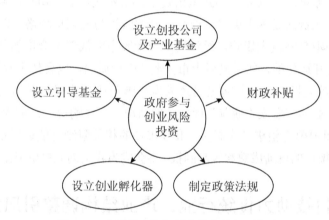

图11.9　我国政府参与创业投资的主要方式

资本是创业投资的原动力，而政府资本是创业资本中的重要部分。一个好的资本环境与行业生态环境，保证了创业投资的正确方向与高质量，激发了科技与创新的活力，最终决定了社会进步与发展的步伐。在创业投资行业日渐市场化、多元化的今天，政府的支持和引导仍是创业金融发展的基石。

11.4　中国创业金融的未来之路：回归本真，开拓创新

在互联网金融的浪潮下，股权众筹和P2P等越来越多地被看成是创业金融的一种创新形式。然而股权众筹、P2P和创业金融在专业化水平、资金规模、市场角色方面都存在很大的区别，并不构成绝对的竞争关系。相反，股权众筹从另外一个维度丰富了创业金融的范畴，互联网渠道的引入，也为一些资金需求较小、以产品为导向的创业企业提供了新的融资选择。

未来十年，将是中国创业金融的黄金时代，也是中国科技发展与社会发展的关键十年，需要所有创业金融人回归本真，开拓创新。

11.4.1 退出渠道多元化，并购或成为主要方向

近年来，创业板、新三板的不断完善在一定程度上激发了创业投资热潮。多层次资本市场的建立与完善将为创业投资资金提供灵活而直接的退出渠道，从而促进创业投资行业的发展壮大。然而随着退出渠道日渐多元化，IPO 也不再是创业资本退出的唯一路径。在滴滴和快的、美团和大众点评、携程和去哪儿等一大批细分行业巨头的并购浪潮中我们可以发现，并购退出的方式对于创业投资家来说，收回资金的周期短，有利于其继续进行下一轮的投资活动；对于企业来说，也有利于同行业或相关行业企业之间的资源整合，有利于提高整个行业的效率和服务水平，促进企业和社会的共同进步。

并购的退出方式从时间和成本上都优于 IPO，并购方式退出需要较少的准备和管理时间，退出方式也更加灵活。以 IPO 形式退出资本，虽然获得的平均收益普遍较高，但是需要更充分的准备，花费的成本也更多，而且受到的监管与规划更严格。以 IPO 方式退出会使企业在资本市场中受到较大影响，经济周期或者股市的低迷都会增加其亏损的风险。同时，由于 IPO 是公开运作的，如果最后上市失败、中途撤出，也会使企业遭受更大的挫折。

从 2008 年金融危机以来，并购也已经成为我国创业企业资本退出的重要方向，尤其是在 IPO 受阻、企业面临发展"瓶颈"或压力的情况下，并购退出已成为不二选择。未来，创业企业的数量和规模有望进一步扩大，IPO 市场的相关限制可能远远不能满足创业资本退出的需求，并购渠道的日渐成熟和较高回报，将会成为我国创业投资退出的主要渠道之一。

11.4.2 科技助力传统行业，产业结构调整引风潮

在今天的中国，很多公司的规模都非常庞大，而这些庞大的公司往往是处于垄断地位的传统行业中的国有控股公司。在股权改制的大背景下，笔者认为，未来十年应当是企业家的十年，也是创业金融的十年。因此，中国的传统企业势必会面临一些冲击和改革。

美国的产业结构基本分为两层，第一层是非常传统的行业，如食品、服装等；第二层则是像硅谷中的创新型行业。

未来，中国的传统行业必将迎来较为颠覆式的变革，科技力量或将成为主导传统企业变革的重要力量。在科技力量的助推下，传统企业的生产模式、产品质量、服务方式、运营理念和渠道都将发生较大的改变，其产品与服务也必将惠及更多的中国百姓，也将创造更大的价值。产能过剩、资源效率低下的行业将逐渐被淘汰，而社会资本也将参考到有益于社会发展、提高人民生活质量的产业中去。传统行业对接现代技术以及现代金融的"双对接"模式有望成为未来产业发展的一大趋势。

11.4.3 回归本真是王道，绿色环保不能少

当我们重视经济发展，科技进步的同时，不可忽视对环境的保护。当北京的 PM2.5 爆表，一栋栋建筑消失在雾霾中时，所有的创业金融人都应该认真地想一想，我们最初的目标是

什么?

从 2015 年开始,已有超过 20 家上市公司宣布设立环保并购基金,包括万邦达、上风高科、先河环保、盛运环保、格林美等。截至 2016 年 2 月,已宣布设立的环保并购基金总规模近 400 亿元。

未来,创业者们应当高度关注新能源和环保行业,创业金融应注入大量的资本进行引导和支持。环保技术的快速发展也创造了创业金融行业在这一领域发展的基础和条件。未来将有越来越多的创业投资回归本真,抛弃那些"短、平、快"的投资模式,而将目光放在更长远的利益之中。

11.4.4　创投蓝海变红海,专业化服务才是核心竞争力

随着 2015 年"大众创业万众创新"的兴起,越来越多的投资者和创业者加入了创业金融的大军中,创业投资机构的数量也屡创新高。人们眼中的创业投资蓝海逐渐转变为一片红海。截至 2015 年年底,中国各类创业投资机构数已达 1 775 家,较 2014 年又增加了 224 家,增幅达 14.4%。

现在,创业投资行业在整个经济产业中所占的比重还是很小的,未来创业投资无疑将从一个"小行业"转变成一个"大行业"。创业投资公司要想在这个行业中获得生存、发展乃至成功,就必须清楚作为一个创业投资公司其最重要的核心竞争力是什么。在资本日渐丰富的当下,单纯的资金支持可能已无法满足创业者和创业企业的需求了。因此,未来创业投资公司的发展基本有两个方向:一个是细分领域的专业化投资;另一个是投后增值管理服务的优化与加强。著名投资家刘昼指出:"未来十年一定是'二八原理',即 20% 的公司甚至 10% 的公司拥有整个行业 80% 甚至 90% 的利润,能成功的企业一定是有专长性、品牌性的公司。"投后管理也已成为创业企业在反向选择投资方时的关键因素,创业投资机构的投后管理工作不仅要做好,更要做细,做得有特色。一个好的创业投资团队可能只需要花 30% 的精力去做项目调研、投资决策,而剩下 70% 的精力都应该放在投后管理上。只有搭建一个好的专业化的服务体系,才能增强一个创业投资机构最核心的竞争力,从而在红海中杀出一片天地。

11.4.5　中国与世界:中国创业金融迎来"全球时代"

无论是"一带一路"战略的实施,还是亚洲基础设施投资银行(AIIB)的正式成立,在促进亚洲国家基础设施建设和资源优化的同时,无疑也都增强了中国企业与投资机构的国际影响力。经过二十多年的发展,中国本土的创业投资机构积累了丰富的行业经验和资本力量,中国创业企业的技术创新与模式创新形式也愈发成熟,再之中国市场的巨大需求与日益国际化,中国创业金融的"走出去"与"引进来"似乎成为必然的趋势。

据不完全统计,国内美元基金的总规模已经超过了 190 亿美元,在 VR 等高科技行业领域中,甚至已经有一些中国的创业投资机构向国外创业企业伸出了触角。例如,早在

2015 年，联络互动就出资 2 400 万美元领投了 VR 头衔 Glyph 制造商 Avegant。而面对广阔的中国市场，海外创业投资机构也纷纷通过各种方式向其看好的中国创业企业抛来橄榄枝，也有一些海外机构选择与国内创投机构合作，共同募集基金孕育优质项目。全球创业金融市场的界限似乎正在变得模糊，而中国正在成为其中重要的一员，并拥有着引领未来全球发展的可能性。

《中国与世界》一书中谈到了当今世界正处在农业权力模式与传统文明让位于现代工业文明这一历史过渡时期的尾声，而中国的改革开放以及当下具有中国特色的现代化建设是当代世界多元现代性中的一种重要方式。随着中国等新兴大国的崛起，人们将进入一个更加地区化和去中心化的世界。当今的全球创业金融也是如此，中国、印度、以色列等国开始走上创业金融发展的舞台。当"支付宝"悄然取代"贝宝"，当中国的创投者开始进入福布斯全球最佳创投人的榜单中，当一个又一个的成功企业赴美上市时，我们无论作为创业者还是创投人都会感到无比的骄傲。

未来中国创业金融将迎来"全球时代"。经济全球化的发展让中国与世界经济的融合日渐紧密，这也给了中国创业金融敞开胸怀与世界拥抱的机会。走出国门，中国的创业金融将面对陌生多变的市场环境和文化挑战，包括汇率、政策、宗教等在内的多元化、多层次风险因素。

本章小结

本章回顾了中国创业金融过去二十年来艰难的发展历程和当下中国"新常态"环境下的发展现状，结合"互联网+"的时代背景分析了创业金融发展中所产生的"新思维"与"新模式"。在此基础上，总结了中国创业金融发展过程中的"变与不变"，提出不忘初心、回归本真、开拓创新的发展之道。虽然时间在变、规模在变、"风口"在变、政策在变，但是创业金融对专业与价值的追求不变，对风险与管理的要求不变，对创新与发展的方向不变，对资本与生态的力量不变。中国创业金融的未来之路具有无限的可能性，退出渠道的多元化，科技的多重助力，专业化的服务等都将帮助中国创业金融走出国门迎接挑战，开拓属于中国创业者和创投人的新时代！

感悟与思考

1. "互联网+"对创业金融的影响有哪些？
2. 中国创业金融未来发展可能会面临哪些障碍和挑战？

关键词

新常态、互联网思维、P2P 网络借贷、股权众筹、专业价值、风险管理、创新发展、资本生态

创业金融实践案例库

模块一——创业企业的起步与成长

万事开头难,创业如此,创业金融亦是如此。

对于怀揣着创业梦想的年轻人,该如何在迷茫中迈出至关重要的第一步呢?从想法到战略,从战略到商业计划,从商业计划到执行实施,这条路到底会走多远?

共同的目标和凝聚力是创业的起点,而在一次次发现问题和解决问题中不断突破与成长才是创业的核心;正确的战略是创业的必需品,而不断调整战略适应环境,并在困境中不断壮大自身才会成为创业的典范。

京东商城:电商传奇之路,在不断解决问题中坚定前行

【求知与探索】

当大众创业、万众创新已经成为时代潮流,我们更应理性地思考创业的成功究竟在于什么?

【公司名片】

公司名称	北京京东世纪贸易有限公司(JD)
企业性质	自营式电商企业(B2C)
公司总部	北京
创始人	刘强东
涉及产品	3C数码、家电图书、百货、机票、服装等
经营范围	网络零售服务

1998年6月,24岁的刘强东看到了科技产品的红利,在北京中关村创办京东公司,在短短两年内便成为全国最具影响力的光磁产品代理商,赚取了第一笔可观的财富。在"非典"对传统零售业造成重大冲击的背景下,刘强东果断放弃了在全国扩张连锁店的计划,于2004年1月带领公司进入电子商务领域,正式创办了"京东多媒体网"(京东商城的前身),销售3C电器产品。在建立了自己的仓储物流快递体系、不断丰富产品种类并开放第三方平台后,京东商城成为中国电子商务领域最受消费者欢迎和最具影响力的电子商务网站之一。2014年,京东接受腾讯的投资,确保其向移动端互联网的成功转型,并于同年5月抢先于淘宝,登陆美国纳斯达克,成为中国第一个赴美上市的大型综合型电商平台,跻身全球前十互联网公司之列。2015年第一季度其在中国自营式B2C电商市场的占有率为56.3%。随后,京东开始向金融、O2O、智能硬件、旅游等方向多元化发展,

《2016年BrandZ全球最具价值品牌百强榜》公布，京东首次进入百强榜，品牌价值同比增长37%达到105亿美元，排名第99位。

1. 京东的融资之路：在不可能中创造成功

2004年年初，刘强东将京东公司带入电子商务领域，正式创办了"京东多媒体网"，从零售做起的刘强东，深信规模效益的作用。在很长时间内，他不计成本地大规模高速发展，并以此换取更丰富的销售品类、更迅捷的物流和更庞大的规模。在2007—2010年，京东每年的销售额大约都是上一年的3倍，创造了令人惊奇的"京东速度"。而超高速的发展扩张离不开强大的资金支持，京东在上市前进行了五次融资，共计23亿美元。

2007年，京东商城首次获得了来自今日资本1 000万美元注资。京东不打广告却维持每个月销售收入增长10%的经营模式，令今日资本集团创始人兼总裁徐新眼前一亮，毫不吝啬地称赞刘强东为"千里马"。在凌晨长谈结束后，徐新立刻买好两人第二天的机票，坚决不给刘强东见其他投资人的机会。

今日资本：慧眼识英雄

在今日资本为刘强东注入了第一笔投资的过程中，徐新主动将原本200万美元的投资额提高到了1 000万美元，支持其迅速成为电商界的第一品牌。值得一提的是，在双方签协议时出现了京东历史上第一份也是唯一一份对赌协议，也就是今日资本口中的激励条款。在交谈时，刘强东预测京东2007年的销售额为3.5亿元，而2008年的销售额将达到10亿元。这一大胆而自信的预测震惊了今日资本的徐新，因为在2006年京东的销售额只有8 000万元，在今日资本注资前，京东已经连工资都发不出去了。最终，双方商定了一个看起来合理的4年业务目标：每年销售增长100%，第四年要求盈利，如果实现目标，今日资本就拿出一部分期权奖励京东团队。这一条款也写进了投资合同里。

从条款本身看，是只有奖励，没有惩罚的，但如此超高速的增长承诺让人不免心生怀疑。然而最终，在外界看来自信十足甚至有些自负的刘强东凭借自身对行业的准确把握，超额完成目标。京东2007年和2008年的实际交易额分别约为3.6亿元和13亿元。

2009年年初，京东商城再次获得今日资本、雄牛资本以及亚洲著名投资银行家梁伯韬先生的私人公司共计2 100万美元的联合注资。梁伯韬坦然承认他是被刘强东的自信与战略观点所征服，认同他将中国零售的中间环节颠覆掉、将利益拿来与社会用户分享的观念。作为天使投资人，梁伯韬个人投资100万美元，这在最困难的时候帮助到了京东，而最终其也获得了超过百倍的回报。这场融资，是2008年金融危机爆发、资本市场寒冬降临之后，中国电子商务企业获得的第一笔融资，其对京东商城的意义也可想而知，为京东持续的高速发展提供了资金保障。

梁伯韬雪中送炭：看好刘强东这个人

2008年，资本市场寒冬降临。这一阶段是刘强东个人，也是京东最难熬的日子。刘强东每天奔走于基金投资人中，不厌其烦地解释自己的盈利模式和企业优势，却没有任何起色。如果没有资金注入，前期的努力都将付之一炬，原本构想的电商帝国即将崩塌，京东也将沦为商业计划书中的一个名词。但刘强东在今日资本的年会上遇到了第二个伯乐——亚洲知名投资银行家、香港百富勤创始人梁伯韬。梁伯韬本人看好电商行业，更看好刘强东这个人，他说，"人比业务模型还重要，初创公司的模型没人说得准。很多投资人看公司有没有赚钱，没看现金流，事实上最重要的是现金流，现金流是正的，就能生存，负的就不能生存。亏损是在流血，但能够产生现金流补血的话，还是能生存的"。随后他找来雄牛资本的李绪富帮助其做尽职调查，最终一起投资了京东，在最困难的时候帮助京东渡过了难关。

2011年，京东又获得了俄罗斯数字天空技术（DST）、老虎基金等共6家基金和社会知名人士共计15亿美元的投资，成为中国互联网历史上最大的一笔融资。随后，2012年11月获得加拿大安大略教师退休基金、老虎基金共计4亿美元融资。2013年2月又获得加拿大安大略教师退休基金和Kingdom Holdings Company等共计7亿美元融资。

2014年3月10日，腾讯以2.14亿美元现金，获得即将IPO上市的京东15%的股份。同年5月22日，京东登陆纳斯达克融资17.8亿美元。

回看京东十多年间的融资历程可以发现，京东的融资环境是机遇与挑战并存的，其投资利弊是十分鲜明的。作为中国最大的B2C电商之一，京东销售额逐年增长，占据极高的市场份额，不断丰富的商品种类和日益完善的仓储物流体系构筑其电商帝国的根基。但业务高速扩张带来的巨额资本成本也是不容忽略的，仓储物流体系的投资降低了资金周转率，京东也一度陷入了不断融资、不断亏损的资本怪圈。与此同时，行业内大规模的激烈竞争也让京东的发展面临了更多的挑战。

在这样的复杂的形势下，我们不得不感叹刘强东作为"融资教父"的坚定与强大。他在众多不可能中成功征服了投资人，为京东的发展不断注入新的资金血液。

2. 刘强东：创业成功在于解决问题

创业多年来，刘强东可以说是在中国电商行业甚至整个互联网行业都颇具争议的人物，京东帝国的成长之路是一段传奇，它的一砖一瓦也都与创办者刘强东密不可分。刘强东2015年在哈佛中国论坛发表了主题演讲，说到创业成功，他认为关键还是在于解决问题。在当今这个值得每个人记录、奋斗的时代，也是创业最好的时代，所有的东西都在加速发展，只要你能解决一个问题，你就有机会成功。

谈到解决问题，刘强东笑言他解决的第一个问题是找到一个女朋友。在大学时，同学因为社会学系不好找工作而被女生拒绝，这段经历触动了刘强东并进行了一番研究。他发现有一份好工作并不是女生找男朋友的唯一标准，神秘感也很吸引人，而那个年代最神秘的就是计算机了。于是他就去自学电脑编程，为系里的老师编制名片管理系统，成功增添了自身的"神秘感"，终于在大二下学期结束时找到了女朋友。

从中国人民大学毕业后，刘强东在一家外企工作了两年，他不甘心每个月只拿4 000多元的工资，于是打破了三个小猪罐子，拿着2 000元，骑着自行车来到中关村创业。前两三个月，公司就只有他一个人，天天站在楼下发宣传单。家人的不理解和女友的嫌弃，都没有动摇他的信念，他一直在专注解决他的问题。

京东商城在1998年创业之初定位为传统渠道商，作为中关村唯一一家明码标价、所有产品都开发票的商家，他成功地在鱼龙混杂的中关村市场上解决了与消费者之间的信任问题，也成功地树立了自身良好的品牌形象。

2003年，京东商城的IT连锁店已经发展到十二家，从一个小柜台到12个店面，一步一个脚印，刘强东用自身的坚持与信誉走出了独特的"京东之路"。而随之而来的非典危机，成为京东历史上的一个重要转折点。背负着租金、各种开销等压力，所有员工却只能在办公室里面面相觑，不敢进行销售，京东面临了一个前所未有的问题。有同事提出来说，我们为什么不在网上进行销售呢？于是京东开始在各大网站发帖销售，遭到版主强硬删帖；随后又在专业测评论坛发帖，通过自己在中关村坚持了六年的正品销售接到了首笔订单，成功实现了京东由线下到线上转型。2005年，公司最终下定决心关闭零售店面，转型为一家专业的电子商务公司，也近乎完美地为京东开拓了另一条道路。

谈到为什么要创业做京东呢？刘强东表示，同样也是为了解决问题。在刘强东创立京东时，当当、卓越、淘宝都发展地异常火爆。京东没有价格优势，没有更多的商品种类，唯一的切入点就是销售，即解决目前网络购物存在的品牌缺失、商品质量价格混乱、物流混乱的问题。

为了解决这个问题，京东商城将第一轮融资得到的1 000万美元，主要都用于了广州分公司的建立，库房、品牌建设及产品品类的扩充，实现了产品种类从3 000种到18 000种的扩充，以此提升销售额、订单量和知名度。而第二轮融资得到的2 100万美元则主要用于升级物流平台、服务技术和扩建网络，以实现稳定迅速的物流送达。京东延续了其以往在中关村的风格，坚持正品行货加发票，并以不断创新的服务和迅捷物流使得当日到达不再是一种梦想，大大加速了中国物流行业的发展，而这些也正是京东得以生存和快速发展的基础。

时至今日，刘强东的解决问题之路仍没有停止，二次创业"京东到家"力求以一种新型的商业模式解决生鲜产品的消费问题。生鲜产品是消费者日常购买最多的产品，但消费者、种植者的中间环节过多，市场信息不对称造成价格波动较大，食品安全问题日趋严重等问题制约了其在网上的销售。为了解决这个问题，京东建立了全资子公司，力求实现从产地直接送达消费者，减少中间环节，将食品更高效地送到用户手中；与此同时，京东提出进入农村的战略，构建信息技术大数据，解决农村种子化肥农药问题，为种植者提供信息，进而解决市场信息不对称问题。经过长期数据搜集，京东分析了不同区域的种植情况、土壤情况等，以解决食品生产、配送与安全问题。

感悟与思考

京东商城的发展被称为是电商界的一段传奇，京东的成功绝非一步登天，也没有一帆风顺的运气，而是与其一朝一夕的积累密不可分的。京东商城的成功得益于在一次次发现问题、解决问题中实现的自我突破与自我成长，而这也是一切创业的出发点与核心所在。刘强东可以算是所有创业者的榜样，他身上所体现出的对行业的准确把握，敢于迎接挑战的勇气，专注解决问题的坚持，在逆境中寻求突破的创新意识，都是一个成功创业者所必不可少的品质。当遇上这样的千里马时，伯乐们怎能不投呢？

盛大游戏：急速崛起的盛大帝国由盛转衰之路

【求知与探索】

盛大的崛起是一个不可复制的神话，而随后陈天桥的"封闭产业链"战略却撞上了一堵铁墙，自以为创造了生态环的盛大其实一直在单兵作战，继而急转直下，令人唏嘘不已。创业企业应该如何在获得投资之后更好地构筑起企业的生态链，从而实现正确而灵活的发展呢？

【盛大名片】

公司名称	上海盛大网络发展有限公司（Shanda Group）
企业性质	互动娱乐媒体公司
公司总部	上海
业务领域	游戏、文学、计算机软件、办公设备等

如今，中国互联网最火爆的三家巨头公司，当属"BAT"，即百度、阿里、腾讯。但在十多年前，这几家公司加起来，都远远抵不过一个游戏巨头——盛大网络。1999年11月，盛大网络成立，两年后推出了最负盛名的大型网络游戏《传奇》。2004年5月，盛大网络在陈天桥率领下，通过网络游戏《传奇》铺路，成为世界上拥有最多在线用户数的网络游戏运营商，网络累计注册用户近1亿人，成为世界上实现纳斯达克上市的第一家游戏公司，并让陈天桥在创业4年、时年31岁就已然身价高达90亿元，成为中国首富。盛大游戏曾是中国领先的网络游戏开发商、运营商和发行商，致力于打造中国乃至全球领先的网络游戏平台，连续多年赢得过金翎奖、金凤凰奖等重量级行业奖项。

然而天有不测风云，在十年后的2014年11月27日，盛大游戏发布公告称，盛大网络将其目前所持有的18%股权出售，今后不再持有盛大游戏股份，同时，陈天桥退出盛大游戏董事会席位，辞去其盛大游戏董事长职务。脱离母体的盛大游戏在2015年上半年营收同比下降26.1%，净利润下滑52.2%。出售后授权盛大游戏使用的"盛大游戏"标签也会在2016年12月31日到期，曾经作为国内网络游戏的巨头的盛大游戏不复存在。这种过山车式的"瞬间升至云端，不久又急速跌至谷底"的历程，尽管是具有偶然性的，但其中的必然因素也值得我们深思。

1. 《传奇》使得陈天桥一夜登顶中国首富

1999年11月，陈天桥以50万元资金创立上海盛大网络发展有限公司。不久，他创立的网站stame.com在短短几个月时间内获得了上百万的关注，并积累了100万的注册用户。这在令陈天桥欣喜若狂的同时，也带来一个问题：发展如此迅速的创业企业必须得到一笔相应的创业资金才能保证其正常发展。而这时中华网公司作为当时亚洲在全球最负盛名的互联网公司，从互联网泡沫中发现了盛大这一潜力股，并注入了300万美元的创业资金，直接解决了其资金的燃眉之急。也正是因为这一笔初期的创业资金，盛大的传奇才没有被扼杀在摇篮里。

2001年6月，因为公司规模太小，陈天桥跟韩国埃克多思软件公司（Actoz soft）签署了《传奇》网络游戏的运营协议。这款《传奇》是整个传奇故事的开端：2001年仅上线一个月，它就实现了盈利，并迅速冲上各软件销售排行榜的首位。2002年的一天，陈天桥的一名财务人员汇报，我们一天的收入超过了100万元！而那时候盛大的员工总数还不到100人。仅2002年一年，盛大的营业额就达到了6亿元，利润为2亿元左右。这让处于寒冬的互联网领域仿佛发现了一根救命稻草，而盛大游戏也因此被誉为是一台"印刷钞票的巨型机器"！

凭借一枝独秀的业绩，盛大在业界一炮走红，想对它进行投资的创业投资机构数不胜数。2003年3月，盛大网络与软银亚洲签订战略融资4 000万美元的协议，软银亚洲因此持有盛大24.9%的股份。2004年5月，盛大在美国纳斯达克市场上市，市值为14.8亿美元，而这时软银亚洲的股权已折合为约5.9亿美元，实现了近345%的IRR和13倍的投资回报！从创业投资的角度来看，软银亚洲无疑是非常成功的，短短一年多的时间里获得的超高的回报。而对盛大来说，软银注入的资金简直算得上是久旱逢甘霖，软银给盛大带来了先进的管理技术，改善了公司的治理架构，还对公司的发展做出指导；软银的青睐更是对盛大的来自专业角度的认定和背书，对其日后在纳斯达克上市也具有很大的帮助作用。

2. 看不起游戏的陈天桥

实际上，陈天桥对网络游戏这一行业没有任何的热情，觉得其只是一个赚钱的工具罢了，绝不会将终身都奉献上去。《传奇》只是无心栽柳的结果，并不是公司的前进方向。

为什么呢？因为游戏给他生活带来了很多负面影响。他虽然享受着《传奇》成功带来的金钱价值，但他也是社会、家长眼中的"罪魁祸首"。曾经有青少年玩游戏玩到心脏病突发导致猝死。社会舆论将陈天桥从云端拽至谷底，赚了再多的钱，如果社会地位声名狼藉，那也足以让一个人崩溃。因此，陈天桥不止一次跟朋友说，网游跟他初衷相悖。网游承载不了他的梦想，他的志向在于娱乐帝国，所以他想要转型，希望社会能够认可他的价值。通过利用网游积攒的资本，对娱乐帝国进行开拓。这也就导致了他之后没有在网游行业"趁热打铁"，而是调转了舵盘，驶向了一个不熟悉的领域。

3. 家家户户都会有一个"盒子"

从2004年起，盛大的创始人陈天桥就高调宣传其"走进客厅"的战略，即所谓的"让中国的家庭数字娱乐从卧室走进客厅"。其核心就是这个基于PC架构的盛大易宝（EZ Pod，俗称"盛大盒子"），使客厅的主人通过"盛大盒子"这个机顶盒设备，将盛大提供的网游、音乐、影视等互联网娱乐内容整合并接入电视机，从而全面控制用户的家庭娱乐终端。他幻想今后中国的每家每户，都会拥有一个盒子，就如今天人手一个手机一样。

2005年，仅用了43天时间，盛大收购了新浪19.5%的股份，成为最大的股东，启动"盛大盒子"计划。其实，入股新浪，只是为了给"盛大盒子"提供资讯支撑而已，但这却花了20亿元。2005年"盛大盒子"面市。这个"盒子"就是IPTV，按照他的构想，试图以机顶盒的形式，将网络的互动娱乐和资讯带给电视用户，集所有娱乐资讯于一体。

但是，这种颠覆式的创新需要极强的驱动力，很快就遭遇了失败。原因之一是当时的视频资源非常匮乏，"土豆"成立于2005年4月，"优酷"创立于2006年6月，爱奇艺产生于2010年。"盛大盒子"的年代，视频资源把控在传统电视台手中：当时广电和电信仍在"内部协商"IPTV的归属，又怎肯将这些资源转给盛大？另外，在当时的社会，2005年的宽带用户中，80%以上的下载速度低于100kb/s，这又如何能保证良好的用户体验？

花费了4.5亿美元，结果却毫无起色。这也与当时遭遇的政策红线有关。2006年4月11日，广电总局发文点名"盛大盒子"违规，这固然与售价有关，高达6000元的价位，让整个产品和当时的消费主流趋势有点格格不入。"我们可不可与外部寻求合作？可不可以不用盛大在线，不用盛付通？"盛大游戏高管们曾如此与陈天桥争辩，答案是"不能"。也许是昔日的成功蒙蔽了陈天桥的双眼，让他逐渐脱离实际。

4. 薄种广收，投资的一百多个项目却无一出彩

一心想做平台，但却又追求于打造产业闭环，陈天桥可以说是被当时盛大帝国的恢弘气势蒙蔽了双眼。

此时的盛大，在资金流上完全不用担心，盈利额对于支撑整个帝国的运行根本没有障碍。于是多余的资金便被用于产业闭环的打造，不断投资或是收购其他创业公司。很多人可能会产生这样的疑问：那时的盛大是扮演着创业投资机构的角色吗？第八章中我们提到过，创业投资机构往往是以投资回报为导向，期待通过创业资金的正常退出而获得收益，但是，盛大的野心不仅仅局限在此。它挥金如土，买来了浩方、游戏茶苑、边锋等游戏平台，还在同期收购门户网新浪19.5%的股票，成为其最大股东，并购原创娱乐文学门户网站"起点中文网"等，加之盛大和48家在各领域领先的内容提供商合作，均是为"盒子"的内容资源做准备——新闻资讯（新浪）、文学图书（起点中文）、SF游戏（任天堂）、棋牌休闲游戏（边锋）、在线影视（五洲宽频）、证券财经（证券之星）、电视直播（需安装电视卡）等功能。①陈天桥企图让盛大帝国通过自给自足的途径，一步一步壮大。

依靠资本之力，盛大形成了备受世人关注和诟病的全产业链形态——从上游的原创资源，到运营平台，再到用户渠道，其核心依然是游戏。如果对这个全产业链形态的运行方式进行简单概述，即盛大制作的游戏，通过网络文学站点原创推出同名小说，再制作成影视剧销售。但是盛大斥巨资投资的项目，由于缺少业务层面的整合和配合，最终没有形成盛大泛文化闭环。十年投资的140多个项目，因缺乏与上下游公司的合作，大多以失败告终。

2009年盛大全资收购酷6网，在当时酷6网尚处于视频行业三甲。2010年，酷6成为全球第一家在纳斯达克上市的视频网站。但是2011年之后在烧掉3亿多美元，创始人李善友离职，内部清洗之后，酷6已从曾经的行业第三下滑至行业前十。

盛大2007年开启网游传媒板块，并将其定位为盛大的广告传媒业务，主要是指在

---

① 张书乐. 盛大：游戏到泛娱乐的鸿沟有多远？[J] 经理人，2015.

网游中内置广告，但尽量不影响游戏玩家的体验。盛大具体的投资或收购情况如下表所示。

盛大投资收购概况

时　　间	事　件　梗　概
2004 年 7 月	盛大战略投资中国领先的在线对战游戏平台运营商——上海浩方在线信息技术有限公司
2004 年 10 月	盛大收购中国领先原创娱乐文学门户网站——起点中文网
2004 年 11 月	盛大宣布收购韩国 Actoz 公司控股权
2005 年 12 月	盛大宣布收购国内领先休闲游戏平台"游戏茶苑"
2007 年 7 月	盛大收购成都锦天科技公司，推动民族网游行业发展
2009 年 7 月	盛大网络通过要约收购获得华友控股有限公司 51% 的股份
2009 年 8 月	盛大斥资 1.4 亿元收购成都星漫科技

5. 在事业的巅峰阶段，如何保持强劲的冲势

可以说，盛大网络遭遇的失败在很大程度上是由于其战略的选择不当。由于时代原因，在许多方面产生了不可避免的限制，比如视频资源的不足、宽带速度的滞后等，这些因素让"盛大盒子"这一超前的构思在现实中无法实现。而触碰到的政策红线则是压坏骆驼的最后一根稻草。

盛大瓦解后，无数报道为其失败打上悲情的烙印。可是，陈天桥真的是一个失败者吗？从另一个角度考虑，按照企业家的利润标准评判，陈天桥无疑是赢家中的赢家。在多年布局投资中，他鲜有亏本。盛大文学的初始投资仅 2 000 万元，转手腾讯赚了 25 倍。浙江传媒花 31.8 亿元买下边锋，陈天桥赚了 18 倍。十年间，他投资近 150 个项目，投资版图涉及文化、金融、不动产投资、对冲基金四大板块。

近年来，随着其不断拆卖盛大产业，陈天桥手握的真金白银越来越多，比如 2015 年，他便套现 62 亿元。而媒体口中的"失败"则更多地源于其没有实现人们对他非凡的预期。

从这个案例中，我们可以感受到，即使一家企业非常成功，社会影响力巨大，都不能在战略制定上掉以轻心，必须严谨地分析市场的风向标，作出最符合公司与现实环境的决策。战略的制定是贯穿企业整个经营运作中至关重要的一个步骤，包含公司战略、产品战略、业务战略等。而战略也绝不能一成不变，需要根据市场发展的节奏做好随时调整的准备，动态地跟进市场的最新变化。

还有一点需要注意的是，单纯的财务投资并不会产生"1+1＞2"的效果，就像盛大那样大量的收购与投资并没有形成规模效应的生态链。由于并没有给被投资对象带来后续的业务援助以及持续投入，盛大对其创业公司做到的仅仅只是纯财务投资，并没有通过强大的生态链降低运营成本，提高营业效率。因此，创业者应选择对自身后续发展有更大帮助的创业投资人，以获得单纯财务资本之外的附加服务。

感悟与思考

盛大的崛起完全可以称为一个神话，但如果创始初期缺乏创业资金的支持，盛大也不可能迎来后续的辉煌，可见寻求创业资金是极其重要的。盛大的决策层在企业发展一帆风顺时，没有寻求与上下游企业的积极合作，而是企图通过资本收购，形成产业闭环，这无疑是天方夜谭。而致命的问题在于，盛大对创业企业进行投资后，并没有采取有效的投后管理，将大把的资金打了水漂。

携程与复星：创业团队一定要懂行嘛？

加多宝："凉茶大王"的绝地反击

模块二——创意亮点：创业企业的活力之源

纵观全球，每天都有数以万计的企业面临倒闭。在激烈的竞争环境中，是什么支撑着一个创业企业可以突出重围，不仅在市场中拥有一席之地，还能获得创业投资家的青睐呢？

分众传媒：坐稳创业火箭——从"发射"到"分离"再加速

【求知与探索】

创业者往往会绞尽脑汁希望得到投资，而若创业投资家自己"找上门"就更是求之不得。分众传媒就是这样的一个例子。在巧妙地采用定位战略发掘了电梯广告的潜能后，分众传媒的商业楼广告媒体很快遍布全国各地，而软银中国等创业投资家便主动寻求合作，帮助分众成功上市并发展到今天。那么分众是如何得到创业投资家青睐的呢？得到充足的投资后其又是如何运作的呢？

【分众名片】

公司名称	分众传媒	成立时间	2003 年 5 月
企业性质	股份制	创始人	江南春
业务领域	电梯电视、电梯海报、经视影院、终视卖场		

分众传媒的创办背景是在其创始人江南春所在的广告公司业绩不景气的情况下，一次偶然观察萌发出的创业点子——人们在等电梯的无聊时间，看广告就会从无趣变得有趣，从而将被动变成主动。

凭借这个点子，在主流广告媒体都在讲"大众"和"内容"时，分众传媒另辟蹊径，从"渠道"着手，开拓了楼宇广告的处女地。此后，分众传媒吸引了软银中国等一众投资者，最后成功在美国上市。而上市之后的分众发展也极具戏剧性，其从一个创业小公司到玩转并购资本市场，再到金融危机时差点被新浪收购，随即紧急剥离繁重业务链，并于 2015 年成功回归国内 A 股，完成了价值千亿的回归。

现在，分众已经成为了市值 1 520.21 亿元的传媒大鳄。截至 2016 年 6 月 30 日，分众电梯媒体，覆盖 120 个城市，110 万块电梯海报，18 万块电梯电视，拥有 5 亿人次城市主流人群的日均到达率。

1. 精准的定位战略

2002 年，江南春在上海的太平洋百货等电梯意识到，"当一个人处在无聊的空间里时，广告就会很精彩了"。

于是，2002 年年底上海的 50 个商业楼宇里面便出现了分众的液晶电视广告。2003 年 5 月，分众传媒公司创建成功，一个新产业——楼宇广告媒体就此诞生。

传统广告业的盈利模式就是做内容，吸引消费者，买下人流量多、位置绝佳的广告牌。因此，户外广告的地理位置很重要，可是小公司根本没有财力和实力来抢。分众传媒的新思路就是：与其抢街上的位置，不如追着消费者的生活轨迹走，人们不论在哪里，总是要去上班，总是要回家，总是要去商场购物，总是会去电影院看电影。而在这些时候，消费者不是被动接受广告，而是在无聊的密闭空间内，他们会成为广告的主动接收者。

与其说这是在等电梯时偶然想出的点子，不如说它是一种精准的广告投放细分的定位战略。在当时的中国，财富阶层的年轻化以及都市白领一族的普遍化，使得分众的电梯媒体把受众瞄准在那些每天在写字楼、商场、公寓内可以接受广告信息的人群。

分众，就是细分受众，其英文名"focus media"也证明了其意义所在。2002年以来，分众传媒的定位人群就是中高收入的上层群体，年龄范围为25～30岁，这是对核心消费人群的精准覆盖；而市场战略的表现形式就是在电梯内或电梯等候厅内设置液晶显示屏（17英寸LCD或是42英寸PDP），每天滚动播放广告60次，投放单位以中高端写字楼为主，并延伸到商场、宾馆、机场及娱乐休闲场所中。

分众传媒创业机会的发掘和开拓无疑是成功的，电梯广告是对目标客户的精准投放。电梯媒体在国外的物业环境下是不会出现的，江南春的创业方法是基于中国独特环境下的突破，其精妙之处不仅在于利用人的心理，将接受广告的行为从被动转为主动，而且楼宇广告对物业和商厦也是有利的，分众可以免费提供物业广播以及楼宇宣传片等，进一步美化楼宇环境。所以楼宇广告是一个"多赢"的创意，不仅利用了消费者的无聊时间，精准地对应了广告主的目标人群，而且优化了楼宇物业的服务，也为分众平台本身带来了固定的流量。

2. 创业投资家的青睐

一开始，电梯媒体这部分只是江南春原先的永怡传播广告公司下属的一个项目，然而江南春决定把他发展壮大，所以他投入自己的2 500万元资金，签下了上海100幢顶级商务楼，安装了400多台液晶媒体设备，日覆盖近百万人次，成立了分众传媒公司。

起初江南春本人也对分众没有很远大的抱负，而分众独一无二的媒体思路和专属网络却让投资者们看到了机会，软银中国甚至亲自找到了江南春寻求合作，江南春这时才对自己的分众传媒有了更广阔的蓝图。他在采访中说，"我以前从未想过融资，而且喜欢自己投资、自己管理，后来发现这是一个资金需求量极大的事业，根本不是几千万元可以完成的，而恰恰这个时候软银找到了我，投资了这个项目，从此就与国际投资机构产生了一系列的合作"。

2003年6月，日本软银4 000万美元巨资注入分众传媒（中国）控股有限公司，软银中国投资基金首席代表余蔚在发布会上表示："此次巨资投入分众传媒主要是因为当下国内的传媒业存在一个重要的问题，市场正在从大众消费向分众行销转型，当产品和市场被不断细分与定义的时候，我们的传统媒体却还没来得及做好准备，你已经知道准备对怎样的人群传达你的产品与品牌信息了，但你突然发现手中所掌握的传播载体却无法有效地区分出你所要的目标受众，你的广告还是必须通过电视、平面、户外这些最为常用的、在大众化生产与消费时代产生的、面向广泛受众的传播工具。所以广告主不得不接受这样的事实：大量的广告预算被流失在非目标人群中。所以软银非常希望投资那些创新的、符合未来分众行销及一对一行销时代的传媒体，而在上海媒体业界轰动一时的高级商务楼宇液晶电视广告联播网的诞生，让软银看到了创新的实践，一个在分众行销概念下成功崛起的传媒案例，而这个案例的背后就是分众传媒。几乎在短短一个月内，上海几乎 85% 以上的甲级商务楼宇和著名商厦的电梯等候厅或电梯内都被装上了多媒体液晶电视，在软银所做的市场研究中也显示受众对上海商业楼宇液晶电视广告接受度非常高，而且软银对分众传媒市场盈利前景也充满信心。"

事实也证明，江南春是正确的，软银也是正确的。分众传媒的"分流客户群体"这个独特的媒体概念，无疑受到了大批投资者的关注，继软银之后，鼎辉国际投资（CDH）、TDF 华盈投资基金以及 DFJ 德丰杰投资、高盛投资等知名投资商联手提供了数千万美元的创业投资，如下表所示。

分众传媒的创业融资

2003 年 4 月	软银（中国）	4 000 万美元
2003 年 5 月	UCI 维众中国	
2004 年 6 月	CDH 鼎辉投资、TDF 华盈投资、DFJ 德丰杰投资、WI HarPEr 美商中经合	1 250 万美元
2004 年 11 月	高盛公司、英国 3I、UCI 维众中国	3 000 万美元

创业投资商看中的是规模达数百亿元的商务楼宇数字广告市场。据经济专家预测，2003 年未来五年，中国广告市场份额为 1000 亿～1500 亿元，其中分众传媒市场为 200 亿～500 亿元。而"分众传媒"是国内第一个运用分众行销概念而成功崛起的数字化户外媒体，也是国内分众传媒业的领跑者。

吸引创业投资家的不仅仅是江南春的创意，分众传媒的良好资本运作和有效经营也是备受青睐的原因。很多时候，有了好的切入点也不一定会有迅速的发展，而分众的"圈地运动"动作之快速，辐射之广泛，让创业投资家看到了其高效的运作水平。当时分众团队的圈地运作策略主要如下。

（1）免费给物业提供通知播报及楼盘宣传；

（2）楼宇液晶显示屏不影响楼盘环境而且还可以起到美化的作用，优化电梯环境（放音乐，电影等）；

（3）高额的进楼费。

此外，软银也做过关于楼宇广告的市场研究，显示受众对上海商业楼宇液晶电视广告分众传媒一开始就不是面向客户卖广告，而是面向资本市场卖网络。这样绝佳的眼光加上精英团队快、准、狠的圈地运作造就了分众飞快的成长。在第一轮创投资金到手和一个畅通的融资平台搭建完毕后，分众传媒更加从容地进行自己的"圈地运动"，也使得行业进入门槛不断提高。而分众的眼光不局限于此，除了卖广告，分众的下一步是打造"数字媒体帝国"，于是江南春的目标瞄准了上市。

3. 战略要从一而终：资本运作的战略偏离

（1）风生水起的融资战略。软银的加入对于分众来说不仅带来了资金，也带来了国际标准的后台管理，使得分众的管理趋于完善和符合国际资本市场的需求。而有效的管理和精准的融资战略无疑为分众日后的上市铺好了路。2005 年 6 月，分众传媒成为首家亮相于美国纳斯达克市场的中国纯广告传媒股票。分众的股票发行定价为每股 17 美元，高于事先设定的 14～16 美元的定价范围。当日跳高 2 美元以 19 美元开盘,收市于 20.20 美元,首日上涨 18.8%,1.72 亿美元募资额也创造了当时的 IPO 纪录。

(2) 疯狂的资本并购。IPO 上市之后,分众就开始了扩张版图的第一步,在 2005 年,正好是资本市场的并购热潮,基本并购扩张运作风生水起的企业都可以赚到大笔的资本。2005 年 10 月,分众传媒以 1.83 亿美元的价格收购国内最大电梯平面媒体框架媒介 Framedia。随后,并购接踵而至,据说江南春当时的口头禅就是"约他们出来谈谈价格,把他们收了"。据不完全统计,从 2005 年开始,分众传媒斥资约 16 亿美元,并购了 60 多家公司。其意在通过一系列的并购扩张,将业务网络覆盖到商务楼宇、卖场终端、公寓电梯、户外彩屏、手机无线以及网络平台等全方位广告媒体服务,分众传媒的收购历程如下表所示。

分众传媒的收购历程

时间	收购公司	业务范围
2005.10	框架媒介 Framedia	国内最大的电梯平面媒体
2006.01	聚众传媒	国内第二大楼宇视频媒体运营商
2006.03	凯威点告	手机广告商
2006.08	ACL	影院广告公司
2006.12	动力传媒	高校平面媒体运营商
2007.03	好耶公司	中国最大的互联网广告提供商
2007.06	创世奇迹	中国最大网络游戏广告
2007.08	佳华恒迅广告公司	房地产广告
2007.09	艾瑞咨询机构	互联网数据提供商
2008.01	玺诚传媒	卖场视频广告老大

当时的业内人士也曾提到,对于分众这种楼宇媒体,只有 Framedia 和聚众传媒的收购是与主业切合度较高的并购,其他并购跨度较大,可以算是盲目扩张。

企业的跨领域并购主要是看后期内部整合的能力,单从结果上来看,分众的整合似乎没那么完美,2008 年金融危机后,分众的这种"臃肿"而主营业务不精的并购结构让其险些被新浪收购,传奇媒体的道路差一点在金融危机中戛然而止。

(3) 战略偏离导致陷入危机。2008 年,金融危机开始后,在资本市场上风生水起的分众传媒在外界的萧条环境面前显现出盛况下所掩盖的危机。

分众主营业务的缩水让盈利能力入不敷出,其原因是在金融危机的影响下,金融行业、汽车行业等客户也为了压缩开支减少了广告投放;由于分众之前并购太过于猛烈,而与其主营业务切合的很好的并购公司少之又少,导致组织臃肿,没有价值效益的费用太高,在不景气的情况下就会出现经营危机。

2009 年年初,分众传媒开出了 4.84 美元低价,市值暴跌 92.70%,险些被新浪收购。所幸,分众传媒并没有就此结束。而其原因也主要是靠运气——2009 年 9 月 24 日,新浪对分众传媒的收购突然被商务部终止,原因是商务部判定其构成垄断。

(4) 火箭"分离":给臃肿的公司做减法。在这次险些收购的闹剧之后,江南春意识到,在金融危机的影响下,企业只有维持自己的核心,才不至于在外部环境发生巨变时站不住脚。本来2008年江南春已经准备隐退，但这段危机来得太突然，股价跌得厉害，他又重新加入公司，继续带领公司进行整合。

分众传媒美国上市之初，分众传媒股价迅速走高的原因是对良好的创业机会的把握，创造了广告主、物业和潜在客户的多重价值。而之后，由于资本市场的诱惑太大，在经营层面却本末倒置，把广告主价值搁在一边，主要去盯着财务、资本市场的膨胀。所以，接下来，江南春带领分众及时调整了思路，把公司的重心放在创造公司主营业务的价值上，而不是在资本市场上的价值。

2008年11月，分众传媒取消了旗下的无线广告业务，分众无限独立上市计划终止。

2009年7月，分众传媒开始"做减法"，通过重组、关停或剥离LED广告、一些利润较低的户外广告、业绩较差的电梯海报广告等非核心业务。

2009年之后，分众传媒终于渐渐走向正轨，2012年宣布了私有化方案，2014年成功拆除VIE架构，2015以1 000多亿元的市值回归A股，被媒体称为"价值千亿的回归"。

4. 创业者如何发掘企业的价值，并保持这种价值

（1）选定独特细分市场。分众最有价值的就是其给世界带来了一个分流受众广告投放的概念。"分众"相对于"大众"，后者是传统广告业的消极模式：把巨屏广告投放到最繁华、人流量最高的地方，但不能保证被目标受众接收到，也不能保证接收者真的注意到了广告的投放。而分众巧妙利用一小批人——上班白领的生活路径，在准确的目标受众群体的生活中处处精准投放，这个概念是史无前例的。

分众的模式就是把细分渠道市场再细分，比如其本身对于传统广告业就是一次细分，又进一步根据客户的时段、痛点进行再细分。于是分众就划分成了中国商务楼宇联播网、中国领袖人士联播网、中国商旅人士联播网、中国时尚人士联播网、中国医药联播网、中国大卖场联播网和中国超市与便利店联播网这七大板块，目标受众更加精准。

创业者面对一个看似饱和的市场，如果也能像分众传媒创始人江南春那样从根源上思考转换，可能就会发现市场中新的机遇。

（2）"快、准、狠"高执行力是理想变为现实的关键。企业的价值一定不单单来自概念。对于分众这种颠覆性的存在也是一样。当初软银找到江南春，一是因为看好新模式的广告媒体；二是看到了分众当时的执行能力。

分众传媒概念一出现，江南春带领团队在一个月之内，就投入了2 500万元资金。

正如《福布斯》杂志所说的那样："江南春以最快的速度占领当地的主要高档写字楼，签下了上海100幢顶级商务楼，安装了400多台液晶媒体设备；而和软银合作以后，上海几乎85%以上的甲级商务楼宇和著名商厦的电梯等候厅或电梯内都被装上了多媒体液晶电视。2005年，分众传媒在全国各地占有的楼宇总数已近20 000栋，楼宇覆盖量占据了70%。此时，分众已经在包括北京、上海、广州、深圳、杭州、南京、成都、重庆、武汉、天津、大连、青岛、长沙、沈阳、西安、昆明、厦门、石家庄、温州、东莞、珠海、汕头等城市驻扎，布下连锁网络，剩下的市场空间留给随后出现的模仿者。"

所以，创业者要了解，想要打动投资者，不仅要自己项目够实力，更要有把自己的创业想法迅速变成现实的执行力。很多时候，创业企业是否成功，就是要看其扩张市场的速度。

（3）保持战略不偏离，始终发挥价值最大化优势。分众的成功是因为细分市场，而险些失败也是脱离了细分这个概念。很多企业在发展到一定规模了之后，常常会出现这种"精力分散"的错误，盲目地扩大资本规模，导致资金流和投入分散到了非核心的地方，战线冗长，触角太广，可能就失去了其核心竞争力。

所以，企业在制定战略的时候，要抓住"聚焦"这个概念：要保持战略不偏离，始终发挥价值最大化优势。这才是自己区别于竞争对手主要竞争力的来源。

感悟与思考

分众的每一次成功都是具有前瞻性的尝试。这也是最初被创业投资家和资本市场看好的原因。

分众始于"focus"，最终解决危机的方法也是回到"focus"。在金融危机的困境中，分众调整了自己的战略，从运作资本中抽身而退。所以，重新专注核心价值的分众也迎来了市场高期望的回归。

对于创业者而言，一旦拥有了创业投资家所青睐的价值，不仅要保证自己"不忘初心"，也要不断深入挖掘核心价值。这样才会使得企业在激烈的竞争环境下持续发展，而不会因为市场的变动一蹶不振。

Snapchat：不止阅后即焚

【求知与探索】

Snapchat，是一个可以以图片、文字、视频等方式上传个人生活状态并在 24 小时后自动销毁的社群，其以燎原之势占领了西方年轻人的视野。即将上市的 Snapchat 或许将创造继阿里巴巴之后最大的美股科技 IPO，Snapchat 令人惊叹的成功是抓住了年轻群体对个性表达和隐私保护的需求所在，也是科技点燃生活、改变社交习惯的产物。除了在社交方式上另辟蹊径，Snapchat 在实体产品上也推出了人视角摄像眼镜，意图拓展社交信息交互渠道。这一系列尝试都是自媒体化加深的标志，也是"互联网+思维"在图像社交领域的应用。

【公司名片】

公司名称	Snap Inc.（NYSE：SNAP）
创始人	Evan Spiegel，Bobby Murphy，Reggie Brown
业务领域	摄像技术、通讯、移动应用
公司简介	Snap 开始于一款能够兼具拍照通讯功能的应用 Snapchat，用户可以通过拍照、发布视频、编辑图像进行社交。2016 年公司推出实时摄像记录智能太阳眼镜，2017 年 3 月上市

1. Snapchat 发展回顾

信息爆炸时代的不良影响就是信息过量和隐私泄露。各种各样的社交平台在降低人们沟通成本的同时，也将我们置于无过滤的碎片化信息海洋之中。同时，对于大多数人而言，这些社交平台上并无个人隐私可言，这也让人越来越不敢自由分享。而创立于 2011 年，总部坐落于加州的 Snapchat 的独特之处，就在于它所提供的"阅后即焚"功能：随时向周围人分享状态（照片、视频或者个人动态），而所有的信息将在 24 小时内消失。

这种功能的出现填补了社交平台的一个空白——追求刺激又希望保护隐私的青年群体可以更加自由地释放天性。这极大地提高了平台用户的安全感，Snapchat 上线以后迅速吸引了美国大量的青少年用户，尤其以女性居多。目前 Snapchat 作为全球发展最迅速的社交应用，日活跃用户达到 1.58 亿，女性用户接近 70%，25 岁及以下用户占 71%，每日发出 snaps（状态）超过 25 亿条[①]。除了传统的阅后即焚以外，Snapchat 还应用于社交聊天、创建个人状态（Stories），明星、企业、媒体账号也开始通过 Snapchat 进行商业推广，广告收入是 Snapchat 目前主要的营业收入来源。近日，Snapchat 正式更名为 Snap Inc.，同时这家最初以社交应用发家的企业也计划将人气转化为更实际的商业模式，推出除了社交工具以外的具有可拍摄功能太阳镜 SPEctacles。

2. 企业投融资历史

（1）融资回顾。Snapchat 融资历程如下表所示。

---

① 数据来源于 Snapchat IPO 招股书。

Snapchat 融资历程概览

时间	阶段	金额	估值	领投	投资者
2016-05	F 轮	$1.8B	$17.5B Pre-Money	—	12
2015-03	E 轮	$200M	$14.8B Pre-Money	Alibaba	2
2014-12	D 轮	$485M	$10B	Kleiner PErkins Caufield & Byers	4
2013-12	C 轮	$50M	—	Coatue Management	1
2013-06	二级市场	$20M	—	—	—
2013-06	B 轮	$80M	$800M	IVP（Institutional Venture Partners）	6
2013-02	A 轮	$12.5M	—	Benchmark	3
2012-05	种子轮	$485K	—	LightsPEed Venture Partners	1

资料来源：www.crunchbase.com。

自创立以来，Snapchat 在共计 7 轮投资中筹得 26.3 亿美元。不难发现公司虽然筹资顺利，但受到全球经济影响，外部融资环境有所冷却，因此投资者转而以更谨慎的态度对创业公司进行估值；另外，C 轮融资以后市场对 Snapchat 的商业模式也提出了更高要求，而不仅仅停留在扩大用户基数、提升用户黏性上——如何将流量变现是所有平台都面临的考验。在其招股说明书中 Snapchat 也提到，由于公司的收入来源十分单一，因此能够保证持续稳定的广告收入成为公司未来发展的一个风险。而 Snapchat 在 2016 年 9 月的转型①也说明公司正在努力寻找独特的盈利模式以调和市场预期。

Snapchat 可以说是互联网企业投资的宠儿，早期的 Facebook、腾讯均曾有意收购但都遭拒绝；阿里巴巴在 E 轮融资也入驻 Snapchat，阿里也曾推出过类似阅后即焚的应用，但或许由于文化差异等原因在中国市场反响并不如美国激烈。另外，Snapchat 的创始人在采访中多次表示自己并不想成为互联网巨头的附属，而是希望在社交领域建立独一无二的新巨头。

（2）投资及并购回顾，如下表所示。

Snapchat 并购投资情况概览

时间	目标公司	投资金额	投资方式
2016-08	Vurb	$110M	现金＋股权
2016-06	Obvious Engineering	—	—
2016-06	Seene	—	—
2016-03	Bitsrips	$100M	现金＋股权
2015-09	Looksery	$150M	—
2014-12	Scan	$50M	现金＋股权
2014-12	Vergence Labs	$150M	—
2014-05	AddLive	$30M	现金＋股权

资料来源：www.crunchbase.com。

---

① Snapchat 于 2016 年 9 月正式更名为 Snap Inc.，转型成为一家相机公司，Snapchat 成为公司旗下的产品。

从 Snapchat 的并购投资历史来看（见上表），也能够看出企业发展过程中的诸多里程碑。Snapchat 2015 年以前的收购对象多专注于以应用界面的开发来吸引用户注意。如，AddLive 使得用户能够即时向身边的人分享视频、照片、信息；Vergence Labs 专注于美化用户界面；Scan 则以其数码扫描技术闻名。而在 2016 年 Snapchat 进行的一系列动作则透露出其不仅仅满足于"社交平台"的定位。Snapchat 于 2016 年 6 月收购的 Seene 是一家具有 3D 成像技术的公司，通过智能摄像头就可以对自拍照进行 3D 建模；而 2016 年 9 月更名为 Snap Inc. 之后，Snapchat 也通过发布新产品智能眼镜正式成为一家更多元化的公司。Bloomberg Intelligence 在 2016 年 10 月的报告中指出 Snapchat 发展的一种可能性：Snapchat 正在不断自我革新从而成为一款全能应用，融合各种支付、电子商务和通讯功能，从而超出目前图像社交的服务范畴。Snapchat 通过不断自我革新、拓展业务功能，从而打造全能应用平台，就是一种"互联网+思维"在创业领域的成功应用。Snapchat 功能如下表所示。

Snapchat 功能一览表

快照 Snap	Snapchat标志性功能——阅后即焚：用户拍摄后上传状态，图片、视频消息阅读后自动消失
Stories	用户可以把快照（Snaps）添加到Stories当中，将一连串的照片拼成图集来描述事情的经过。以前的快照只能保留1~10秒，Stories内容发布后可以保留24小时
Discover	Snapchat 在与媒体和品牌达成合作协议后，为其推出的一个发布新鲜资讯的平台；媒体以订阅号的形式提供新闻资讯内容，将自己带有品牌广告的视频、文字以及图片植入其中
滤镜 Geofilters	基于地理位置的滤镜，当Snapchat监测到用户出现在特定地点，用户就可以添加这个地点的标志性贴纸，比如用户如果在伦敦就可以添加大本钟的定制贴纸
镜头 Lens	著名的自拍修改模式，当用户自拍时，可以选择想要的滤镜效果（比如口吐彩虹）
直播 Live	直播功能，直播会聚焦于某个城市或某一次演出
Memories	用户可以通过记忆功能存档自己发送的内容，并在需要的时候使用它们
Snaosales/ Snapdays	商家透过Snapchat公开发布活动，用户可以因此在购物时享受更多优惠
Chat	Snapchat的对话通信功能，用户可以相互发送文字信息以及视频信息
Snapcash	Snapchat用户之间可以通过Snapcash进行小额转账，突破了传统的影像社交功能

3. 社交平台界的"小李飞刀"——需求之所在，即成败之所在

Snapchat 最初的忠实用户来自年轻的学生，因为他们可以通过这款应用分享小抄，并且 24 小时内消息自动消失不会留下任何痕迹。年轻、私密、酷而且刺激，这是 Snapchat 一开始能够吸引大批青少年用户的核心因素。据创始人 Evan Spiegel 介绍，最初创办 Snapchat 的动机来自网络时代的信息过度："在此之前，绝大多数社交媒体上传的照片，地球上所有人都能看到和分享，并且会一直保存，但是这些信息，过后没什么用，甚至还可能成为污点。"也许是受够了被大量无用信息充斥的生活，也许是受了好莱坞影星私照泄露的刺激，这个年轻的"90后"的创意在社交平台上获得了成功。首先，美国开放的文化让青少年喜欢追求个性和刺激，阅后即焚的善后处理让他们的天性得到了解放，也降低了与陌生人沟通的心理负担，因此这些年轻人们可以没有顾忌地分享猎奇、搞怪的内容。其次，用户隔离保护了私密空间。Snapchat 的横空出世为年轻群体提供了一个"有话可说"的圈子，而限时阅读也不断提醒着用户不要错过身边人的精彩内容。在应用中仅当手指与屏幕接触的时候才能够阅读内容，减少了用另一个摄像头对阅读内容拍照的可能。Snapchat 的投资人 Jeremy Liew 就表示"这不是一个简单的发送信息的应用，它能让人们畅所欲言而不必担心以后回过头来对自己的言行进行自我审查"。可以说，正因为 Snapchat 弥补了日益庞大的 Facebook 的缺陷，才使得它迅速赢得了巨大的用户市场。

图像驱动的社交方式是互联网时代的产物，而当 Snapchat、Instagram 等应用用户量到达亿级、流量突破十亿级的门槛时，市场就出现了新的要求：如何将平台巨大的流量变现形成企业的盈利模式。信息是社交的本质内容，因此用户对信息的选择决定了社交平台的存活。尤其是当供给用户的信息数量无比巨大时，如何抓住用户的注意力就成了关键。结合"互联网+"的相关理论知识，我们可以发现 Snapchat 正是因为在互联网背景下重新审视了社交平台及其运作模式，从而开拓出了全新的社交领域。同时，Snapchat 没有止步于阅后即焚的图片社交市场，而是致力于打造一个融合了即时通信、智能硬件、电商、媒体运营的生态平台，从而不断抓住并引导用户的注意力。

在吸引注意力方面，Snapchat 一直在开发新产品，从最传统的阅后即焚，到 2013 年推出的 Stories（用户个人书写的类似于微信朋友圈），再到 2014 年鼓励用户间即时转账的 Snapcash，2015 年的媒体"特供"Discover（社交媒体可以通过该功能发布广告），都是 Snapchat 尝试将产品特性与用户特性结合起来的措施。

社交网络不是坚不可摧的大型网络，我们一次次看到过巨人的崛起，也看到过巨人的没落。Facebook 崛起之前，MySpace 曾经也受到青少年群体的追捧，类似的例子也不断在各个国家和地区之间上演。因此，社交网络公司有天然的不安全感，时刻存在被颠覆的可能性。在微信出现后，人们开始猜测下一个颠覆微信的社交工具是什么。而在下一个颠覆 Snapchat 的社交应用诞生以前，它自己主动选择颠覆了自己。Spiegel 的目标并不仅是创造第二个 Facebook，其还要把人气转化成更多能赚钱的生意。在上文提到的智能眼镜 SPEctacles 就是一款有两个广角摄像头的太阳镜，可以从人的视角录制 10 秒的视频并无线传输到手机上，对此 Evan Spiegel 声称它的价值将超过 Snapchat 本身。这可以说是 Snapchat 从主动吸引用户注意到主动创造注意的一次跳跃，业界将这次尝试解读为进军 AR（增强现实）的标志；之前的"换脸""口吐彩虹"等（国内同质产品比如 faceu）工具也都是 Snapchat 不断尝试吸引用户提高互动的举措。从传统的纸质媒体到可以发出自己声音的 Facebook、微博等社交平台，所有人都目睹了自媒体时代让每个个体从被动接受信息到主动直接发声的转变。Snapchat 所做的一系列尝试都是让自媒体程度更深入、更有趣。

公司蒸蒸日上的估值就说明了市场对这家企业的极高期待。现阶段来看，创始人 Evan Spiegel 并没有打算从 Snaptacles 的销售中获得真金白银的盈利，这款人视角智能太阳镜更多是对于 Snapchat 现有虚拟社交业务产品实体化的一次拓展和尝试。同时 Snap Inc 将自己定位成一家照相机公司而非社交应用公司也是对其核心产品业务的大胆突破。Spiegel 对于 Snapchat 的态度有一点值得我们学习和思考：他并不急于将 Snapchat 变现，他和他的创始团队不断专注于新产品、新功能的开发研究。相比之下，外界似乎更急切地想将类似的社交平台流量转变成实际利润。另外，Snapchat 之所以能够在社交领域中开辟新天地，也正是因为其团队能够在"互联网+"背景下重新审视以 Facebook 为首的主流社交方式存在的空白，从而满足用户的潜在需求。在积累了一定用户和流量后，又能够以平台思维突破自己容易被拷贝的功能，不断推陈出新，吸引用户注意力，从而在社交界逐渐站稳脚跟。

4. 注意力管理，颠覆或者被颠覆

"互联网+"的联动效应带来了社交信息爆炸的现象，如何在信息饱和时代应用"互联网+"思维基于信息技术发展审视已有的商业生态，是创业金融成功的关键。同时，在有效管理用户的注意力，打造属于自己的客户忠诚度方面，Snapchat不断丰满自己的功能，努力打造出一个多功能应用的平台思维。

"客户忠诚度"在当下而言并不具体针对某个品牌，或者说消费者在面临过多选择的时候将忠诚度转移到了自己身上，他们只忠诚于自己的需求和偏好。这一点在互联网行业尤其如此。当消费者有无限选择的时候，有限资源的利用就是关键。Snapchat的本质正是抓住、保留及增加用户的注意力，不断推出新产品改变了用户的表达方式——从文字、图片、状态、视频到直播；其中蕴含了巨大的商业机会，也使得用户能够更加多元、直接的表达情感。而Snapchat正是抓住了年轻用户对于信息私密性、即时通信的需求而一炮而红。不难发现，个人状态、短视频的分享首先完善了用户的表达方式；而视频广告、媒体入驻意味着Snapchat开始寻求流量变现——抛开还未获得市场回应的新型智能眼镜，Snapchat作为一个社交平台的成功之处就在于它及时抓住了用户的需求，也能不断提供准确有效的刺激来引导用户偏好，留住这些吸引力。切中消费者需求，这或许就是不遵守规则而要制定规则的Snapchat成功的要诀。

另一点值得我们注意的是，信息技术领域的创业项目往往带来的是人们生活方式上的革命，如果投资一味关注"流量变现"则容易造成短视、早产的后果。对包括社交应用在内的创业项目来说，在"互联网+"下以平台思维系统审视商业生态，提升用户黏性、打开新用户市场是在这个"瞬息万变"的行业生存下去的重要方式。

感悟与思考

成功于2017年3月上市的SNAP如今已然成为硅谷耀眼的独角兽，Snapchat的案例从互联网思维的角度告诉我们创新的多层次性和对商业生态整体审视的必要性。在碎片化信息时代，Snapchat的出现因为完美地迎合北美青少年人群对隐私和刺激的双重需求而迅速占领市场，从而改变了人们的社交方式。然而回望不久前，Yahoo、Twitter也都是红极一时的互联网宠儿，但却因为种种因素遗憾地表现出后发无力。因此，在Snap冉冉升起之际，我们也期待这只独角兽在商业模式和业务领域上进一步创新拓展，在科技领域谱写下一个传奇。

滴滴出行：充满"狼性"的独角兽成长史

扫描此码　案例学习

模块三——创投机构：心得与经验

创业投资机构是创业企业的重要助力者，其不仅为创业企业提供资金方面的支持，更从管理、经营、人脉、市场等多个方面支持创业企业的发展。而创投机构要想屹立于资本市场岿然不倒，获得丰厚的回报，也得有自己的生存之道。作为一名合格的创业投资家，不仅需要做好尽职调查、投资决策与风险管控，更重要的是要有独到的眼光和超常的魄力，善于抓住每一个机会。

在创业投资发展的几十年里，全球各地涌现出了一批各色各样的优秀的创投机构。从这些故事与命运里，我们可以一窥创业金融行业的秘密。

浙商创投：传承浙商精神，助力民族产业

【求知与探索】

在炙手可热的投资圈，有人曾经给新三板上的几大创投巨头都封了雅号：家大业大的"中科招商"、如日中天的"九鼎投资"、黑马起步的"同伟创业"、独霸一方的"天堂硅谷"，而在2015年年底上市的浙商创投则被称为"收益之王"，那么是什么造就了一家民营创投机构这样的成功呢？

【机构名片】

公司名称	浙商创投股份有限公司
证券代码	834089
公司总部	浙江杭州
企业宗旨	融合本土民营资本的力量，以"传承浙商精神，助力民族产业"为宗旨，植根浙江，拓展全国

浙商创投联合创始人陈越孟和华晔宇，在2007年秋天一同参加一个饭局后，听到企业家们感慨传统产业到了瓶颈期，堆积的资金不知投向哪儿。随即他们和另一位后来的创始人徐汉杰商量了一下，一拍即合，认为创投行业潜力巨大，便决定联合创办浙商创投股份有限公司，参与到创业投资行业中来。开局顺利的浙商创投，45天便募集到首期4亿元人民币基金，从此奠定了作为较早期的本土大型投资机构的基础。

浙商创投成为浙江首家成功登陆新三板的民营控股创投机构。作为中国最活跃的浙商民营资本，它融合国际化与本土化的管理模式，成就了中国股权投资界的"浙商经验"。2012—2014年其连续三年保持浙江省创投行业纳税第一的位置，2015年11月正式挂牌新三板，首日市值就超过百亿，成功跻身百亿俱乐部。目前，浙商创投管理着30余个基金，包含VC/PE基金、天使基金、新三板基金、定增基金、并购基金，管理资产规模达300亿元人民币。2016年，浙商创投还与桐乡市政府共同发起100亿元人民币规模的乌镇互联网产业基金。浙商创投早已立足本地，辐射全国，放眼国际。在北京、上海、深圳、沈阳等地设立子公司或基金，在欧美市场也蓄势待发，现也已在美国硅谷设立基金。在清科

"2016 年中国创业投资机构 100 强"中,浙商创投名列第 32 位。

1. 十年的飞速成长

浙商创投今日的飞速发展离不开其当年的三位联合创始人:陈越孟、华晔宇和徐汉杰。陈越孟先生是浙商创投的创始合伙人、董事长兼总裁,在成为投资人之前,他学生时代是位爱写散文、朦胧诗、报告文学的文艺青年,之后啃过省级机关的"铁饭碗",走出机关大院后他回到了家族企业里,负责全国销售以及新产业线的开发并且领导了家族企业惠康集团的改制上市之路。华晔宇是浙商创投的联合创始人以及行政总裁,他是最早一批转型做投资的媒体人,在成为投资人之前他已有十年媒体经历,曾任省级财经媒体新闻中心主任、国务院发展研究中心《中国经济报告》编委。徐汉杰是浙商创投的战略顾问,他曾做过人民教师,浙江卫视证券栏目的责任编辑,之后便一直在融资租赁典当、投行以及投资行业摸爬滚打,在联合创立浙商创投之前,他是上海永宣基金管理合伙人以及杭州联创投资管理有限公司董事长。

三位创始人成立之初投资的第一个项目是华数传媒,其首创了融合"数字电视、互联网、信息通信"的"全媒体"服务。按照后来陈越孟的话来说,"投得准,其实是因为我们熟悉这个行业,三个创始人都是文科出生,所以对文创产业投资特别有感觉。当时我们看准华数代表着数字电视的发展方向,而且它要牌照有牌照,要内容有内容,并且行业的垄断性非常强,市场前景广阔"。

之后随着大形势的发展,浙商创投的投资方向与阶段也发生过不少变化,但都一直践行着"传承浙商精神,助力民族产业"的企业使命。根据其《公开转让书》,截至 2015 年 6 月 30 日,浙商创投累计投资项目 86 个,累计投资金额 19.31 亿元,完全退出项目 14 个,完全退出项目占累计投资项目之比领先同行的同时,投资退出效率在同行中也表现优异。

2015 年对于浙商创投而言,则是最关键的一年。2015 年 11 月浙商创投正式挂牌新三板,而在此之前,浙商创投完成了三件重要的大事,才使得其挂牌如此顺利并造就 300 亿元人民币的资产管理规模。第一件事情是完成了反向混合所有制改革,引进了国资股东,其中浙江省国有资本运营公司占了 20%,另一家浙商创投多年的合作伙伴浙江省二轻集团跟投 10%,30% 的国有资产占股比例给浙商创投带来良好信誉基础的同时,也没有限制其作为民营机构的市场自由性和灵活性。第二件事情则是在股改之后预留了全员持股平台,分享股份收益权。公司未来能做多大以及持股的价值都是全体员工共同努力的结果,而用公司市场价值来体现员工价值将使得大家对企业的认同感、归属感、共同价值感都将大大增强。第三件事情则是不断引进新的战略投资人,为未来发展找到更大的合作伙伴,使得浙商创投 LP(有限合伙人)的整体水平更高。

2. 从 PE 到天使:投"健康",投"快乐"

创始人陈越孟作为家族企业的接班人,在浙商创投创始之初,对于创投这个领域有自己独特的理解,"创业投资实际上是为浙江的传统产业资本和新兴产业之间搭建的一座桥梁"。早期浙商创投还是以 PE 为主,在第一笔华数传媒之后,让陈越孟最为得意的一笔投资,要算是华策影视。仅这一笔投资,就为杭州西湖区缴纳了上亿元的税收。

（1）精彩手笔：投资华策影视获 7.5 倍回报。2010 年 10 月 26 日，华策影视登陆创业板，成为中国电视剧第一股。当天收盘 107.8 元，涨幅 58.53%，浙商创投是其第三大股东，华策影视的投资回报率达到 7.5 倍。这是陈越孟带领下的浙商创投，在 2010 年最漂亮的成绩之一。

对于当年投资的华策影视，陈越孟有自己的看法："华策影视是继华谊兄弟后在创业板上市的第二家民营影视机构。在我们投资时，华策影视还并不起眼，但现在它的市值已经达到了 350 亿元，今后还会增加。短短四五年内，华策影视发展迅速，这个变化是翻天覆地的。"浙商创投在投资华策影视后，除了为其发展提供了资金保证外，还帮助其对接资源，协助其改善股权结构，助力其更快进入资本市场，不断提升竞争力。在当初浙商创投投资时，华策影视估值只有 3 亿元左右，如今它市值近 300 亿元，已发展成为中国实力最强的民营影视文化企业之一、首批国家文化出口重点企业。

到了 2012 年，陈越孟"嗅"到了变局，将战略作了大规模的调整：投资阶段前移，将更多的资金配置于天使投资和 VC 投资。当时天使投资在我国尚处于早期阶段，发展空间巨大，"我愿意跟这些代表着中国未来的年轻人一起相处，学习最前沿的商业理念和技术。"陈越孟说道。而在投资阶段前移后，浙商创投才发现这是一片更为广阔的蓝海。

（2）2014 年天使投资策略："左手"文创，"右手"移动互联网。2014 年 7 月，陈越孟投了米粒影业，继续在文创产业里深耕。但严格来说，米粒影业不是一个简单的文创产业，是文创游戏产业嫁接移动互联网的技术和思维。米粒影业主要生产动漫电影，其运营模式基本上是跳出了传统的影院路线，依靠视频网站来吸引流量，观众大部分是来自移动互联网的用户群体。

"这就是文创产业和移动互联结合的一个典型案例了。"陈越孟说，在 2014 年投资的近 30 个项目里，半数以上是这样的"两栖"产品。

在 2015 年的乌镇世界互联网大会上，浙商创投和桐乡市人民政府、浙江省国有资本运营有限公司签署战略合作协议，拟共同发起"浙商乌镇互联网产业投资基金"——首支规模百亿级的互联网基金。该基金聚焦在"互联网+"相关产业，重点关注医疗健康、文化娱乐、互联网金融、智能硬件等行业和领域。这完美展现了浙商创投的投资方向：投"健康"，投"快乐"。

为了更好地践行李总理"健康中国"的概念，2016 年 1 月，陈越孟邀请浙医二院原副院长游向东加盟浙商创投，担任执行总裁，分管医疗投资领域。这位"大咖"级人物，带着医学地位、医疗资源及管理经验的加盟，使得浙商创投在医疗健康领域的发展如虎添翼。而至于"快乐"领域，2016 年，原杭州文化广播电视集团西湖明珠频道总监倪敏先生亦加盟浙商创投，担任执行总裁，分管文化传媒业务领域。浙商创投 2015—2016 年投资组合如下表所示。

浙商创投 2015—2016 年投资组合概览

时　间	投资公司	投资领域	投资轮次	投资金额
2016.9.20	爆米花网	文化娱乐	A+ 轮	2 000 万元人民币

(续表)

时间	投资公司	投资领域	投资轮次	投资金额
2016.9.3	订房宝	旅游	A+轮	1 000万元人民币
2016.4.18	换机精灵	工具软件	A+轮	数千万元人民币
2016.3.22	近颐科技晋医通	医疗健康	Pre-A轮	1 000万元人民币
2016.1.5	微猫	电子商务	A轮	数千万元人民币
2015.12.12	iTrip爱去自由网	旅游	A+轮	数千万元人民币
2015.11.12	每日优鲜	电子商务	B轮	2亿元人民币
2015.11.10	折疯了海淘	电子商务	天使轮	1 000万元人民币
2015.10.22	付融宝	金融	B轮	3.5亿元人民币
2015.10.16	我请客	社交网络	A轮	3 000万元人民币
2015.10.14	Lets来此	社交网络	天使轮	100万元人民币
2015.10.9	微现场	工具软件	天使轮	200万元人民币
2015.9.29	时迈环境	硬件	A轮	400万元人民币
2015.8.1	大众卡惠	金融	A轮	1 500万元人民币
2015.8.1	订房宝	旅游	A轮	300万美元
2015.7.31	小马管家	本地生活	A轮	5 000万元人民币
2015.6.30	友好速搭	电子商务	天使轮	600万元人民币
2015.6.16	Lets来此	社交网络	种子轮	数百万元人民币
2015.5.14	荡客-小毛驴科技	旅游	A轮	1 000万元人民币
2015.5.11	顶顶扫货	电子商务	A轮	300万元人民币
2015.4.25	弼马温养车网	汽车交通	A轮	1 000万元人民币
2015.4.24	折疯了海淘	电子商务	种子轮	300万元人民币
2015.3.16	量体试衣	工具软件	天使轮	未透露
2015.1.30	爱尚鲜花	电子商务	A轮	数千万元人民币
2015.1.27	中商惠民网	电子商务	A轮	1亿美元
2015.1.10	我会种	社交网络	天使轮	未透露

3. 民营创投机构"收益之王"的成功秘诀

(1) 三位联合创始人的分工互补与格局高度。在一次采访中，浙商创投的联合创始人之一华晔宇被问到"成立这么多年，团队稳定，每次都能准确抓住机遇走到现在，三个联合创始人配合如此之好的秘诀在哪里？"华晔宇中肯地回答："我们三个人应该说是一拍即合，除了在具体项目上有时会有分歧，大的方向上从来没有过分歧。这个可能跟我们分工的互补性有关。陈总抓宏观战略及整体布局，徐总以前主管项目，而我主管融资和行政，大家都有互补性，也正好都是各自熟悉的领域和特长。这可能对创业企业也有启发，合伙人搭团队，共同的理念很重要，互补性也很重要，还要有比较高的格局，不计较小得失。"这说明投资机构、投资人其实也和创业企业一样，是从0到1慢慢起来的，也要经历很多创业者需要经历的转型、磨合、成长之路，实质上可以理解为是"创业者背后的创业者"。

（2）引入国有资本实现双赢。浙商创投是国内首例成功实现反向混改的民营创投机构，在不打破原有的机制与规则之下，浙商创投成功引入两位国资股东：浙江省国有资本运营公司以及浙江省二轻集团。浙商创投的反向混改不同于以前的国有企业改制是把民营资本引入，而是向原来纯粹的民营企业引入国有资本。这样使得民营资本在国有资本的参与下，更强调合规、严谨问题，在一些大项目上能获得出资能力强大的国有资金的支持，同时国有资本的强大背书使其资金成本降低，社会声誉提升。而国有资本，本身由于一些机制和属性的原因而无法获得较高的市场化回报，也因为参与了民营企业，有了更好的盈利能力。因此，浙商创投的混合所有制改革是一种双赢。

（3）独特完善的投资决策机制。浙商创投设有双层投资决策委员会，LP（有限合伙人）代表可以参与基金投资决策委员会，许多LP代表都是实业家，拥有丰富的行业经验和人脉资源，了解相关行业的风险所在，在特定领域更为专业，能够帮助降低项目决策风险。

从操作流程上而言，一般项目投资决策委员会先筛选出被投项目，之后再让LP代表知悉所投项目，同时可能会会给予一定建议以降低项目决策风险。

（4）修炼内功，增强核心竞争力。浙商创投能走到今天非常重要的一点即为不断修炼自己的内功，不随波逐流。在寻找项目时，有自己的节奏和方向。2011年上半年行业高峰时，浙商创投也仅仅投了6个项目。2013年、2014年行业低迷，投资项目没比行业高峰时少，该布局的时候就布局。从成立至今，浙商创投已经投资90多个项目。可能对于不少创投机构而言，上市已经是终点。但对浙商创投而言，则希望持续深度参与上市公司的重大资产重组，打造创投的整个产业链和生态闭环，致力于培育几个细分领域的独角兽，真正能够践行"浙商"精神，服务于国家的经济转型升级。

4. 中国本土创投的春天

当下，我国经济进入新常态，面临着一些经济形势下行的压力。因此"发展"仍然是我国经济建设的当务之急。有人说，2016年是资本寒冬，处处都是"钱荒"的声音。其实，在过去的近十年中，我国货币相对宽松，大量的资金处于闲置状态。确切地说，中国目前是"资产荒"而不是"资金荒"。对于创投公司来说，缺少的不是资本，而是好的项目、优质的资产。

伴随着我国金融体系的健全与社会经济的发展，直接融资的渠道和方式备受投资者的关注，创业投资也迎来了属于自己的"春天"。那么对于创业投资机构来说，如何准确判断出未来的发展方向将是获得持续发展的关键。尽管在当前，受到外汇管制的影响创投并没有广泛地走向国际的空间，但是全球资本的流动是一个无法阻挡的趋势，未来，创投必会越来越国际化。未来的创投也将被技术创新带来的"蓝海红利"与模式创新带来的持续商业盈利共同推动其发展，运作速度也会不断加快，资金与资源的整合效率将得到不断地提高。

正如浙商创投执行总裁刘冬秋所说，"投资就是信念＋坚持"。成功的商业不仅仅是在宏观经济形势好的情况下盈利，更在于宏观经济形势有下行压力的时候依然可以保持良好的收益。创投的技巧与艺术就体现在它未来的不确定性与未知性上，这个所谓的"资本寒冬"也许会带给所有投资人更深的思考，让投资重回理性，让创投追随创新，让价值不断绽放。

感悟与思考

在三位联合创始人的默契配合与带领之下，浙商创投经过十年的飞速成长，已发展成为浙江管理资金规模最大、投资项目最多、投资业绩最佳、实力最强的资产管理平台之一。尽管随着发展投资的阶段与领域侧重有所不同，但任何时候，浙商创投依旧践行着"传承浙商精神，助力民族产业"的企业宗旨。而探析其背后的成功秘诀，则离不开互补默契的创始团队，反向混合所有制改革，独特完善的投资决策机制以及独立的投资判断。

资本传奇：软银集团的全球投资布局

【求知与探索】

中国杭州是一座奇妙的城市，在这里不需要现金，只需要一部支持移动支付的手机就能来去自如。不过我们故事的主角，不是改变人们生活和支付习惯的阿里巴巴创始人马云，而是20年前凭借投资远见站在马云背后的伯乐——软银集团。作为世界顶级投资机构之一，弄清软银如何慧眼识珠、助力阿里获得成功，能帮助我们更好地理解投资机构在创业企业成长过程中的作用，也能更好地学习软银始终基于"以信息革命为人类谋福祉"的投资理念。

【软银名片】

公司名称	软件银行集团（SoftBank）
企业性质	综合性风险投资公司
公司总部	东京
业务领域	宽带网络、固网电话、电子商务、互联网服务、网络电话、科技服务、控股、金融、媒体与市场销售等

1. 软银名片：投资界的传奇

软银，全称软件银行集团，1981年成立于东京。今天的软银业务涉猎广泛，包括宽带网络、固网电话、电子商务、互联网服务、网络电话、科技产品及服务、创业投资、媒体与市场营销等。软银设立之初，其主要业务是分销软件套装；1988年，软银集团的业务开始拓展，并于1994年上市。其后，软银集团先后通过并购投资进军IT、网际网络电信、手机等市场，其中举世闻名的投资案例包括Yahoo！（已被Verizon收购并更名为Altaba）、ZDnet、阿里巴巴、ARM等。软银集团以其超前的投资远见在全球市场进行战略布局，全球投资超过800家企业，并在全球300多家IT公司拥有股份。

2. 软银集团主要分支机构

软银集团按行业分布，见下表。

软银集团行业分布

电信部门	Sprint
电信部门向日本市场提供移动通讯服务、电子产品销售、宽带服务以及企业客户的电信服务	Sprint部门主要向美国市场提供移动通讯服务、移动手持设备及配件和固网网络服务
雅虎日本	产品分销
Yahoo Japan主要基于网络，主营广告运营、电子商务以及相关会员服务	分销部门主要负责海外移动设备销售、PC软件及周边设备销售
ARM	其他
ARM主要关注应用与移动手机和其他移动设备的半导体设计以及软件开发	Fukuoka SoftBank HAWKS职业棒球团队；SoftBank Robotics Group Corp.：机器人产品开发；其他产业涉及可再生能源、网游开发等

3. 远见卓识，投资阿里名震天下

（1）目光深远把握互联网发展大潮。作为一家老牌创业投资机构，软银因挖掘到了阿里巴巴、分众传媒、盛大等高回报的项目而名声大振。早前在接受《日经产业新闻》采访期间，孙正义被问到为何软银以如此狂热的速度扩展业务，他的回答是："一家公司的价值是由挑战和发展决定的。一家只会固守已有成就的公司不会做大做强，而只会在一个不断发展变化的世界里沉底。"阿里巴巴的成功不仅停留在企业上市和其超高的市值上，更在于它从根本上挑战了传统的购物支付方式，颠覆人们的生活习惯。马云对互联网的热情执着与孙正义如出一辙，也正是两人共同的抱负和愿景进一步促进了软银与阿里的投资合作。

紧紧抓住经济发展趋势，是投资家和创业企业共同的远见。从各种采访中我们看到，孙正义曾经说过："如果送你到珍珠岛，给你枪、食物、药品，你选什么？我什么都不选，我选藏宝图。"看准大势，坚决投资，一以贯之，不拘小节，是孙正义的投资智慧。软银在投资风格上也是如此，从最初投资雅虎和当年寂寂无名的阿里，到与马云合作成立机器人开发公司、2016年收购ARM[①]（Acorn RISC Machine），向生物医药领域以及人工智能领域进军，软银在其全球投资部署中始终在不断寻找下一个挑战传统的新突破口。

（2）创业投资机构，企业发展的宝贵资产。本书前文中关于创业投资机构的介绍让我们看到了创业投资机构在创业企业发展过程中扮演着诸多角色，其中就包括为创业企业带来资金和资源上的支持。软银不是第一家投资阿里的创投机构，但却是和阿里走得最远的——不仅在阿里囊中羞涩时进行投资，还有之后牵线雅虎注资。1999年借着世界互联网经济的大潮，阿里同众多中国互联网企业一样顺势而生。但是资金不是想有就能有，面临资金瓶颈的阿里希望第一笔投资能够带来除了资本支持以外的其他资源。由创始人之一蔡崇信牵手的高盛、富达、Invest AB和新加坡政府科技发展基金等联合天使投资不仅雪中送炭，也吸引到了软银2 000万美元的入股。2004年互联网泡沫破灭，当其他投资者对中国电子商务前景看衰因而套现离场之际，软银选择继续加码。现金是企业的血液，投资机构能够给成长期的创业团队带来最直接的优势就是资金输入。也正是因为在阿里巴巴成长的关键时期引入了软银的追加投资，才得以度过互联网泡沫破灭时期。而软银作为一家优秀的投资机构，一开始就是从战略的高度对阿里进行投资，因此能够在阿里发展的关键时刻继续加码。之后，软银携手雅虎共同投资阿里，一跃成为当时阿里巴巴集团的主要控股股东[②]。阿里巴巴在美国上市之际，软银作为投资者也获得了丰厚回报。

（3）为什么阿里巴巴选择软银？除了软银选择马云的传奇故事，我们也可反向思考：为什么马云会选择软银？这个问题的背后逻辑是：为什么作为中国最大的电商当年不寻求中国的投资机构。但今天，我们站在投资人的角度上再加一问：为什么当年的中国投资者没有选择阿里，没有看到企业电商经营的未来？

---

① ARM Holdings是全球领先的半导体知识产权（IP）提供商，并因此在数字电子产品的开发中处于核心地位。ARM公司的总部位于英国剑桥，是苹果、诺基亚、Acorn、VLSI、Technology等公司的合资企业。

② 阿里巴巴的合伙人制度有效地解决了控制权和所有权之间的问题，有兴趣的读者可以自行研究。

事实上，资本在寻找创业企业，创业企业也在寻找资本。资本无国界，当年国内并不缺乏投资机构，但却只有软银在中国创业浪潮澎湃而起时，抓住机会把握了中国的商业形态。今天我们同样身处新一轮的创业大潮之中，曾经热火朝天的 B2B、B2C 等新潮词汇已经成为互联网基本用语，曾经称为新颖的各种商业消费模式也已经成为生活中不可分割的一部分。软银的投资方向始终是：基于网络和高新产品不断向高精尖行业的潜力企业注资。正是这种投资战略与阿里发展方向的契合，使得两家企业能够从投资与被投资的关系发展到合作关系。我们很难再事后诸葛亮般地评论当年软银注资阿里究竟是时势造英雄还是英雄造时势，但软银的坚持让我们今天能够听到当年马云获得软银投资的"6 分钟资本神话"。

"6 分钟资本神话"是马云在短时间内说服孙正义投资阿里的经典故事。软银投资中也有类似的故事：2008 年千橡互动的 CEO 陈一舟和孙正义谈了十分钟，拿到了 4.3 亿美金的投资。2011 年 PPlive 的陶闯与孙正义谈了七分钟，拿到了 2.5 亿美元的投资。事实上，我们不应该仅仅看到创业企业家用几分钟的时间说服投资者，这背后实际上意味着投资者仅仅给了创业团队几分钟的时间。同时，"6 分钟资本神话"固然引人注目，但是对项目的投资并不是孙正义一个人，而是其背后的整个投资团队——当时的团队中包括薛村禾（软银中国执行合伙人）、周智雄（凯旋创投创始合伙人）这些投资界知名人士的共同评估。当阿里巴巴成功之后媒体将其与软银牵手的故事归结为一个 6 分钟的面谈，但我们应该知道能让阿里走向世界的，绝对不是这 6 分钟，而是马云及其团队背后的努力与规划。在 2008 年 APEC 论坛上，孙正义接受采访时就表示：他在马云的眼中看到了和雅虎创始人杨致远一样充满热情的明亮眼神，因此做出了投资的决定。"投资投人"，这句话说的不假。

4. 软银的扩张基因：信息革命改变生活

软银集团自创业以来始终致力于通过信息革命为人类和社会做贡献，纵观其投资发展历史，软银正是紧紧跟随互联网崛起的技术革命浪潮从而留下了辉煌的印记。软银在投资方向上始终选择向信息技术和互联网发展的科技前沿开拓。翻看软银的年报，其中曾经写道："软银区别于其他公司的根本在于我们的互联网背景，而不仅仅是电信业务背景。软银集团的目标是成为移动互联网领域的世界第一。我们对于集团的愿景是，通过提供多样化的服务和内容，如音乐、视频、电子商务和财务结算等，让全世界的人们拥有丰富多彩的生活方式。"

从软银投资阿里的案例中，我们可以结合本书理论部分的内容对创业投资机构的角色有更加立体的认知。首先，创业投资机构给创业企业带来了资金上的支持，软银几次加码注资帮助阿里渡过资金难关。其次，创业投资机构自身的资源和声誉能给创业企业带来更多产业资源，比如软银后来牵手雅虎共同投资阿里就是一个典型的例子。最后，优秀的创业投资机构能给创业企业带来战略上的高瞻远瞩，孙正义和马云都有"信息革命改变生活"的远大战略，因此抓住了互联网发展大潮从而获得成功。

当然，软银在急速扩张的进程中除了阿里这样里程碑式的成功，也有 Sprint[①] 这样不

---

① Sprint 是美国一家通信公司，软银在收购 Sprint 后面临着高额债务的风险，因此不得不抛售手中阿里的股份，而 Sprint 的运营业绩也不尽如人意。

尽如人意的足迹。虽然有雅虎、阿里的辉煌战绩在前，软银在投资上也并不总是常胜将军。2016年6月软银突然大量抛售手中持有的阿里巴巴集团股票，造成短时间内阿里股价下跌。软银套现的背后是其新一轮投资的预备，近年来负债极高的软银急需现金来解决其收购的Sprint公司高负债问题。可见投资有盈亏，风险与收益并存的创业投资尤甚，软银在几十年的投资布局中始终选择迎接挑战，向颠覆传统的信息革命前沿探索。这种从企业战略角度出发的全球视野与布局远见，使得软银的产业发展始终紧跟技术发展的脚步，在资本市场上历久弥新，也多次颠覆了人们的生活方式。

感悟与思考

在中国，无论是创业者还是投资者，阿里巴巴和软银的故事始终值得我们学习。两家企业从伯乐知遇之恩到共同投资机器人行业的合作不仅体现了信息革命的井喷式发展，也体现出了投资机构在创业企业成长过程中所扮演的角色，更让我们看到马云和孙正义身上积极探索、不怕失败的可贵精神。在"以信息革命为人类谋福祉"的理念下，软银集团以其战略前瞻性在互联网领域投资布局。从其投资布局的互联网奇迹雅虎、电商巨头阿里巴巴到目前的机器人、人工智能领域，软银集团始终选择紧跟信息革命进步的前沿，从而一次又一次地颠覆了人们的生活方式。

深创投：最耀眼的"官办VC"

从励志传奇到技术骗局，Theranos 神话的兴衰

红杉中国：一个人的胜利

模块四——资本博弈：创业者与资本的相处之道

创业企业慢慢成长步入正轨之后，免不了与资本交手，以求更大更长久的发展。

虽然获得创业融资对于创业企业的发展来说十分重要，但是如果没有弄清楚这场"资本游戏"当中的游戏规则，那创业者可能在获得资金的同时也在给自己和企业的未来发展埋下巨大的隐患。资本的博弈不仅仅体现在资金的多少、股权的份额中，投资协议中的每一个条款，都值得创业者认真分析。

如果没有提前做好公司股权制度和结构上的设计和安排，没有设立对创业者和创业投资家都合理有效的规章制度，那么可能在企业运营和发展的过程中酿成大错，将自己一手创办的企业拱手让人。

俏江南：霸气的女强人与餐饮业"LV"的兴与衰

【求知与探索】

创业者该如何与创业投资家相处？缺乏对于投资"游戏规则"了解的后果有多严重呢？从俏江南的兴衰过程之中，或许我们可以对投资的"游戏规则"有更深刻的认识。

【公司名片】

公司名称	俏江南
企业性质	国际餐饮服务管理公司品牌
公司总部	北京
业务领域	集东西方文化为一体的，具有独特韵味的四川精品菜系

2000年4月，一家以川剧变脸脸谱为Logo的餐厅在北京国贸的高档写字楼里开业。谁也不曾想到，"俏江南"——这家名字充满了小桥流水的典型中华传统文化意蕴的餐厅品牌，多年之后，不仅在北京、上海、成都等大城市开设40多家分店，甚至走出国门立志做成与LV一样的高端国际品牌。在俏江南初创的几年，人们几乎看不到关于俏江南的广告和宣传，老顾客的口碑传播为俏江南带来了一批又一批忠实的消费者。2006年和2008年，俏江南先后分别在北京、上海打造针对高端奢华人群的兰会所（Lan Club）。2007年，俏江南又启动了针对年轻时尚人群的时尚概念品牌餐厅"SUBU"（South Beauty）。2008年4月，"俏江南"顺利成为奥运会唯一的中餐服务商，负责奥运期间8个奥运竞赛场馆的餐饮服务，正如俏江南的创始人张兰激动地回忆道"那天我就像一个民间外交家，要招呼、接待好每一位国家元首"。2008年9月的夏季达沃斯论坛，40多个国家政府首脑又一次云集俏江南。知名企业营销顾问荣振环曾如是评论俏江南品牌定位的成功："通过高端会所把品牌形象拉高，网罗更高端人群，依靠俏江南餐厅锁定中端市场，这是一个完美的金字塔结构。因为一旦形成高端形象，就能够用高端拉动，形成最佳形象势能，从而巩固在中端消费人群中的地位。"

2008年金融危机袭来导致全球资产价格下跌,创始人张兰也产生了"希望利用这个契机购入一些地产资源"的想法,因此开始和资本联姻。俏江南融资情况如下表所示。然而从2008年引入国内知名投资方鼎晖开始,张兰一直没有找到与资本愉快的相处模式。后续发展陷入不利形势使得投资协议条款被多米诺式恶性触发:上市夭折触发了股份回购条款,无钱回购导致鼎晖启动领售权条款,公司的出售成为清算事件又触发了清算优先权条款。日益陷入被动的张兰最终被迫"净身出户"。2015年,辛苦创业24年的张兰最终从自己创立的企业俏江南彻底出局。

俏江南融资情况概览

时间	金额	创业投资者	投资类型
2008.9.30	2亿元人民币	鼎晖创投	增资协议(包含"对赌条款")
2014.4	3亿美元	欧洲私募股权基金CVC	杠杆收购

1. 俏江南的融资悲剧

俏江南作为知名餐饮企业,稳定的单店业绩可提供稳定的现金流,没有更多资金需求。在俏江南声名鹊起之后,很多投资者主动找上门来。2005年,世界著名企业菲亚特集团提议以10亿美金入股俏江南。2006年下半年张兰则在一次主题为"基金投资与上市增值的论坛"上斩钉截铁地与几名投资人辩论"我有钱,干嘛要基金投资啊?我不用钱,为什么要上市啊?"

然而在2008年金融危机之时,很多金融机构和实业纷纷倒下,餐饮业却成了抗风险能力较强的行业之一,成为危机之中PE逆市投资的最重要选择。快乐蜂收购永和大王、IDG投资一茶一座,全聚德与小肥羊先后成功上市,给中国内地餐饮业注入一剂兴奋剂。金融危机也导致俏江南的采购成本下降了15%~20%,使其现金流一度高达1.5亿元。在此背景下,张兰和她的俏江南也与资本市场出现了交集。在2008年9月30日,俏江南与鼎晖创投签署增资协议,鼎晖注资约合2亿元人民币,占有其中10.526%的股权。鼎晖创投进入之前,俏江南注册资本仅为1 400万元的人民币,这对一直靠自有资金滚动的俏江南来说相当于天降财神。而双方的投资条款中包含"对赌协议":如果非鼎晖方面原因,造成无法在2012年年底上市,鼎晖江南(鼎晖为投资俏江南在香港注册的公司)有权以回购方式退出俏江南。也有香港媒体报道称,俏江南如果无法在2012年年底上市,另一种结果是张兰将面临失去控制权的风险。同时鼎晖创投也承诺:协议完成后,向公司提供股权激励建议方案,协助公司建立健全合法有效的薪酬管理体系以及激励约束机制。2010年年初,为了提高经营管理效率和改变家族企业模式,并实现更好的品牌、成本管理,俏江南引进了时任麦肯锡合伙人的魏蔚并委任以CEO,还引进了一些其他餐饮连锁企业的职业经理人加盟俏江南的管理团队。2010年3月,俏江南进行A股上市承销招投标工作,最终瑞银证券胜出,成为俏江南上市承销商。2011年3月,瑞银证券正式向证监会提交上市申请。但俏江南并未在规定的60个工作日内等到证监会的书面反馈。由于行业审核的相关政策始终未落定,俏江南的上市申请被搁置直至超过6个月的有效期。2012年2月1日,证监会公布2012年度首次公开发行股票申请终止审查企业名单,俏江南赫然在列。

这也正式宣告俏江南 IPO 申请失败，A 股上市搁浅。之后张兰决定转入 H 股市场，不料又碰到了意想不到的新壁垒——"10 号文"①。

鼎晖创投与俏江南当年的一拍即合

在 2008 年全球金融危机的背景之下，既有规模优势又有高端标签，还有奥运供应商知名度的俏江南自然成了资本市场上的香饽饽。

2008 年下半年，张兰在老乡——枫谷投资合伙人曾玉和易凯资本王冉的撮合之下，结识了鼎晖投资的合伙人王功权。据说两人性格投契，相谈甚欢。俏江南张兰与鼎晖王功权，前者急需资金扩张，后者则是有意愿入股的金主，二者一拍即合。据称最初达成的投资意向是鼎晖与中金公司联合投资俏江南，但后来中金公司因故并未参与，仅鼎晖实际作出投资。

2012 年年末之前，俏江南最终未能实现完成 IPO，导致其触发了向鼎晖融资时签署的"股份回购条款"。这就意味着，俏江南必须用现金将鼎晖所持有的俏江南的股份回购回去，同时还得保证鼎晖获得合理的回报。此时俏江南的命运已经不再掌握在张兰手中了，一切都由鼎晖说了算。由于俏江南上市失败，俏江南需要回购对方的股份却又掏不出钱，因此鼎晖只能设法将手中的股权转让给第三方来实现退出。2013 年 10 月 30 日，路透社爆出欧洲私募股权基金 CVC 计划收购俏江南的消息。2014 年 4 月，CVC 发布公告宣布完成对俏江南的收购。根据媒体报道，CVC 最终以 3 亿美元的价格杠杆收购了俏江南 82.7% 的股权。由此可以推测，除了鼎晖出售的 10.526%，其余超过 72% 的部分即为张兰所出售。CVC 入主俏江南之后，张兰成为仅持股百分之十几的小股东，明面上她还是俏江南的董事长，但她已无法左右俏江南的发展了。进入 2014 年、2015 年，公款消费的几近绝迹加上经济增速的放缓，高端餐饮复苏变得遥遥无期，CVC 所期望的依靠俏江南的现金流来偿还并购贷款的设想根本无法实现，于是索性就放弃俏江南的股权，任由银行等债权方处置俏江南了。随后，便有微博上"张兰彻底出局俏江南"的爆料。

CVC 对俏江南的"杠杆收购"

CVC 作为欧洲最大的私募股权基金，对于投资自然是精于算计。虽然 CVC 有意进入中国餐饮业，而且此前还收购了连锁品牌大娘水饺，但对于鼎晖抛过来的俏江南这个"烫手山芋"，自然是多了一分谨慎。

因此，CVC 不仅将收购价格压得很低，而且并未打算全部靠自己掏钱来收购俏江南。因此为了降低自身的风险，CVC 对俏江南采取"杠杆收购"的方式，自身支付资金之外的收购款依靠债权融资获得，而还款来源则依靠收购标的日后产生的现金流来支付。

首先，CVC 用少量资金出资设立一家专门用于并购的壳公司"甜蜜生活美食控股"；

---

① 2006 年，商务部、证监会、外管局等六部门联合发布《关于外国投资者并购境内企业的规定》（简称 10 号文）10 号文颁布前，中国国籍人士在中国有企业，将股权从境内转入一自己成立的境外公司，较容易通过审批，而 10 号文出台后，中国公民境内资产转移到自己的境外公司进行持有，需要去外管局审批与登记。

之后，以该壳公司为平台向银行等债权方融资，并将股权抵押；其次，壳公司向张兰及鼎晖收购俏江南的绝大部分股权；最后，壳公司将俏江南吸收合并，合并之后俏江南注销，壳公司更名为俏江南，张兰持有的原俏江南少量股权转变为新的俏江南的少量股权。这样，原壳公司为收购而欠下的债务就由新的主体俏江南承接，俏江南的股权也相应质押给了银行等债权方。日后，债务偿还依靠俏江南的内部现金流来还款。

据了解，CVC 收购俏江南的 3 亿美元中，有 1.4 亿美元是从银行融资获得，另外有 1 亿美元是以债券的方式向公众募集而来，CVC 自身实际只拿出 6 000 万美元。

2. 张兰：霸气的创业女强人

20 世纪 80 年代末，一个名叫张兰的女人为了摆脱生活的窘境，跟随回国探亲的舅舅一起来到加拿大这个陌生的国度。张兰是一个有心人，在餐馆打工的日子，她没有被日常琐碎的活计埋没，而是一边打杂一边观察和思索，外国人眼里的中餐到底是什么样子的？在她看来，唐人街的东西根本不能算是中餐，在老外眼中，中餐就是麻婆豆腐和咕咾肉。我们的餐饮文化有着五千年历史，然而到现在却没有一个响当当的品牌，这激发了她要创造一个在国际上叫得响的中餐品牌的豪情壮志。

在这种豪情的激荡下，1991 年，张兰怀揣着在国外打工积累的 2 万美元回到北京。创业之路总是充满艰辛，然而凭着自己在国外餐馆打工学来的经验，她还是把最初的阿兰酒家和海鲜大酒楼经营得有声有色。然而，当初回国创业的初衷一直在张兰心中回响。在完成了资本的原始积累后，真正"大手笔"的创业开始了。

20 世纪初，国内的餐饮市场还处于传统粗放式的发展阶段，市场竞争远不如现在这样充分和发达，并且，强调中餐的文化内涵，将美食与文化合二为一的理念也没有进入当时餐饮企业的视野。因此，当创意与志向遭遇市场空白，成功便成为一件水到渠成、指日可待的事情。2000 年，张兰毅然决定卖掉了以前的酒楼，将近 10 年创业辛苦攒下的 6 000 万元，全部用来创立第一家"俏江南"品牌餐厅。2000 年 4 月，北京国贸一个高档写字楼里出现了一家无论装修还是服务都颇有特色的中餐厅。对于餐饮企业来说，地理位置可谓举足轻重，一般人都会选择人流量密集的地区。而俏江南却把第一家店开在了写字楼，并且之后所有的分店都选择在这样的位置，这是因为俏江南的餐厅定位是高端商务白领。首先，这部分人有强劲而稳定的消费能力，他们对于餐厅的要求也颇为"苛刻"，既要有雅致舒适的环境，又要有色香味俱全的美食，而且还得价格适中。其次，这一层次的消费者崇尚理性消费，相对于广告，更相信自我判断和自我感觉，一旦确立对某个品牌的信任，品牌认同度和忠诚度就会比较高。2002 年 1 月 16 日，俏江南上海时代广场店开业，标志着俏江南跨区经营的开端。随着俏江南飞速发展，张兰的梦想也在升级。2006 年 10 月，张兰斥资 3 亿元人民币，打造了豪华会所"兰"，开业后迅速成为中国具有世界艺术品位的一家会所，同时也确立了俏江南集团在豪华会所服务市场的标杆地位。2007 年，俏江南又启动了针对年轻时尚人群的时尚概念品牌餐厅"SUBU"（South Beauty）。2009 年，张兰首次荣登胡润餐饮富豪榜第三名，财富估值为 25 亿元。

2008 年之前，张兰不想与资本有任何的瓜葛。2008 年之后，多方因素导致张兰改变了对于资本的态度。她也希望借助资本的力量，建立农场，收购油厂、调料厂，整合餐饮产业链，建立自己的食品标准。她说道："这当然需要钱，不上市的话你只能像乌龟一样慢慢走。"

2011年8月，张兰在一次公开采访中表明自己对于鼎晖的态度"引进鼎晖是俏江南最大失误，毫无意义"，"他们什么也没有给我们带来，那么少的钱占了那么大的股份。就当我们交了学费吧"。

3. 餐饮创业者该如何与资本相处

（1）餐饮企业是否适合上市。餐饮企业融资渠道相对狭窄，虽然从银行贷款融资成本最低，但大部分餐饮企业很难获得银行贷款，因为大部分企业的不动产都是租赁而来的，固定资产主要是装修，难以向银行抵押贷款。因此像俏江南这样的餐饮企业在资本市场门前的徘徊并非个案。截至目前，全球已上市的中餐企业不过10家左右，在中国A股上市的餐饮企业只有三家：全聚德、湘鄂情以及早年上市，且主营业务并非餐饮的西安饮食，当然还有已赴港上市的小南国、曾在H股上市的小肥羊等。而从资本市场角度看，中餐企业想上市最关键的因素是它能否像"麦当劳"一样标准化。

投资人往往用西方对快餐连锁的要求来衡量中餐企业。如2010年，重庆餐饮连锁乡村基赴美上市成功，乡村基（主打中式快餐）不是实力最强或最能代表重庆菜的餐饮企业，但正是因为"它像麦当劳"，因此能成为整个亚洲地区第一个赴美上市的中餐餐饮企业。餐饮行业的标准化涵盖方方面面，比如服务的标准化，是否能集中采购与集中配送，人才的标准化等。

（2）创业企业与创业投资家和谐相处的投资契约。正如本书概述中所言，创业企业与创业投资家在彼此了解和调查之后需要通过投资协商之后签订契约。投资决策一旦做出，创业投资机构和创业企业就真正成为"一条船上的人"，需要共同对创业企业的发展负责，为其更好的运营出谋划策。

投资协议会从多方面来规定双方的权利和义务，主要包括发行条款、规章、股票购买协议、投资者权利协议、优先取舍权与跟卖权协议、投票协议、其他事项等，并在最后签署日期和姓名。其中各项权利的相关规定和要求都将会对双方的权益产生很大影响，创业投资家通常都是投资协议的起草撰写人，创业者则更应"火眼金睛"，明晰后果以及理智谈判之后再慎重选择。当创业投资家谋求退出时，很多条款发挥的作用往往都出乎创业者意料，比如俏江南与鼎晖的合作。

（3）创业者应如何理解投融资条款。张兰痛失其一手创立的俏江南，其实也是投资契约上条款连锁反应的结果：俏江南上市夭折触发了股份回购条款，无钱回购导致投资者鼎晖启动领售权条款，公司的出售成为清算事件又触发了清算优先权条款。由此可见，创业投资者在投资中利用条款对自身利益形成了一环扣一环的保护。

股份回购权是当创业公司发展不尽人意，未按照预期发生变现事件时，创业投资者可以要求创业公司购买他们持有的股票。领售权则是指创业投资家强制创业公司原有股东参与投资者发起的公司出售行为的权利，强制创始人和管理团队和自己一起向第三方转让股份，这样可以确保投资者顺利退出。清算优先权，明确的是公司清算（除了IPO之外的所有退出情形，包括合并、被收购、出售主要资产等）后资产如何分配。创业者在签订投资意向书时需有良好的谈判技巧，并明晰后果之后再慎重选择。

感悟与思考

二十多年辛苦创业，最终落得从企业"净身出户"的下场，这便是俏江南创始人张兰的全部故事。如果没有和资本联姻，张兰或许没有机会去尝试实践其宏大的抱负，但至少还能保全她对企业的控制。张兰作为创业者与资本打交道时由于对游戏规则认知不足，同时还夹杂着高估值预期下的进退维谷，最终只能从自己创办的企业彻底出局。

因此，创业者应努力找准自己企业的定位，积极调整，并在资本的合作过程中明晰游戏规则再慎重选择，才能争取更大的谈判空间。

雷士照明：资本纠缠背后的股权博弈

【求知与探索】

华尔街著名的纪实商战图书《门边的野蛮人》翔实地描述了在美国并购浪潮中资本市场上精彩纷呈的股权博弈游戏。雷士照明的创始人吴长江因为与资本之间的纠缠不清三次出局企业，或许也是中国民企历史上第一个被三次驱逐的创始人。吴长江为了引入募资而不断稀释所持股份，最终将亲手创办的雷士拱手让人——创业者如何避免"被迫出局"？对赌条款的执行是资本无情还是愿赌服输？雷士照明的控制权之争又会给我们带来哪些更深的启示呢？

【企业名片】

公司名称	雷士照明控股有限公司（NVC Lighting Holding Limited）
证券代码	02222.HK
公司总部	广东惠州
业务领域	为建筑、交通、城市亮化、商超、酒店、办公、家居、工业等领域提供照明解决方案

雷士照明作为中国领先的照明产品供应商，创立于1998年年底，在国内照明行业中引领了"品牌革命"和"渠道革命"。2006年以来开创了国内照明行业资本运作的先例，先后引进软银、高盛等著名投资机构；于2010年在香港联交所主板上市。通过10多年的经营，"雷士"商标被国家工商行政管理总局认定为中国驰名商标，已经成为国内最具影响力的照明产品和应用解决方案提供商之一，涉及了商业照明、LED照明、办公照明、户外照明、光源电器等领域。值得一提的是，雷士全面参与了2008年北京奥运会、上海世博会以及2010年广州亚运会的建筑照明项目。

雷士照明的股权纠纷都源于其背后资本的博弈。最初吴长江与创始人之间的经营意见相左带来了软银赛富的入驻；2008年为拓展LED行业制造能力又引入高盛；2010年成功上市后，施耐德电气作为战略性伙伴入股雷士照明；2012年吴长江又因为控制权问题帮助后来的第一大股东德豪润达入主雷士照明。雷士照明股权更迭的具体情况如下表所示。

雷士照明股权更迭一览表

2006.6					
股权所有者	吴长江	毛区健丽	陈、吴、姜*		
股权占比	70%	20%	10%		
出资额		$5 940 000	$4 000 000		
2006.8					
股权所有者	吴长江	毛区健丽	陈、吴、姜	软银赛富	叶志如
股权占比	41.79%	12.86%	6.43%	35.71%	3.21%
出资额				$22 000 000	
2008.8					
股权所有者	吴长江	毛区健丽	软银赛富	高盛	其他
股权占比	34.4%	9.61%	36.05%	11.02%	8.91%

(续表)

出资额			$10 000 000	$36 560 000	
2008.8					
股权所有者	吴长江	毛区健丽	软银赛富	高盛	世纪集团
股权占比	29.33%	7.74%	30.73%	9.39%	14.75%
出资额					配发 326 930 股
2010.5					
股权所有者	吴长江	软银赛富	高盛	世纪集团	IPO
股权占比	22.33%	23.40%	7.15%	11.23%	23.85%
出资额	¥450 000	$32 000 000	$36 560 000		HKD1457 000 000
2011.7					
股权所有者	吴长江	软银赛富	高盛	世纪集团	施耐德
股权占比	15.33%	18.48%	5.65%	9.04%	9.22%
出资额					HKD1 275 000 000
2013.6.30（中期报告）					
股权所有者	吴长江	赛富亚洲*	高盛	施耐德	德豪润达
股权占比	7.66%	18.50%	11.71%	9.22%	20.24%

备注：①陈、吴、姜三人分别指陈金霞、吴克忠、姜丽萍

②软银赛富后更名为赛富亚洲

1. 十年资本博弈

雷士照明的故事曲曲折折，有起有落。1998年，吴长江与他的两位同学，杜刚、胡永宏共同出资在广东惠州创立了雷士照明。在当时的股权结构中，吴长江以45%的股权作为单一大股东，但相对其他两位股东的合计持股他又是小股东。这种持股方式为后来的股权争夺埋下了隐患。2005年雷士照明因为销售渠道改革遭到其他两位股东的激烈反对，吴长江一度出走雷士照明，后因经销商的集体支持才重返雷士。

2006年，在亚盛投资公司创始人毛区健丽的牵线搭桥下，软银赛富（SAIF）以2 200万美元，35.71%的比例入股雷士。2008年，雷士照明为提高节能灯领域制造能力，以现金+股票的方式收购了世通投资有限公司。然而，当时雷士账上的现金并不足以支付高达4 900万美元的现金款，囊中羞涩的雷士照明不得不再次募资。此次融资中，高盛与软银赛富联合向雷士照明投入4 656万美元，其中高盛出资3 656万美元、软银赛富继续通过行使认股权证和购股的方式投资1 000万美元——这样一来，吴长江的持股比例因稀释而失去了第一大股东地位，持股34.4%；而赛富则因先后两次投资，持股比例超越吴长江达到36.05%，成为第一大股东，高盛以11.02%的持股比例成为第三大股东。从控股权上来看，雷士照明再次易主。

在两轮融资中，软银赛富、高盛与吴长江之间设定了一系列对赌协议，包括每年的业绩指标、奖金、转让限制、优先购买权和共售权、赎回权等。赎回权协议主要包括，如果雷士照明未能在2011年8月1日前上市，软银赛富有权要求公司（吴长江）赎回投资股份，一旦软银赛富进行赎回，高盛也有权要求赎回，并支付投资累计利息。2010年雷士照明提前一年成功在香港上市，避免触发赎回条款。2011年7月21日，雷士引进法国施耐德电气作为策略性股东，由软银赛富、高盛联合吴长江等六大股东共同向施耐德转让2.88

亿股股票。施耐德耗资 12.75 亿港元，股份占比 9.22%，因此而成为雷士照明第三大股东。

2012 年 5 月，吴长江再一次出现在公众视野中是因为他"因个人原因"辞去雷士照明一切职务，软银赛富的阎焱接替出任公司董事长，施耐德的张开鹏接替出任 CEO。雷士照明二度易主后，吴长江选择了反击，在经销商和员工的支持下吴长江重新掌握了雷士的经营管理。急于改变股权结构的吴长江在 2012 年年末引入了同为照明行业的上市公司德豪润达。德豪润达通过场内交易和场外交易获得了雷士照明 8.24% 的股份，还通过旗下子公司香港德豪润达与吴长江拥有的雷士照明主要股东之一 NVC Inc. 签署附生效条件的《股份转让协议》。至 2013 年 3 月，德豪润达在不断增持雷士照明股份后，最终成为雷士照明第一大股东；吴长江则不断减持手头股份，持股比例不断下降。

令人为这位民营企业家感到惋惜的是，2014 年，吴长江因为与新任大股东德豪润达闹翻，不仅没能重返董事会，更是被罢免 CEO 职务。从大股东兼创始人到出让股权后的职业经理人再到被董事会宣布罢免，吴长江与资本之间跌宕起伏的"恩怨"让人不免唏嘘。

草莽出身的吴长江，终其商业生涯似乎都在与资本纠葛。十年间他多次引入投资，却屡屡赔上了自己的家当。"我确实没有仔细挑选，因为每次都是急于引入资本，打一个比方，那时我就像在沙漠里几天几夜没喝水一样，污水也得喝"，他这样评论自己。这位屡遭打击的民营企业家的故事无疑令人感慨，对创业者而言，自己打出的江山是否就是自己的资产、该以怎样的角度看待企业发展过程中控制权的变化？创业者又该学习哪些法律经济知识，从而避免被迫出局的窘境呢？

2. 以史为鉴：股权变更背后，资本无情抑或市场规则

雷士照明作为建材行业的领导者，其卓越的技术和成就毋庸置疑；然而雷士内部沸沸扬扬的控制权更迭则是给了市场上创业者和投资者一记响亮的提醒。纵观创始人吴长江一路走来，接连出局的故事也让我们看到这背后的资本博弈。

创始人被请出董事会，从法律上来讲是因为创始人失去了对公司的控制权。结合本书创业投资协议的有关内容，创业者在引入投资的同时也会涉及股权、控制权的问题，因此需要掌握必要的经济法律知识。一般而言，虽然我们看到的创始人因为失去控制权离开董事会发生在企业发展的中后期，但这些隐患往往在公司早期融资时就已埋下。因此，防患于未然，提前做好公司股权制度上的设计与安排，远好过后期与其他股东出现意见相左时的补救。创业投资协议章节对控制性条款有所讨论，在本案例中我们可以发现，公司的控制权主要需要考虑以下三个方面：股权层面的控制权、董事会层面的控制权、公司经营管理的实际控制权。对应创始人出局的三个维度：丧失大部分股份、失去董事身份、被罢免 CEO 或其他高管职位。这三方面往往是分步骤而不是同时发生的。

股权控制：股权是对公司的终极控制权，决定了公司的重大事项。董事会决议和股东会决议无法剥夺创始人股份。股权丧失发生在企业不断融资导致创始人股份稀释或者企业被收购或控股时（雷士照明恰恰都占全了）。通常股权控制需要关注两个方面，即相对控股、绝对控股及否决权，投票权与股权分离。那些容易带来僵局的股权比例设置，可能会因为小股东联合而带来僵持的尴尬局面。公司控制权及注意要点，如下页表 A 所示。创始人出局情况及其应对措施如下页表 B 所示。

表 A 公司控制权及注意要点简析

控制要素		注意要点	
		目标	避免
股权控制	相对/绝对控股 & 否决权	争取绝对控股（66.7% 或 51% 及以上）或相对控股（第一大股东）	避免导致僵化的股权比例，如 50：50、65：35、40：40：20 或者 50：40：10
	投票权与股权分离	通过投票权委托、一致行动协议等方式把握投票权	避免过快融资过度稀释创始团队投票权
经营控制	董事会	创始人对董事人数的绝对或相对控制	避免非创始股东对董事会的控制
	公司实际经营	创始团队掌握公司经营控制权	避免非创始股东对经营管理的控制

董事身份：董事是公司内部治理的主要力量，对内管理公司事务，对外代表公司进行经济活动。公司的日常经营由董事会控制，如果创始团队可以占有公司董事会大部分席位，则掌握了公司日常经营的控制员。控制董事会最重要的法律手段是董事的提名和罢免，创始人董事身份的丧失主要来自于股东会决议。

经营管理职责：公司管理层向董事会负责，通常也是由董事会选举。控股股东可以通过股份对应的投票权干预公司管理层席位。

表 B 创始人出局情况及其应对措施

	创始人出局情况			
	董事会决议	股东会决议	投资/收购协议	公司章程
股份			股份稀释	对赌条款、强卖权
董事		按股份投票	约束董事的产生机制	较少见
经营管理	按董事席位投票		约束管理职位的产生和变化	较少见
	防范措施			
	增加董事会创始人名额	多倍投票权（A/B股）	不过度稀释创始团队股权	避免对赌
	保留对重大事项否决权			注意各类协议的触发条件
	董事席位的特殊安排：阿里合伙人制度			保留重大事件否决权

创业公司在发展过程中，难免需要外部融资来支持自身业务。董事会由股东会选举产生，因此创始团队可以通过股东会影响董事会，或者直接通过公司章程影响董事会。阿里在上市时披露的合伙人制度就是典型的创始团队确保自己控制权的例子：公司合伙人会议由公司创始团队以及核心高管构成，合伙人会议提名公司多数董事。这样，创始团队能够抛开实际持股份额控制董事会，但这样的案例更适用于已经发展到一定规模的公司。一般而言，在数轮融资股权被稀释后，创业团队通常考虑以下建议来保持控制力与影响力。

（1）联合小股东的表决权：即创始团队集合其他小股东的表决权，增加核心创始人在股东会上实际控制的股权表决权数量。具体的操作方式多样，比如表决权委托（小股东签署授权委托书授予核心创始人行使表决权的权利）；小股东通过某持股实体间接持有公司股权，核心创始人实际控制该实体从而获得表决权。

（2）多倍表决权：也就是我们了解到的 A/B 股结构，通过增加核心创始团队持有的股份表决权保证创始团队对股东会的决策影响。这一操作在美国上市的中概股公司中比较常见，比如京东就是通过 A/B 股结构实现了创始团队对公司的实际控制。

（3）核心创始人否决权：核心创始人否决权是一种预防性策略，意味着对公司有重大影响事件的决策，需通过核心创始人才能得到实施，是保证创始团队实际控制权的一道平安锁。

3. 资本市场、规则至上

现代企业管理制度和资本市场运行规则对传统的家族制管理和观念形成了巨大冲击。俏江南的张兰、娃哈哈的宗庆后、雷士照明的吴长江，这些白手起家的企业家都曾经面临着与资本博弈的环境，他们不是第一批，也不是最后一批与资本博弈的企业家。创业者在企业发展融资时，也要用长远眼光评估投资人。特别要清楚，创始团队是否能承担资金流入背后的资本协议的代价。

结合本书创业投资协议的理论内容，创业者不仅需要了解创业投资机构，也需要了解创业投资协议经济性条款与控制性条款对创业企业未来发展的影响。创始人出局的情景固然有经济法律之外其他因素的影响，如果创始团队希望能和自己的企业一同成长，就需要进一步将经济法律知识作为工具。同时，创始人也要在公司发展中不断转变自己的角色。现代企业治理不仅需要开辟山河的创业家，也需带领公司稳健发展的职业经理人。如何融合创业家与职业经理人的角色、并规范对管理人员的管理是创业团队面临的新挑战。

感悟与思考

雷士照明的案例让我们看到了创业者不仅需要创业的激情与能力，也要有守业的经济法律知识储备。尤其是在引入创业投资资本阶段，创业者更需要了解股权与公司治理相关知识，才能够做到知己知彼，更好地借力资本更上一层楼。

真功夫：只能同甘、不能共苦的家族企业

扫描此码 案例学习

PPG：服装业的佼佼者如何跌下王者宝座？

扫描此码 案例学习

模块五——未来展望：新模式与新视角

随着我国经济的不断发展与成熟，以及政府的逐渐重视与扶持，我国创业金融也呈现出越来越多的新模式、"新玩法"。P2P网络借贷和股权众筹的出现，给具有融资需求的创业企业以更多的选择，也给尚未固化成型的创业金融行业以自我反思与创新的机遇和挑战。

美国、英国和日本，作为创业金融发展较为领先的国家代表，在历史发展过程中积累了许多经验与教训，如今也开启了不同的视角与思路。

积木盒子与拍拍贷：P2P平台如何发展

【求知与探索】

说起P2P平台，大家往往是把它当作给创业者提供资金的一方。我国的P2P平台本身是如何发展起来的呢？它们的创业和融资过程又和普通创业者们的创业历程有何不同呢？

【公司名片】

公司名称	积木盒子
企业性质	P2P平台（智能综合理财平台）
公司总部	中国北京
业务领域	互联网理财，涵盖积木股票、积木基金、固定收益理财、零售信贷等产品

公司名称	拍拍贷
企业性质	纯信用无担保网络借贷平台
公司总部	中国上海
业务领域	互联网理财，涵盖拍活宝、彩虹计划等各种借贷款产品

互联网理财在近几年里井喷式发展，现阶段我国的互联网金融是在互联网技术快速发展及广泛应用的基础上"自发"建立和发展起来的。P2P平台发展情况，如下表所示。

P2P平台发展

序号	平台名称	融资时间	轮次	融资金额	投资机构
1	积木盒子	2014.2	A	数千万美元	银泰资本
		2014.9	B	3 719万美元	小米公司、顺为资本、经纬中国、祥峰投资、银泰资本
		2015.4	C	8 400万美元	天达集团、满图红叶、熙金资本、海通开元
2	拍拍贷	2012.9	A	456万美元	红杉资本
		2014.4	B	5 000万美元	光速投资、红杉资本、诺亚财富
		2015.4	C	4 000万美元	君联资本、海纳亚洲、周大福

（续表）

序号	平台名称	融资时间	轮次	融资金额	投资机构
3	有利网	2013.11	A	数千万美元	软银周国
		2014.6	B	5 000 万美元	晨兴创投
		2015.7	C	4 600 万美元	高瓴资本领投
4	银客网	2014.9	A	数千万美元	不公开投资者
		2015.6	B	2 000 万美元	昆仑万维
		2016.8	C	3 亿元人民币	云游控股
5	理财范	2014.6	A	数千万美元	天使投资人林广茂
		2015.6	B	2.1 亿元人民币	和玉另类投资领投
		2016.4	C	3.3 亿元人民币	英达投资领投
6	点融网	2013.5	A	数千万人民币	东方资产股权投资部
		2013.11	B	数千万美元	北极光创投
		2015.1	C	数千万美元	老虎基金
7	铜板街	2013.1	/	数百万元	华创资本
		2013.12	A	数千万美元	IDG 资本
		2014.9	B	5 000 万美元	君联资本、华创资本
8	信用宝	2005	/	105 万元人民币	钱永强天使投资
		2006	A	未知	毅园投资、海纳亚洲
		2007.7	B	1 000 万美元	软银中印、毅园投资、海纳亚洲
9	安心 de 利	2014.10	/	220 万美元	真格基金
		2015.6	B	数千万美元	人人集团、真格基金
10	91 金融	2011	/	数百万美元	经纬创投
		2013.9	A	1 000 万美元	宽带资本
		2014.6	B	未知	海通开元领投，宽带资本、经纬创投跟投
11	团贷网	2015.6	A	1 亿元人民币	天使投资
		2015.6	B	未知	九鼎投资、巨人投资等
12	网利宝	2014.2	A	数千万美元	IDG 资本
		2015.5	B	4 000 万美元	鸿利光电
13	投哪网	2014.6	A	10 000 万元人民币	广发信德
		2015.5	B	15 000 万元人民币	大金重工

可以看到，至 2016 年还有近十家平台获得了 C 轮融资，比如有利网、理财范等。但是总体形势并不是很好，除去这十三家，还有数十家平台没有 C 轮融资，甚至连 B 轮融资都没有。据不完全统计，停滞在 A 轮融资的平台占了近六成。

1. 积木盒子

积木盒子是一家发展很快的企业，据网络不完全消息统计，从 2013 年 8 月 7 日上线到 2015 年 4 月 23 日，积木盒子平台上累计撮合贷款超过 59 亿元。

从积木盒子官网的信息来看：

2012 年 3 月 来自金融与互联网的好积友开始了跨界创业之旅；

2012 年 7 月 专注尽职调查数据服务的平台 76hui 上线；

2013 年 8 月 积木盒子闪亮登场；

2013 年 12 月 交易额突破 1 亿元；

2014 年 2 月 获得来自欧洲的 Ventech 投资数千万美元。

至此，第一轮融资就出现了。从 2013 年 8 月上线积木盒子开始，前后便有一二十家创投机构与积木盒子创始人董骏联系。2013 年 12 月，银泰资本与积木盒子接触两个月后，便向积木盒子提出入股意向书。2014 年 2 月 24 日，积木盒子宣布从银泰资本获得数千万美元的 A 轮融资。

2. 拍拍贷

拍拍贷成立于 2007 年 6 月，截至 2015 年年底拍拍贷平台注册用户达 1 211 万元，无论从品牌影响、用户数、平台交易量等方面均在行业内占据靠前位置。

2012 年 10 月拍拍贷成为完成 A 轮融资的网贷平台，获得红杉资本千万美元级别投资，而拍拍贷的多轮融资都有红杉资本。红杉第一代投资家代表唐·瓦伦坦的理念是"赌选手，不如赌赛道"，红杉资本中国基金沿袭母公司的理念，并且选择了电商这条赛道。

3. P2P 的优势何在

与普通创业者融资的理论环节不同，P2P 平台的发展都是投资者主动找上门来，提供入股意向书的。实际上，这与 P2P 平台井喷式的发展是相辅相成的，正如本书前文所提及的，创业投资对于 P2P 网络借贷业态本身的发展也起到了推动作用。P2P 是中介性质的，借款人发起融资需求，对应的人来自五湖四海，突破了地域性障碍；投资人活动也突破了时间障碍，而且非常直接。出借人与借款人直接签署个人对个人的借贷合同，一对一地互相了解对方的身份信息、信用信息。因此，这种模式无疑是符合历史的潮流的。投资人正是看到了这一点，故而主动选择 P2P 平台作为投资对象，行业内有了更多的资金来源，自然就会涌现更多的平台。

4. 布满挑战的路，P2P 何去何从

P2P 平台产生的也不完全是正面效应。正因为它的自发性，导致了很多制度滞后，从而产生了诸多问题，比如，在信用体系建设方面，我国互联网金融赖以发展的信用体系建设还很不完善，信用风险还较高，可能存在资本"跑路"的失信隐患。这也是很多平台后续发展无力的一大原因。另外，由于 P2P 网络借贷具有的低门槛和监管工作量大等特点，P2P 网络借贷平台疯狂发展、不断倒闭也给社会经济发展带来了大量的风险和负面影响。

从外在环境上，我国应采取建立和加强风险体系建设以及强化信用体系建设等方法，建立 P2P 网络借贷行业准入标准，营造良好的征信环境、低廉的基础设施成本和高度技术化、自动化的运作方法，进一步促进互联网金融模式内容的完善和发展。从 P2P 自身来说，要真正掌握互联网运营的精髓，把交互频度极低的投资、理财行为转化为频度较高的社交、生活、金融服务行为，在更大范围内满足互联网时代用户的碎片化、消费化、娱乐化泛金融需求。

感悟与思考

当今 P2P 平台发展在资金方面还是颇有主动权的，不过，P2P 行业现如今的发展已经越来越成熟，在雨后春笋般的涌现后，也开始步入行业洗牌的环节。在相关规范完善之后，会呈现出更多的约束、更高的门槛，也有更多的保护。P2P 平台的成熟也会为互联网金融和创业金融提供更有保证的、更为方便的资金，起到更积极的作用。

天使汇！天使如何汇集？

【求知与探索】

随着新中产阶级社会的形成和社会的发展，百姓越来越需要投资渠道，创业者也需要直接融资的支持，新经济和技术的进步也正在重新塑造着渠道和模式，互联网经济的出现和发展以新供给对接新需求，因此众筹也应运而生。

【企业名片】

公司名称：	天使汇
公司性质：	天使合投平台
成立时间：	2011年11月
公司总部：	北京中关村

1. 投融资者的"红娘"

"众筹"一词最初源于英文"crowdfunding"，是公众搜索（crowdsourcing）和微型金融（microfinancing）二词含义的融合。众筹是项目发起人通过互联网向投资人发布项目创意并以实物、服务或股权等作为回报的资金募集方式。目前，众筹分为股权众筹、产品众筹和公益众筹三种主要形式，以回报不同为差异。本篇案例以天使汇股权众筹平台为分析对象，带领读者将理论与实践相结合，真正领略众筹的发展。

天使汇，于2011年11月创立，被看作中国第一家股权众筹网站，是一家专注于为靠谱项目筹集发展资金的平台。目前，在天使汇中成功筹集到资金的项目包括滴滴打车、黄太吉传统美食等知名企业。截至2015年7月，约有400个项目在天使汇的帮助下完成融资，融资总额超40亿元。创业者在平台上的注册用户数量超过14万，登记成功的创业项目约51 000个，同时，有超过4 800名投资人注册，投资人认证数量超过2 500名，全国各地的合作孵化器也有200多家。截至2015年8月，天使汇共有363个项目融资成功。在天使汇平台注册的创业项目主要集中在互联网领域，包含社交网络、电子竞技游戏、电商平台、绿色健康等22个门类。平台已获得融资的项目融资额度多集中在100万～500万元。

天使汇采取"快速合投"和"领投跟投"两种融资方式。"快速合投"（亦称"闪投"）的融资模式，这种模式的特点主要是为合投设置了时间壁垒，即对每个融资项目都设置投资周期。天使汇致力于改变行业内DEMO DAY效率低的现状，打造投资人和创业者人生中最高效的一天。在指定的"闪投日"，一个创业项目同时面对50位资深的天使投资人。创业项目上午集中路演，中午和投资人共进午餐，下午和有投资意向的投资人进行一对一私密访谈，傍晚签订投资意向书，完成快速融资，这在一定程度上减轻了创业者对创意遭到剽窃的担忧。"闪投日"更像是创业项目厚积薄发，系统面向投资人和公众的日子，对于创业项目来说至关重要。

"领投跟投"是天使汇存在的另一种模式，在本书理论部分做过细致的阐述，在此不再赘述。在天使汇的"领投跟投"模式中,项目定位为科技创新项目,融资时限 30 天,允许超募,领头人协助完善项目资料与确定估值。对于领头人和跟投人有资格限制。无论是"快速合投"还是"领投跟投"模式,都遵循一般的融资流程。

下表是笔者整理的天使汇的"领投跟投"模式和平台服务收费标准。

天使汇的"领投跟投"模式和平台服务收费标准[①]

项目名称		天使汇
领头人规则	资格	至少有 1 个项目退出的投资人方可取得领投资格
	激励	项目创业者 1% 的股权奖励 跟投人 5%~20% 投资收益
	费用	平台收取投资收益 5%
跟投人规则	资格	尚未具体公布
	费用	平台收取投资收益 5% 领投人收取投资收益 5%~20%
投资人持股方式		投资人超过 10 人走有限合伙 10 人以下走协议代持
投资款拨付		一次性到账,没有银行托管
手续办理		提供信息化文档服务
平台收费		项目方 5% 服务费 投资人投资收益 5%
项目信息披露		非常简洁、没有标准化

2013 年 1 月,天使汇创造性地推出"快速团购优质创业公司股权"的快速合投功能,上线仅仅 14 天就获得开门红,成功为创业项目 LavaRadio 募得人民币 335 万元的资金,比预定融资目标 250 万元超出 34%。这是国内第一个在网络平台上众筹成功的项目,也是天使众筹完成的第一单,从而使天使汇升级为众筹融资平台。2014 年,天使汇将合投资源拓展到了海外,分别在硅谷和德国设立了分公司,实现中国公民直接投资境外先进项目的愿景,在项目创意中获得资本增值的回报。能让好的想法迅速变成现实,让融资变得快速简单,让靠谱的项目找到靠谱的钱。

天使汇在创业者和投资人之间做起了牵线搭桥的"红娘",辨别创业者和投资人是否"靠谱",实现投融资双方的对接,创业者可以获取创业资金,投资人可以获得相应的回报。在帮助创业者融资过程中,天使汇一身扮演两个角色,一方面,帮助靠谱的项目找到靠谱的钱,形成创业资金;另一方面,通过量身定制的资源帮助创业者快速成长,进行系列跟进。在项目得以融资后,天使汇还会继续推进项目。比如女性经期管理类应用"大姨妈"曾经就是天使汇的用户之一,在拿到融资后,天使汇还会继续为其推荐资源,包括客户、流量、市场、人才。天使汇创始人兰宁羽自大学起创业,对于创业者的需求具有深刻的体会。很多初创者面临着内外两方面的压力,对外联系中缺乏与投资人洽谈、平衡各个

---

① 表格来源:孙永祥,何梦薇,孔子君等. 我国股权众筹发展的思考与建议——从中类比较的角度 [J]. 浙江社会科学,2014(8).

投资人之间的关系的经验和技巧,对内发展中面对管理团队、稳定团队、完善项目、寻找盈利模式等压力。在天使汇注册项目的过程中,不仅是提交资料,更是对创业思路的一次梳理,形成了比较清晰和完善且符合投资人口味的方案。对于寻找增值项目的投资人来说,问题在于能否找到自己感兴趣的项目,以及如何判断项目、创业者,如何帮助创业者与投资人之间进行合投等。天使汇成立了专门的团队筛选项目,标准有三:一是看创业者个人;二是看其所做的事和能力是否匹配;三是看项目是否可持续发展。一来一往之间,是对投资者和创业者双方均负责的行为。

进步的动力源于在摸索中前进,在发展中规范。2013年10月,天使汇联合其他机构共同发布了《中国天使众筹领投人规则》,规定了投资人和创业企业在投融资过程中应尽的责任和义务,明确了天使众筹的基本流程,为这个新兴行业摸索出了一套基本规则。天使汇编写的《中国天使众筹领投人规则》及《合格投资人规则》是中国股权众筹领域最早的成文规则,在整个行业具有引领作用,并为众多众筹平台所效仿。天使汇正在带领整个互联网众筹向规范化前进。

2. 惊天破地而来

互联网金融在中国"一枝独秀",成为传统金融最大的竞争者,这主要源于中国金融体系中金融压抑(financial repression)的宏观背景,以及对互联网金融所涉及的金融业务的监管套利。中国的金融体系长期处于经济学家麦金农和肖所描述的"金融压抑"之中,利率受到管控,资金主要由银行体系进行配置。而逐利的市场必将试图利用任何由于管制而可能产生的套利空间。传统金融服务的落后和供给不足,实体经济的巨大融资需求没有被满足,为互联网金融的发展留下了空间;传统金融市场的高度管制,对于金融创新存在监管盲区,使互联网金融作为市场新进入者有了存活的机会。这是互联网金融在中国得以旺盛的基本逻辑,其根本支撑是制度因素。借助于互联网进行金融运行,是对传统金融的巨大挑战。"互联网金融"一词自2013年首次提出,到2014年进入政府工作报告,在2014年获得了飞速的发展。

国内的股权众筹平台在2012年、2013年发展比较缓慢,直到2014年迎来集中爆发。在IT桔子收录的21家股权众筹平台中,有14家是在2014年成立的,5家成立于2013年,最早的要数2011年成立并发展迅速的两家平台——天使汇及创投圈。目前国内股权众筹平台已初步形成了以天使汇、创投圈、原始会为第一梯队,创业易、V2ipo创客、路演吧、众投邦、天使街、微投网、大家投等为第二梯队,爱合投、天使客、云筹网、奇点集、股权易、币帮、爱创业等为第三梯队的格局。第一梯队的3家平台就成熟度和服务能力来讲,已经遥遥领先于其他平台。第一梯队的3家平台共计发布48 394个项目,占到总体的98%,获得融资的项目为274个,占到总体获投项目的83.7%,融资金额13.2亿元,占到总体的85.4%。天使汇发布约16 090个项目,获投率则达到1.4%,单个项目的平均融资额为434.8万元。原始会发布约2 000个项目,获投率为0.45%,单个项目的平均融资额为1 333万元。①

---

① 数据来源:http://PE.PEdaily.cn/201411/20141120374012.shtml。

互联网金融可以说是在金融实践者与监管者两者的博弈中应运而生的。下面笔者将对股权众筹形式的投融资与传统投融资进行比较。

股权众筹拉近了创业者与投资人间的距离，撮合结成利益共同体，减小了传统投融资中的投资人套利损害创业者利益的可能。正如天使汇能够尽量减少VC条款中不平等条款和陷阱合约，并且帮助企业获得资金以外的战略资源，完成融资与融资源的双过程。

股权众筹打破地区资源分配不均等带来的壁垒，打破信息不对称，帮助最平凡的创业者找到最靠谱的天使投资人。比如二、三线城市的项目可能因为资源分配失衡融不到钱，或者创业者缺乏金融领域的经验与专业知识，导致投融资过程中利益受损的状况。而通过互联网将项目创意直接送至投资人，打破了传统方式中层层联系而导致的信息壁垒。

"领投跟投"模式的创造将精英投资经理的作用放大，实现利益共享，专业的人做专业的事，减小无专业知识的群众投资亏损的可能。"领投＋跟投"的创新模式也为众筹的安全性提供了一定保障。

股权众筹平台创造了新的营销与推广方式，在创业项目做平台展示之时也是对于自身项目的推广机会，相当于融资之时也融人才、客户。

股权众筹等互联网金融的发展实际是现代金融的一种创新，对于传统金融带来了冲击。但是互联网金融并没有新的金融业态的产生，因此，并不能认为互联网金融不符合金融的逻辑，将其拒之门外，而应该进行深入的思考，在拓荒中发展。

3. 未来何去何从

股权众筹带给金融投融资者很多便利之处，但是它仍然不是法律明文规定的金融形态，它本身还存在很多风险与不确定性。在此，我们和读者讨论股权众筹的困境与未来发展。

股权众筹面临的首要风险便是法律风险。股权众筹一定程度上是在"非法集资"的红线边开展的形式。根据《关于取缔非法金融机构和非法金融业务活动中有关问题的通知》规定，非法集资是指单位或者个人未依照法定程序经有关部门批准，以发行股票、债券、彩票、投资基金证券或者其他债权凭证的方式向社会公众筹集资金，并承诺在一定期限内以货币、实物以及其他方式向出资人还本付息或给予回报的行为。从该定义可见，非法集资具有"非法性、公开性、利诱性和以合法形式掩盖非法目的"等特点。在刑事方面，股权众筹可能触及三项刑事犯罪，分别为非法吸收公众存款罪、集资诈骗罪和擅自发行股票，公司、企业债券罪。最高人民法院《关于审理非法集资刑事案件具体应用法律若干问题的解释》规定，下列行为属于非法吸收公众存款罪：未经有关部门依法批准或者借用合法经营的形式吸收资金；通过媒体、推介会、传单、手机短信等途径向社会公开宣传；承诺在一定期限内以货币、实物、股权等方式还本付息或者给付回报；向社会公众即社会不特定对象吸收资金。股权众筹，恰因符合上述部分特点，而成为制约其发展的法律"瓶颈"。为避免触碰现行法律规定的红线，目前国内多数股权众筹平台采用"线上推介、线下约谈、注册会员、签订协议、统一投资"的方式进行，力求在夹缝中生存，在拓荒中发展。比如，天使汇在2015年前对外宣称是股权众筹平台，但是在2015年后，天使汇宣称自己是天使合投网站，对投资人的资格进行严格的限制，更倾向VC/PE，而不倾向于众筹。未来的天使汇将主要在两个方面发展，一方面是提高服务企业数量、范围和服务能力，初步的目标是在 5 年帮助 10 万个创业者；另一方面以服务为核心，帮助创业公司寻找持续的人才供给。这可谓是股权众筹平台面对法律监管的转型之举，但是，股权众筹的兴起反映了公众对于股权投资的需求，大势之下，监管必至。

另外，股权众筹在制度设计与现实运作中存在道德风险，这是掣肘众筹平台及股权众筹整体发展的重要因素，包括众筹平台的专业性、信用风险、违约风险等问题。在现实实践当中，国内股权众筹将一些风险认知与教育薄弱的投资者引入其中，使得风险向更多承受能力较弱的投资者扩散，加大引发社会风险的概率，资金汇集后购买公司股权的风险高于背后投资者的承受能力，使中小投资者承受过度风险。当众筹风潮向金融领域不断蔓延之时，我们在享受新型金融产品带来便利的同时，更应识别所带来的潜在风险。

在种种困境中，可以看出国内股权众筹平台所做出的努力，进一步完善全方位监管，真正促进股权众筹的长足发展。

（1）确立原则导向监管制度，只有真正将股权众筹纳入法律规范之下，才能让其获得真正自由和稳健的发展。

（2）建立"合格投资者"准入制度，保证创业者获得融资的真实性与可靠性。比如，要想成为天使汇的投资人，要求投资者提供其所在公司和职位，提供过往投资案例的项目名称、网址地址和简介，提供最小和最大的投资金额（以万元为单位），最后对于身份验证方面不需要投资者提供身份证信息，而是采用新浪微博加用户或绑定上传投资人名片等资料的方式进行验证。在平台认证成功之前用户没有查看融资项目除项目介绍以外的任何资料，也不能进行合投。力图提升平台安全性和可靠性。

（3）建立投资者人数及投资金额的防控制度，将投融资风险管控在合理范畴之中。

（4）股权融资平台要健全退出机制，更需要股权交易中心或者股权托管中心进行有效干预或强制退出，领头投资人通过平台协议回购等事宜，充分保护中小投资者的资金安全。

中国股权众筹的发展，是应"大众创业、万众创新"的号召而蓬勃发展的。对于目前蓬勃发展的股权众筹模式，必须认识到这是我国多层次资本市场的重要组成部分，具有非常重要的意义。众筹模式的崛起，可能会取代交易所模式。也就是说，未来可能不需要线下的股票交易所，这样的实体线下交易所可能会被取代，或者可能会被重构。

天下之势，浩浩荡荡，顺之则昌，逆之则亡。股权众筹反映了投融资的趋势与方向。面对众筹的力量，我们要勇于尝试，让风险的分散更好地为市场形成合力。面对风险，守得住底线，不让投资成为一种"命根子钱"的博弈，捍卫社会的安全。让信用和风险成为市场的两大关键词，让有能力的人做有价值的事，重塑中国投资的逻辑，少一点狂热，多一点理性，才能避免中国金融"一管就死，一放就乱"的困局。

感悟与思考

"天下熙熙，皆为利来。天下攘攘，皆为利往。"资本生来逐利，但是如今的资本不是沾满血腥味的，而是文明的代表。面对股权众筹的产生，不能将其拒之门外，其产生有社会的痛点，也有金融创新的智慧，兼容并包，监管到位，股权众筹将成为减轻投资人投资风险，提升投资回报的良方。

日本 VC 的发展与案例分析

扫描此码 案例学习

英国创业投资：前世今生与 3i 集团

扫描此码 案例学习

500 Startups：玩得开心、赚得也开心的投资新秀

扫描此码 案例学习

参考文献

[1] Chi K L. Locational Characteristics of Foreign Equity Joint Venture Investment in China, 1979—1985[M]. 1990.

[2] Denis D J. Entrepreneurial finance: an overview of the issues and evidence[J]. Journal of Corporate Finance, 2004, 10（2）: 301—326.

[3] Hellmann, T. and Puri, M. （2002b） Venture Capital and the Professionalization of Start-Up Firms: Empirical Evidence. Journal of Finance, 57（1）: 169—199.

[4] Hochberg Y V, Ljungqvist A, Lu Y. Who You Know Matters: Venture Capital Networks and Investment PErformance[M]. The Journal of Finance. 2008: 251—301.

[5] Winton A, Yerramilli V. Entrepreneurial finance: banks versus venture capital[J]. Journal of Financial Economics, 2008, 88（1）: 51—79.

[6] 安德鲁·梅特里克, 梅特里克. 创业资本与创新金融[M]. 贾宁, 译. 北京: 机械工业出版社, 2011.

[7] 郝志芳. 论风险投资协议主要条款[D]. 北京: 对外经济贸易大学, 2012.

[8] 刘健钧. 创业投资原理与方略[M]. 北京: 中国经济出版社, 2003.

[9] 刘曼红, 林博. 风险投资学[M]. 北京: 对外经济贸易大学出版社, 2011.

[10] 刘曼红. 风险投资: 创新与金融[M]. 北京: 中国人民大学出版社, 1998.

[11] 蒲祖河. 风险投资学[M]. 杭州: 浙江大学出版社, 2004.

[12] 乔希·勒纳, 安·利蒙, 费尔达·哈迪蒙. 风险投资、私募股权与创业融资[M]. 北京: 清华大学出版社, 2015.

[13] 王苏生. 创业金融学[M]. 北京: 清华大学出版社, 2006.

[14] 俞自由. 风险投资理论与实践[M]. 上海财经大学出版社, 2001.

教学支持说明

任课教师扫描二维码
可获取配套教学课件

尊敬的老师：

您好！为方便教学，我们为采用本书作为教材的老师提供教学辅助资源。鉴于部分资源仅提供给授课教师使用，请您填写如下信息，发电子邮件给我们，或直接手机扫描上方二维码实时申请教学资源。

（本表电子版下载地址：http://www.tup.com.cn/subpress/3/jsfk.doc）

课程信息

书　　名			
作　　者		书号（ISBN）	
开设课程1		开设课程2	
学生类型	□本科　　□研究生　　□MBA/EMBA　　□在职培训		
本书作为	□主要教材　　□参考教材	学生人数	
对本教材建议			
有何出版计划			

您的信息

学　　校			
学　　院		系/专业	
姓　　名		职称/职务	
电　　话		电子邮件	
通信地址			

清华大学出版社教师客户服务：
电子邮件：tupfuwu@163.com
电话：010-62770175-4506/4903
地址：北京市海淀区双清路学研大厦 B 座 509 室
邮编：100084

清华大学出版社投稿服务：
投稿邮箱：tsinghuapress@126.com
投稿咨询电话：010-62770175-4339